中国智能城市建设与推进战略研究丛书
Strategic Research on Construction and
Promotion of China's iCity

国家出版基金项目
NATIONAL PUBLICATION FOUNDATION

智能城市
评价指标
体系研究

中国智能城市建设与推进战略研究项目组 编

ZHEJIANG UNIVERSITY PRESS
浙江大学出版社

图书在版编目（CIP）数据

智能城市评价指标体系研究 / 中国智能城市建设与
推进战略研究项目组编. — 杭州：浙江大学出版社，
2016.4
（中国智能城市建设与推进战略研究丛书）
ISBN 978-7-308-15800-8

Ⅰ．①智… Ⅱ．①中… Ⅲ．①现代化城市—评价指标
—研究—中国 Ⅳ．①C912.81

中国版本图书馆CIP数据核字(2016)第089967号

智能城市评价指标体系研究

中国智能城市建设与推进战略研究项目组　编

出　品　人	鲁东明
策　　　划	徐有智　许佳颖
责任编辑	金佩雯　许佳颖
责任校对	董凌芳
装帧设计	俞亚彤
出版发行	浙江大学出版社
	（杭州市天目山路148号　　邮政编码　310007）
	（网址：http://www.zjupress.com）
排　　　版	杭州林智广告有限公司
印　　　刷	浙江印刷集团有限公司
开　　　本	710mm×1000mm　1/16
印　　　张	17.5
字　　　数	262千
版 印 次	2016年4月第1版　2016年4月第1次印刷
书　　　号	ISBN 978-7-308-15800-8
定　　　价	88.00元

"智能城市评价指标体系研究"课题组成员

课题组组长

吴志强	同济大学	副校长、教授，瑞典皇家工程科学院院士

课题组成员

胥星静	上海同济城市规划设计研究院	助理研究员
吕 荟	维也纳技术大学	助理研究员
孔翎聿	同济大学建筑与城市规划学院	硕士生
叶启明	同济大学建筑与城市规划学院	硕士生
滕雨薇	同济大学建筑与城市规划学院	硕士生
韩 婧	上海同济城市规划设计研究院	工程师
陆容立	中国城市规划设计研究院	工程师
盛雪锋	上海浦东智慧城市发展研究院	执行院长
柏 旸	上海同济城市规划设计研究院	工程师
俞 晶	同济大学建筑与城市规划学院	硕士生
刘朝晖	同济大学智能城镇化协同创新中心	博 士
崔泓冰	同济大学战略发展研究院	研究员
杨 秀	同济大学建筑与城市规划学院	博士生

序

"中国智能城市建设与推进战略研究丛书"，是由 47 位院士和 180 多名专家经过两年多的深入调研、研究与分析，在中国工程院重大咨询研究项目"中国智能城市建设与推进战略研究"的基础上，将研究成果汇总整理后出版的。这套系列丛书共分 14 册，其中综合卷 1 册，分卷 13 册，由浙江大学出版社陆续出版。综合卷主要围绕我国未来城市智能化发展中，如何开展具有中国特色的智能城市建设与推进，进行了比较系统的论述；分卷主要从城市经济、科技、文化、教育与管理，城市空间组织模式、智能交通与物流，智能电网与能源网，智能制造与设计，知识中心与信息处理，智能信息网络，智能建筑与家居，智能医疗卫生，城市安全，城市环境，智能商务与金融，智能城市时空信息基础设施，智能城市评价指标体系等方面，对智能城市建设与推进工作进行了论述。

作为"中国智能城市建设与推进战略研究"项目组的顾问，我参加过多次项目组的研究会议，也提出一些"管见"。总体来看，我认为在项目组组长潘云鹤院士的领导下，"中国智能城市建设与推进战略研究"取得了重大的进展，其具体成果主要有以下几个方面。

20 世纪 90 年代，世界信息化时代开启，城市也逐渐从传统的二元空间向三元空间发展。这里所说的第一元空间是指物理空间（P），由城市所处物理环境和城市物质组成；第二元空间指人类社会空间（H），即人类决策与社会交往空间；第三元空间指赛博空间（C），即计算机和互联网组成的"网络信息"空间。城市智能化是世界各国城市发展的大势所趋，只是各国城市发展阶段不同、内容不同而已。目前国内外提出的"智慧城市"建设，主要集中于第三元空间的营造，而我国城市智能化应该是"三元空间"彼此协调，使规划与产业、生活与社交、社会公共服务三者彼此交融、相互促进，应该是超越现有电子政务、数字城市、网络城市和智慧城市建设的理念。

新技术革命将促进城市智能化时代的到来。关于新技术革命，当今世界有"第二经济""第三次工业革命""工业 4.0""第五次产业革命"等论述。而落实到城市，新技术革命的特征是：使新一代传感器技术、互联网技术、大数据技术和工程技术知识融入城市的各系统，形成城市建设、城市经济、城市管理和公共服务的升级发展，由此迎来城市智能化发展的新时代。如果将中国的城镇化（城市化）与新技术革命有机联系在一起，不仅可以促进中国城市智能化进程的良性健康发展，还能促使更多新技术的诞生。中国无疑应积极参与这一进程，并对世界经济和科技的发展作出更巨大的贡献。

用"智能城市"（Intelligent City，iCity）来替代"智慧城市"（Smart City）的表述，是经过项目组反复推敲和考虑的。其原因是：首先，西方发达国家已完成城镇化、工业化和农业现代化，他们所指的智慧城市的主要任务局限于政府管理与服务的智能化，而且其城市管理者的行政职能与我国市长的相比要狭窄得多；其次，我国正处于工业化、信息化、城镇化和农业现代化"四化"同步发展阶段，遇到的困惑与问题在质和量上都有其独特性，所以中国城市智能化发展路径必然与欧美有所不同，仅从发达国家的角度解读智慧城市，将这一概念搬到中国，难以解决中国城市面临的诸多发展问题。因而，项目组提出了"智能城市"（iCity）的表述，希冀能更符合中国的国情。

智能城市建设与推进对我国当今经济社会发展具有深远意义。智能城市建设与推进恰好处于"四化"交汇体上，其意义主要有以下几个方面。一是可作为"四化"同步发展的基本平台，成为我国经济社会发展的重要抓手，避免"中等收入陷阱"，走出一条具有中国特色的新型城镇化（城市化）发展之路。二是把智能城市作为重要基础（点），可促进"一带一路"（线）和新型区域（面）的发展，构成"点、线、面"的合理发展布局。三是有利于推动制造业及其服务业的结构升级与变革，实现城市产业向集约型转变，使物质增速减慢，价值增速加快，附加值提高；有利于各种电子商务、大数据、云计算、物联网技术的运用与集成，实现信息与网络技术"宽带、泛在、移动、融合、安全、绿色"发展，促进城市产业效率的提高，形成新的生产要素与新的业态，为创业、就业创造新条件。四是从有限信息的简单、线性决策发展到城市综合系统信息的网络化、优化决策，从而帮助政府提高城市管理服务水平，促进深化城市行政体制改革与发展。五是运用新技术使城市建筑、道路、交通、能源、资源、环境等规划得到优化及改善，提高要素使用效率；使城市历史、地貌、本土文化等得到进一步保护、传承、发展与升华；实现市民健康管理从理念走向现实等。六是可以发现和培养一批适应新技术革命趋势的城市规划师、管理专家、高层次科学家、数据科学与安全专家、工程技术专家等；吸取过去的经验与教训，重视智能城市运营、维护中的再创新（Renovation），可以集中力量培养一批基数庞大、既懂理论又懂实践的城市各种功能运营维护工程师和技术人员，从依靠人口红利，逐渐转向依靠知识与人才红利，支撑我国城市智能化健康、可持续发展。

综上所述，"中国智能城市建设与推进战略研究丛书"的内容丰富、观点鲜明，所提出的发展目标、途径、策略与建议合理且具可操作性。我认为，这套丛书是具有较高参考价值的城市管理创新与发展研究的文献，对我国新型城镇化的发展具有重要的理论意义和应用实践价值。相信社会各界读者在阅读后，会有很多新的启发与收获。希望本丛书能激发大家参与智能城市建设的热情，从而提出更多的思考与独到的见解。

我国是一个历史悠久、农业人口众多的发展中国家，正致力于经济社会又好又快又省的发展和新型城镇化建设。我深信，"中国智能城市建设与推进战略研究丛书"的出版，将对此起到积极的、具有正能量的推动作用。让我们为实现伟大的"中国梦"而共同努力奋斗！

是以为序！

徐匡迪

2015 年 1 月 12 日

前　言

　　2008 年，IBM 提出了"智慧地球"的概念，其中"Smart City"即"智慧城市"是其组成部分之一，主要指 3I，即度量（Instrumented）、联通（Interconnected）、智能（Intelligent），目标是落实到公司的"解决方案"，如智慧的交通、医疗、政府服务、监控、电网、水务等项目。

　　2009 年年初，美国总统奥巴马公开肯定 IBM 的"智慧地球"理念。2012年 12 月，美国国家情报委员会（National Intelligence Council）发布的《全球趋势 2030》指出，对全球经济发展最具影响力的四类技术是信息技术、自动化和制造技术、资源技术以及健康技术，其中"智慧城市"是信息技术内容之一。《2030 年展望：美国应对未来技术革命战略》报告指出，世界正处在下一场重大技术变革的风口浪尖上，以制造技术、新能源、智慧城市为代表的"第三次工业革命"将在塑造未来政治、经济和社会发展趋势方面产生重要影响。

　　在实施《"i2010"战略》后，2011 年 5 月，欧盟 Net!Works 论坛出台了 *Smart Cities Applications and Requirements* 白皮书，强调低碳、环保、绿色发展。之后，欧盟表示将"Smart City"作为第八期科研架构计划（Eighth Framework Programme，FP8）重点发展内容。

　　2009 年 8 月，IBM 发布了《智慧地球赢在中国》计划书，为中国打造六大智慧解决方案：智慧电力、智慧医疗、智慧城市、智慧交通、智慧供应链和智慧银行。2009 年，"智慧城市"陆续在我国各层面展开，截至 2013 年 9月，我国总计有 311 个城市在建或欲建智慧城市。

　　中国工程院曾在 2010 年对"智慧城市"建设开展过研究，认为当前我国城市发展已经到了一个关键的转型期，但由于国情不同，"智慧城市"建设在我国还存在一定问题。为此，中国工程院于 2012 年 2 月启动了重大咨询研究项目"中国智能城市建设与推进战略研究"。自项目开展以来，很多城市领导和学者都表现出浓厚的兴趣，希望投身到智能城市建设的研究与实践中来。在各界人士的大力支持以及中国工程院"中国智能城市建设与推进战略研究"项目组院士和专家们的努力下，我们融合了三方面的研究力量：国家有关部委（如国家发改委、工信部、住房和城乡建设部等）专家，典型城市（如北京、武汉、西安、上海、宁波等）专家，中国工程院信息与电子工程学部、能源与矿业工程学部、环境与轻纺工程学部、工程管理学部以及土木、水利与建筑工程学部等学部的 47 位院士及 180 多位专家。研究项目分设了 13 个课题组，涉及城市基础建设、信息、产业、管理等方面。另外，项目还设 1 个综合组，主要任务是在 13 个课题组的研究成果基础上，综合凝练形成"中国智能城市建设与推进战略研究丛书"综合卷。

两年多来，研究团队经过深入现场考察与调研、与国内外专家学者开展论坛和交流、与国家主管部门和地方主管部门相关负责同志座谈以及团队自身研究与分析等，已形成了一些研究成果和研究综合报告。研究中，我们提出了在我国开展智能城市（Intelligent City，iCity）建设与推进会更加适合中国国情。智能城市建设将成为我国深化体制改革与发展的促进剂，成为我国经济社会发展和实现"中国梦"的有力抓手。

目　录
CONTENTS

第4章 评价指标体系

第5章 我国智能城市评价指标体系

第6章 欧美智能城市评价指标体系

第7章 智能城市评价指标体系的原理和方法

第8章　智能城市建设水平评价排行榜

第9章　智能城市评价指标体系的推进策略

附　录

第1章
i City

全球智能城市计划

一、全球智能城市发展综述

在过去的一个多世纪里，全球经历了快速城市化的过程。1900年，全球仅有13%的人口居住在城市里，而到2008年，该比例首次达到50%。截至2011年年底，中国城镇人口已达6.91亿人，占全国总人口的51.27%，中国的城镇化率历史性地超过了50%。这标志着中国乃至全球都已经正式步入了城市社会，其背后所反映的社会人口构成重大变化将对中国以及全球的发展产生深远的影响。

城市作为一个地区或国家的中心地域，高度聚集着大量的资金、技术、人才、信息等物质资源和社会资源。能够大幅提高经济活动的效率，形成良好的社会环境和丰富多彩的物质文化生活，对提高一个国家或地区社会经济发展水平和文明程度有着卓越的贡献。然而，大量快速扩张的城市也给人类社会带来了许多痛苦的考验。粗放型的发展模式越来越不可持续，环境生态约束力日益加强，城市发展受到的外部压力越来越大；资源分配不均，城市扩张不合理，公共服务水平滞后，城市发展面临的内部压力也开始不断显现。新的人口社会结构对传统的城市发展和治理模式提出了新的需求与挑战。

与此同时，以物联网、云计算、大数据、下一代移动通信技术等为代表的新一轮信息和通信技术的新革命，正在成为全球后金融时代社会和经济发展共同关注的重点。

物联网是继计算机、互联网与移动通信网之后的又一次信息产业浪潮。物联网通过将所有的物品都与网络互联，实现智能识别与管理，以提高城市的"感知"能力。云计算技术具备强大的数据计算处理能力。提高了信息的智能处理能力。伴随云时代的到来，大数据也正在吸引越来越多的关注，合理有效

3

地挖掘和加工大数据，将为城市发展提供坚实可靠的基础。

新技术的不断涌现与成熟为传统城市问题的解决带来了新的视角和技术基础。一方面，信息通信技术引领的产业发展可以形成新一轮的城市发展动力，促进城市经济发展；另一方面，这些技术本身也能够为诊断分析城市问题提供更好的技术可能，通过挖掘、处理和分析海量城市信息，有助于为每个城市寻找其最优的发展路径，形成最佳的投入产出比。

2008 年 11 月，在全球金融危机的背景下，IBM 在美国纽约发布了《智慧地球：下一代领导人议程》主题报告，提出了"智慧地球"这一理念以应对危机，即把新一代信息技术充分运用于各行各业。2009 年 2 月，IBM 在北京又提出"智慧的城市在中国突破"的战略，并相继与我国十余个省市签署了智慧城市共建协议，由此"智慧城市"这一理念逐渐被接受。发展智慧城市被认为有助于促进城市经济、社会与环境、资源协调可持续发展，缓解"大城市病"，提高城镇化质量，因此迅速在全球成为应对城市挑战的重要抓手。

目前智慧城市的规划和建设呈星火燎原之势。在美洲，美国的 IBM 公司首先提出了"智慧地球"计划并在政府的支持下进行了智慧城市实践；在欧洲，《欧洲 2020 战略》(Europe 2020) 中提出要建设智慧的、可持续发展的、包容性的欧洲，并将智慧城市作为其中重要的组成部分，希望通过智慧城市的建设，最大限度地释放当前基础设施和资本的潜力，研发适应社会和环境挑战的新产品与服务。在亚太地区，韩国、日本早在 2004 年就先后推出 u-Korea、u-Japan 的国家战略规划，新加坡提出了 2015 年建成"智慧岛"计划，我国也积极推动智慧城市建设。截至 2013 年 9 月，我国已有总计 311 个城市在建或欲建智慧城市。2013 年，住建部先后公布了两批国家智慧城市试点名单，共包括近 200 个试点市（区、镇）。这一系列举措都体现了我国对智慧城市建设的高度重视和积极发展的态度。

二、欧洲地区智能城市发展综述

欧盟委员会一直积极推进智慧城市的建设，将智慧城市视为促进可持续发展的重要手段，希望通过智慧城市的建设，最大限度地释放当前基础设施和资本的潜力，研发新的适应社会和环境挑战的产品与服务。

2005 年 7 月，欧盟提出"i2010"战略（Atlantic Council，2013），目标在于促进欧盟各成员国发展通信技术、建设新的网络基础设施、创新媒体等。在 2010 年发展三个重点领域：消除内部市场间的隔阂，建立欧洲统一的信息空间网络；加大在信息通信技术领域的科研投入，鼓励企业应用新通信技术，从而提高劳动生产率；普及文化教育，在各成员国中普及计算机和互联网等相关知识，提升市民整体的知识水平。

2006 年 11 月，启动生活实验室项目（Living Lab），采用协同创新的方式集合各个国家的智慧。其核心价值是改善研发转移的洞察力，增加新的科技成果转化为现实世界的应用和解决方案的动力。每个国家独立的生活实验室可以通过欧盟层面的生活实验网络（European Network of Living Labs，ENoLL）相互连接，调动集体创新的智慧。

2007 年 1 月，欧盟第七框架项目（7th Framework Programme）启动，其持续时间为 2007—2013 年。这是世界上最大的科技合作项目，总预算为 505.21 亿欧元。其研究以国际前沿和竞争性科技难点为主要内容，具有研究水平高、涉及领域广、投资力度大、参与国家多等特点。其中与智能城市相关的项目有射频识别（Radio Frequency Identification，RFID）技术和物联网技术。

2009 年 3 月，欧盟委员会提出了《信息通信技术研发和创新战略》，呼吁加大对信息技术研发和创新的支持和投入，使欧盟在该领域领先全球。2009 年"欧洲智慧城市计划"（European Initiative on Smart Cities）中提出了智慧城市发展的"计划路线图"（Indicative Roadmap），主要内容涉及战略目标、具体目标、为实现目标所采取的行动、公共与私人投资以及关键绩效指标。

2009年12月，欧盟执委会发表了《欧盟物联网行动计划》（*Internet of Things—An action plan for Europe*[①]），提出了包括物联网管理、安全性保证、标准化、研究开发、开放和创新、达成共识、国际对话、污染管理和未来发展等在内的9个方面的14点行动内容。此外，该方案还描绘了欧盟物联网技术的应用前景，提出了改善政府对物联网的管理、推动欧盟物联网产业发展的10条政策建议。

2010年3月，欧盟委员会出台《欧洲2020战略》，旨在使欧盟实现智慧型增长、可持续增长和包容性增长。其中"欧洲数字化议程"是促进经济增长的旗舰计划之一，旨在通过信息通信技术的深度应用和广泛普及，取得稳定、持续和全面经济增长，并提出了七大重点领域：一是要在欧盟建立单一的充满活力的数字化市场；二是改进信息通信技术标准的制定，提高可操作性；三是增强网络安全；四是实现高速和超高速互联网连接；五是促进信息通信技术前沿领域的研究和创新；六是提高数字素养、数字技能和数字包容；七是利用信息通信技术产生社会效益，例如信息技术用于节能环保、用于帮助老年人等。

2011年6月，欧盟能源委员公布"欧盟新智慧城市与社区行动"（EU's New Smart Cities and Communities Initiative）报告，从能源发展的角度指出目前是建设智慧城市的最好时机，城市的问题需要用智慧的方式来解决，工业需要用智慧的方式来提升效率，居民需要用智慧的方式获得清洁、安全与廉价的能源。

2011年，欧洲智慧城市创新合作项目"欧洲智慧城市／社区创新合作伙伴"（The European Innovation Partnership for Smart Cities and Communities）启动。该项目分为两个组成部分：高级讨论组（High Level Group）和智慧城市相关利益者平台（Smart Cities Stakeholder Platform）。项目希望通过建立企业和城市之间的合作关系，在一些试点城市中应用能源、交通和信息通信技术。2012年，该项目获得8 100万欧元的欧盟资金支持，项目包括交通和能

---

① 详见 http://www.eesc.europa.eu/?i=portal.en.ten-opinions.18007。

源两个方向，作为试点的"灯塔计划"（Lighthouse Project）实施。

2013 年，欧洲智慧城市创新合作项目基金的总量达到了 36 500 万欧元，同时也将信息通信技术（Information Communications Technology，ICT）列为新的项目方向，与之前的能源和交通一同组成了三大研究领域。同年该项目转入"地平线 2020"（Horizon 2020）大框架下运行。

在欧盟政府推动智能城市建设的同时，各研究组织、企业也展开了相应的探索并成立了项目合作和推广平台（见表 1.1）。

表 1.1　欧盟智能 / 智慧研究机构一览表

研究机构	简　介
城市协议（City Protocol）①	由城市、企业、非营利组织、大学和研究机构组成的联盟，目的是通过搭建城市协议协助城市转型，与其他互联网重要组织合作推动智慧城市的建设
城市开发工具包（CitySDK）②	欧盟组织的开发者项目，希望通过统一各城市间的应用程序接口来实现数据的连通，为开发者提供了一系列模块化的工具
城市集市（Citymart）③	致力于在世界范围内将城市研究者和城市管理者联系到一起，创建城市问题解决方案的平台，在研究和需求之间建立桥梁，目前超过50个城市参与了该项目
气候小组（the Climate Group）④	一个独立的非营利机构，与企业、城市和国家的各部门合作，致力于领导"绿色革命"，为全世界人民建立低碳的、智慧的、美好的未来
智慧城市博览会（Smart City Expo）⑤	在巴塞罗那每年召开一次的智慧城市博览会，邀请智慧城市研究领域的学者做主题演讲，邀请各城市的领导做城市实践方面的介绍，参与者包括智慧城市的研究者、提供技术的企业，以及希望发展智慧城市的市长
都市区（Metropolis）⑥	由来自全球超过120个城市的代表组成的都市区研究联盟，以国际论坛的形式，讨论大都市区和都市连绵带面临的问题以及解决方案

① 详见 http://www.cityprotocol.org。
② 详见 http://www.citysdk.eu。
③ 详见 http://www.citymart.com。
④ 详见 http://www.theclimategroup.org。
⑤ 详见 http://www.smartcityexpo.com。
⑥ 详见 http://www.metropolis.org。

续　表

研究机构	简　介
新城市基金（New Cities Foundation）①	一个瑞士的非营利组织，致力于提高21世纪世界城市的生活和工作质量，尤其关注亚洲、中东、拉丁美洲和非洲的新兴城市，在公众、政府和学术机构之间构建独特的交流平台
智慧城市委员会（Smart City Council）②	智慧城市委员会是重要的智慧城市推进组织，旨在加速各城市迈向智慧的、可持续发展的城市的进程。发布智慧城市手册，为城市的领导者提供简明的信息，诊断城市的科技问题，并描绘建设智慧城市的技术路线图。其智囊团包括行业领先的科技公司、研究机构、大学等
世界智能政府联盟（WeGO）③	国际性组织，旨在在全球范围内实践并推动智能政府的建设，通过信息通信技术达到绿色发展的目标，提高政府管理的效率和透明度，提升市民的生活质量

（一）英　国

"格洛斯特智能屋"（the Gloucester Smart House）项目于2007年启动，以一栋房屋作为试点，在房间内部安装传感器并将信息汇总到中央电脑。目的是以智能化的手段协助独自在家的老人生活，如根据人的位置控制房间的温度，监控老年人的心率和血压，在发生危险时及时发出警报并将信息传递给监护人。这一项目于2008年3月结束，共发布了40篇演讲和8篇论文。

伯明翰的城市仪表盘（Civic Dashboard）内容丰富，其中最重要的一项功能就是将辖区内居民反映的不同议题按发生的地理位置标注在地图上，并对其进行分类，实时显示同类问题的关注程度，便于政府在决策中优先处理（见图1.1）。同时，这个网站还包含天气预报等一些常规的便民服务，称得上是整座城市真实状态的写照。

---

① 详见 http://www.newcitiesfoundation.org。
② 详见 http://www.smartcitiescouncil.com。
③ 详见 http://www.we-gov.org。

图1.1 伯明翰的城市仪表盘[①]

贝丁顿社区（BedZED）是伦敦的一个低碳可持续发展社区，完工于2002年，在建筑建设时使用环保材料，通过智能化的手段采取建筑隔热、智能供热、天然采光等设计，综合使用太阳能、风能、生物质能等可再生能源，实现零排放的能源供应系统、循环利用的节水系统、零能耗的采暖系统。

伦敦在2012年奥运会期间新增了一批智慧垃圾桶，在传统的垃圾桶两侧增加了LED电子显示屏，滚动播出新闻资讯。同时垃圾桶也是无线热点，为周围人提供免费Wi-Fi（见图1.2）。垃圾桶内部有传感器，在垃圾装满时可自动关闭垃圾桶并通知环卫部门进行清理。

图1.2 伦敦的智慧垃圾桶[②]

---

① 图片来源：http://civicdashboard.org.uk。
② 图片来源：http://www.inewidea.com/2012/02/03/44574.html。

（二）荷 兰

荷兰首都阿姆斯特丹可谓是欧洲智能城市建设的典范，也是世界上最早开始智能城市建设的城市之一。阿姆斯特丹开展了大量智慧城市实践项目（见图 1.3），主要体现在以下五个方面。

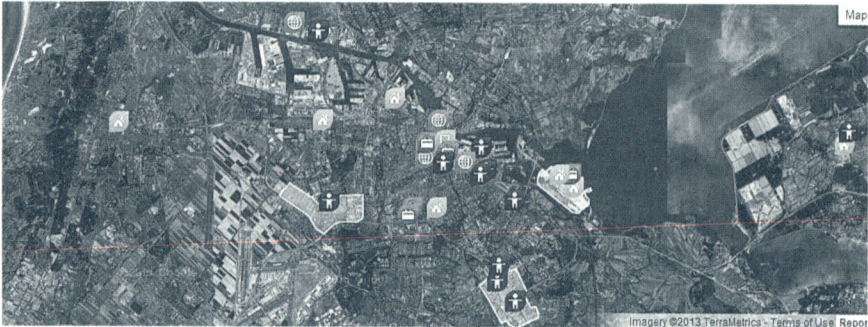

图1.3 阿姆斯特丹的智慧城市建设项目空间分布[①]

1. 生活（Living）

阿姆斯特丹是荷兰第二大城市，有超过 40 万户的家庭。所有家庭全年的二氧化碳排放量占阿姆斯特丹二氧化碳总排放量的三分之一。通过应用智慧和节能科技，碳排放量大大减少。以下实践项目能够检验哪些技术手段更加有效（包括从翻新运河建筑到安装智能电表）：

- 阿尔梅勒智慧社会（Almere Smart Society）
- 能源管理 Haarlem 社区（Energy Management Haarlem）
- Geuzenveld：可持续社区（Geuzenveld: Sustainable Neighborhood）
- 绿色运河（Groene Grachten）
- 艾瑟尔堡：光纤到户（IJburg: Fiber-to-the-Home）
- 艾瑟尔堡：你来决定（IJburg: YOU decide!）
- 智慧挑战（Smart Challenge）
- West Orange 社区（West Orange）

---

① 图片来源：http://AmsterdamOpent.nl。

2．工作（Working）

阿姆斯特丹汇集了各种规模、类型的公司，从小商铺到跨国公司，从运河边的老房子到钢筋玻璃的办公大楼。节能技术能够降低工作中的能源消耗，如在"智慧工作中心"（Smart Work Center）上班而不是在交通拥堵中浪费时间。工作方面的实践项目如下：

- 分布式生产：燃料电池技术（Fuel Cell Technology）
- 智慧工作在艾瑟尔堡（IJburg: Smart Work@IJburg）
- ITO 大厦（ITO）
- 历史建筑（Monumental Buildings）
- 市政建筑（Municipal Buildings）
- TPEX：智慧航程（TPEX: Smart Airmiles）

3．交通（Mobility）

阿姆斯特丹的移动交通工具包括轿车、公共汽车、卡车及游船等，其二氧化碳排放量占据整个阿姆斯特丹二氧化碳排放量的三分之一。采取的策略主要关注交通的可持续性，比如引入新的物流理念，动态的交通管理甚至遍布全城的电动自行车充电装置。交通方面的实践项目如下：

- E 港口：重装 IT（E-Harbours: ReloadIT）
- 你需要什么：充电系统（Moet je Watt: Charging System）
- 船联网（Ship to Grid）
- 我们一起汽车共享（WEGO Car Sharing）

4．公共设施（Public Facilities）

为了在 2015 年实现气候零影响的目标，阿姆斯特丹政府在可持续的公共空间（包括公共建筑、公共交通设施方面）扮演了示范角色。公共设施领域的项目集中在学校、医院、体育场、图书馆以及街道上应用智慧的解决方案，具体如下：

- 气候大街（Climate Street）
- 创新能源供应兰斯塔德（E-Harbours: Innovative Energy Contract Zaanstad）

- 健康实验室（Health-Lab）
- 新西区：智能电网（Nieuw West: Smart Grid）
- 智慧学校竞赛（Smart Schools Contest）
- 智能体育公园（Smart Sports Parks）
- 游泳池（Swimming Pools）
- 东南区：法律和法规（Zuidoost: Laws and Regulations）
- 活力东南（Zuidoost: Energetic Zuidoost）
- 东南区：利益相关者（Zuidoost: Stakeholders in the Drivers Seat）

5. 开放数据（Open Data）

与世界上很多大城市一样，阿姆斯特丹也拥有自己的政府开放数据平台。数据支撑信息社会，公开的数据能够有效地支持决策，所以，这也是阿姆斯特丹智慧城市建设的重要方面之一。在开放数据方面进行的实践项目如下：

- 开放阿姆斯特丹网站（AmsterdamOpent.nl）
- 阿姆斯特丹手机平台（Apps for Amsterdam）

（三）瑞　典

斯德哥尔摩作为瑞典的首都，和其他大城市一样面临着交通拥堵的问题。斯德哥尔摩政府应用智慧化的手段来畅通交通。2006 年启动"智慧交通"项目，与 IBM 公司合作研发一套完整的车辆自动缴费系统，通过对行驶入市区的车辆征收"车辆拥堵税"来限制车流量。这一系统采用先进的车辆识别技术，利用图像增强以及前后车牌比对技术，对整个图像进行分析并搜寻预先设定的模式。算法模拟人眼的机能，不断移动图像，直到找出最佳视角并识别出预期的模式，从而还原出通常无法识别的车牌。依靠此技术可以捕捉车辆进入和离开收费区的时间，自动完成收费。

智慧交通系统的应用使斯德哥尔摩交通拥堵降低了 25%，交通排队所需时间下降了 50%，道路交通废气排放量减少了 8% ~ 14%，二氧化碳等温室气体排放量下降了 40%。斯德哥尔摩由于在环保方面做得出色，2009 年被智能社区论坛（Intelligent Community Forum）评为年度智慧城市，2010年被欧盟委员会评为首个"欧洲绿色首都"。

（四）丹　麦

丹麦的哥本哈根被称为自行车之城，因此哥本哈根关于智慧城市的实践集中于自行车领域，推出的智慧自行车具有简单的电动蓄力装置，在刹车和下坡时积蓄电能，在需要加速和上坡时释放，为骑行者省力（见图1.4）。公共自行车是政府提倡绿色出行的重要交通工具（见图1.5）。新型的公共自行车有显示屏，代替传统的投币式收费。租用变得电子化，市民通过手机终端完成租用和付款，并能实时监控每一辆自行车的位置，了解公共自行车在各个分区内的分布量。

图1.4　哥本哈根的智慧自行车[②]　　　　图1.5　哥本哈根的公共自行车[①]

（五）西班牙

2008年，巴塞罗那推出了22@Urban Lab项目，通过在公共空间中试验各种各样的服务和技术，获取这些技术实践与空间相互作用的相关信息。共收到43个项目计划，其中14个项目已经得到实施。例如，"Street Lighting"项目由Eco Digital公司负责安装了12盏智能路灯，这些路灯装有温度、湿度、声音和污染传感器，同时也作为Wi-Fi热点使用；"Meter

[①]　图片来源：http://lucaslaursen.com/copenhagen-pioneers-smart-electricbike-sharing。
[②]　图片来源：http://senseable.mit.edu/copenhagenwheel。

Reader"项目由市住房局推动，为 3 幢建筑的 150 座建筑单元安装了燃气、电力和水表的自动读表器；在"Traffic Control Cameras"项目中，除了现在安装的交通监控摄像头之外，未来还将安装一套智能系统，使之能够根据街道上的机动车数量调整绿灯时间的长度，减少红绿灯转换的次数。

2011 年，巴塞罗那政府搭建了一个公私合作的平台，LIVE（Logistics for the Implementation of the Electric Vehicle）Barcelona，以此推动电动汽车的广泛使用。目前巴塞罗那已经拥有 240 个电动汽车充电站，大多数由电网运营商 Endesa Cepsa 经营。

2012 年，由 Apps4bcn 网站发起的 BCN Apps Jam for DEMOCRACY 项目鼓励开发者为巴塞罗那开发相关的手机应用程序，包括电子投票系统、电子上访、民意调查等。

2012 年，"Smart Service Delivery Platform"项目致力于通过在城市空间中安装大量的传感器来使相关人员方便获取过去很难精确测量的数据，比如测量固体废弃物数量的传感器、监测停车场是否被占用的传感器、测量空气污染和噪音的传感器等。所有这些信息将被整合进统一的信息平台，以便为市民和政府提供更为完善和便捷的信息服务。

"世界智慧城市博览会"（Smart City Expo）于 2013 年、2014 年连续两年在巴塞罗那召开，51 个城市、6 000 余名人员和上百家企业参加了大会。该博览会在智慧城市技术企业和政府间建立了交流桥梁，向参会人员传播智慧城市先进建设经验。

（六）法　国

2011 年，巴黎组织了一次设计竞赛，主题是"智慧街道家具"（Smart Street Furniture），用智能化的手段改造街道中的设施，如路灯、垃圾桶、公交车站和广告牌等，设计师和企业参与到这次竞赛中，最终选出 40 项设计并予以实施。

Concept Shelters 是一座数字公交车站，这个车站配备了大屏幕触控显示屏，通过这个显示屏幕，市民可以方便地同政府相关负责部门进行沟通，可以上网了解最新的文化活动（见图1.6）。同时，这个车站还提供免费的手机充电接口，供市民应急充电。车站所需的大部分电能来源于屋顶的太阳能光伏板。从这个意义上说，这也是一座"绿色"公交车站。

nAutreville是一种运用了增强现实技术的半透明触控屏幕，类似于使用了同类技术的摄像头（见图1.7）。这个触控屏幕可以360度旋转，同时将街区内的文化活动、景点介绍信息叠加到现实影像中，这个触控屏还可以为旅游者提供路线导航服务。目前已有若干块nAutreville在巴黎市区的著名景点和社区公园中投入使用。

图1.6 巴黎的数字公交车站[①]

图1.7 巴黎的半透明触控屏幕[②]

三、美洲地区智能城市发展综述

（一）美 国

2008年，IBM提出智慧地球的概念，这一概念得到了美国政府的认可，智慧城市成为应对经济危机的重要策略之一。2012年12月，美国国家情报委员会（National Intelligence Council）发布的《全球趋势2030》指出，对全球经济发展最具影响力的四类技术是信息技术、自动化和制造技术、资源技术以及健康技术，其中"智慧城市"是信息技术内容之一。美国政府通过财政资金推进智慧城市的建设，并引导企业在相关领域投入科研，鼓

[①] 图片来源：http://www.bustler.net/index.php/article/high_tech_bus_stop_by_patrick_jouin。
[②] 图片来源：http://ooh-tv.fr/2012/04/03/mui-paris-nautreville-une-fentre-enrichie-sur-la-ville。

励创新。信息基础设施、智能电网、智能交通、智慧医疗等建设，是美国当前智能慧城市建设的重点。

2008 年 11 月，IBM 的首席执行官 Sam Palmisano 在美国外交关系委员会上的演讲中提出智慧地球（Smarter Planet）这一概念，即把新一代信息技术充分运用在各行各业之中。

2009 年 9 月，IBM 与美国中西部爱荷华州的迪比克市（Dubuque）合作建设美国第一个"智慧城市"，利用信息技术实现城市各系统的数字化，建立智慧水务、智慧能源、智慧交通三大系统，通过信息的整合提升城市运行效率。实验团队建立了一套用水监控系统，实时监测、分析和警报，可以发现漏水点。经过 15 周的实验，家庭平均水耗下降了 6.6%。安装智能能源监控装置之后，居民可以查看家庭电量消耗，错开用电高峰，家庭平均耗电量降低了 11%。

2009 年 2 月，美国发布《经济复苏计划》，计划投资 110 亿美元建设可安装各种控制设备的新一代智能电网。同年 6 月，美国商务部和能源部共同发布了第一批智能电网的行业标准，这标志着美国智能电网项目正式启动。

2009 年 4 月，圣何塞（San Jose）启动了智能道路照明工程，其控制网络技术不受灯具的约束，有效地为各种户外和室内照明市场带来节约能源、降低运行成本、实施远程监控以及提高服务质量等好处。智能控制联网技术以新型灯具的效率为基础，通过失效路灯早期排查、停电检测以及光输出平衡和调光等功能来降低成本和改善服务，同时使城市的街道、道路和公路更安全美观。

2010 年 3 月，美国联邦通信委员会（Federal Communications Commission, FCC）正式对外公布了未来 10 年美国的高速宽带网络发展计划，将通过市场激励、资源保障、普遍服务和应用促进等几方面的努力助其实现，目标是将宽带网速度提高 25 倍，即到 2020 年，让 1 亿户美国家庭互联网传输的平均速度从 2010 年的 4Mbps 提高到 100Mbps。2011 年，FCC 通过了之前宣布的针对普遍服务基金和运营商间补偿制度的改革计划，开始实施年度预算高达 45 亿美元的基金促进计划。

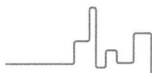

（二）巴　西

里约热内卢是巴西的重要城市，承办了 2014 年世界杯以及 2016 年奥运会，这使其成为世界关注的热点城市。2010 年发生的山体滑坡造成了大量的伤亡损失，类似的自然灾害也加快了政府推进智慧城市建设的速度。

2010 年，里约热内卢政府与 IBM 和 Oracle 合作成立了城市行动中心（Centre of Operations），收集和集中处理城市中的信息（见图 1.8）。如通过 GPS 定位垃圾车位置，设定最佳行动线路，使城市运行更加高效。

图 1.8　里约热内卢城市行动中心[①]

另一项重要措施是数据开放。里约热内卢在城市行动中心建立之初就将透明性作为重要的原则，城市相关的数据信息对外公开，所有的媒体可以随时参观城市行动中心并获取相关信息，公众也可以通过网站访问数据库。这种开放性使智慧城市数据得到最大化的利用。

四、亚太地区智能城市发展综述

（一）日　本

2004 年，日本推出"u-Japan"[②]战略，希望通过该国家信息化战略催生新一轮的科技革命，将数字化普及生活的方方面面，用以解决人口老龄化

---

① 图片来源：http://thenextweb.com/la/2011/07/13/how-data-is-making-rio-de-janeiro-a-smarter-city。
② "u"代指英文单词"ubiquitous"，意为"普遍存在的，无所不在的"。

等社会问题，提升国家的整体竞争力。

2009 年，日本又提出"i-Japan"战略，聚焦在电子化政府治理、医疗健康信息服务、教育与人才培育等三大公共事业领域，旨在到 2015 年实现以人为本的、安心且充满活力的数字化社会。相比"u-Japan"战略的普及性，本战略更关注信息技术的易用性，突破阻碍数字技术适用的各种壁垒，确保信息安全，最终通过数字化和信息技术向经济社会渗透。

清洁能源策略一直是日本政府主推的能源策略。2012 年 6 月启动的"Feed-in Tariff"项目推动了光伏太阳能发电产业的发展，同时智慧电网也必须同步发展。太阳能在白天发的电量不能完全消耗，需要通过蓄电池存储在夜间释放，因此，蓄电池和燃料电池成为智能社区的关键组成部分，有助于平衡电网。高级测量设施（Advanced Metering Infrastructure）和能源管理系统（Energy Management Systems）可以让用户实时了解能源消耗的详情，从而避开用电高峰，用较低的费用给电动车充电。

日本经济贸易产业省（Ministry of Economy, Trade and Industry，METI）是智能城市建设的重要部门，地方政府可以联合咨询公司提出智能城市方案。如果提案被 METI 采纳，将会得到国家的财政支持，地方政府在企业和国家之间起到桥梁作用。2010 年，第一轮方案征集启动，20 个候选城市提交了总体计划，其中 4 个城市通过评估并进入实施阶段。2012 年，在福岛核电站事故发生一年后，第二轮方案征集的主题是重灾区的城市面貌恢复和经济重建。

（二）韩　国

2004 年，韩国提出"u-Korea"战略计划，希望通过数字化、网络化、可视化、智能化促进韩国经济发展和社会变革。根据 2006 年 3 月确定的总体政策规划，u-Korea 的发展期为 2006—2010 年，成熟期为 2011—2015 年。通过建设无所不在的信息感知网络，为市民提供便利的生活服务，提升市民的生活便利度，也可以带动信息技术相关产业的发展，强化国家的竞争力。

u-Korea 包含五项重点建设领域：①亲民政府（Friendly Government），

提供智慧化的行政办公管理、移动化的公共服务和智慧投票系统；②智慧园区（Intelligent Land），构建智慧交通管理网络、电子护照入境管理系统；③可持续经济（Regenerative Economy），运用新的商业营销模式，推广在线支付；④生活服务（Tailored u-life Service），提供电子身份识别卡，创建智慧家庭生活；⑤社会安全（Secure Safe Social Environment），建立智慧应急响应网络、食品药品产地追踪系统、无人保安系统。

2009 年，韩国通过了"u-City"综合计划，将 u-City 建设纳入国家预算，大力支持核心技术国产化，标志着智慧城市建设上升至国家战略层面。u-City 是 u-Korea 的详细落实，一方面希望通过建设智慧城市样板城市，让市民感受到智慧技术为生活带来的便利，另一方面以此带动相关产业的发展，推动全国经济的前进。

u-City 建设制定了两大目标与四大推进战略。两大目标分别是：①让 u-City 成为韩国经济增长新引擎，培育 u-City 新型产业；②将 u-City 建设模式向国外推广。四大推进战略分别是：①构建制度平台；②开发核心技术；③扶持 u-City 产业发展；④培育人才。

2009 年 8 月开始建设的"松岛新城"（New Songdo City），位于首尔以西约 65 千米，填海面积约 607 公顷，由盖尔国际与韩国浦项制铁 E&C 共同开发。新城的社区、医院和公司全方位实时共享信息，市民住宅、街道和办公楼通过网络连接在一起。市民可以通过智能卡在城市中享受到教育、医疗、购物等一系列生活服务。

（三）新加坡

1992 年，新加坡提出智慧岛计划（IT2000），计划在 10 年内建设覆盖全国的高速宽带多媒体网络，普及信息技术，在地区和全球范围内建立联系更为密切的电子社会，将新加坡建成智慧岛和全球性 IT 中心。

2000 年，新加坡提出"21 世纪信息通信计划"（Infocomm21），在智慧岛的基础上将新加坡提升为全球性的信息通信资本市场。新加坡计划成为亚太地区包括信息通信产业研究开发、创业投资、知识产权、教育和新观

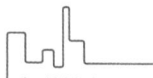

念思想等各个领域的领导者，直至成为全球信息通信应用的领先者。该计划设定了六项目标：①企业上网（Business Online），发展成为全球电子化事业中心，主导世界的 B2B 或 B2C 电子商务；②政府上网（Government Online），为了为人民提供更好的服务，新加坡政府致力于成为全球首屈一指的电子化政府；③国民上网（Singaporeans Online），成为一个 e 化生活形态的社会，其国民应用信息通信的能力将领先世界各国；④信息通信人力资本（Infocomm Talent Capital），成为信息通信人力资源中心以及电子化学习的枢纽，致力于塑造吸引高素质信息通信人才前往发展的环境，并提供电子化学习的优良园地；⑤有利企业和消费者的环境（Pro-Business and Pro-Consumer Environment），强化政策和法律规章的制定及修正，发展有利于企业发展的信息通信产业，并让消费者乐于利用信息通信服务的环境，促进新经济的发展和成长；⑥信息通信产业的枢纽（Infocomm Hub），与世界主要信息通信技术中心、研发中心和电子商务市集相互连接，并且让信息通信科技成为新加坡电子化经济成长的主要驱动力。

2006 年公布的智慧国 2015（IN2015）计划，是由新加坡资讯通信发展管理局（Infocomm Development Authority，IDA）主持，政府和企业共同参与的行动，计划在 10 年内将新加坡建设成全球领先的信息化国家。计划到 2015 年实现信息产业附加值达到 260 亿美元，信息产业出口产值达到 600 亿美元，新增工作岗位 8 万个，实现家庭宽带覆盖 90% 以上，学龄儿童家庭电脑拥有率达到 100%。

（四）马来西亚

1995 年，马来西亚提出多媒体超级走廊（Multimedia Super Corridor，MSC）计划，范围涵盖吉隆坡城市中心、布特拉贾亚政府行政中心、电子信息城（Cyberjaya）、高科技技术孵化创新园区和吉隆坡国际机场。MSC计划包括 7 个"旗舰计划"：电子政府、智慧学校、远程医疗、多用途智慧卡、研究与开发中心、无国界行销中心和全球制造网。整个 MSC 计划将持续到 2020 年。

　　距离吉隆坡 40 千米的电子信息城赛城（Cyberjaya）占地 2 800 公顷，是最能体现"智慧城市"的核心工程，号称"东方硅谷"。整个赛城分为软件开发区、系统综合区、电信与网络服务区、动画与电影区、电子区、教育与培训区等。马来西亚政府计划在 2020 年前把赛城建成世界芯片生产中心，发展多媒体产品，把多媒体应用于教育、市场开拓、医疗及医学研究等领域。

第2章

i City

我国智能城市建设现状

一、我国智能城市建设总览

（一）我国智能城市建设缘起

中共十八大报告提出，在我国今后一个时期的国家战略中，要坚持"四化同步"的路线，即"坚持走中国特色新型工业化、信息化、城镇化、农业现代化道路，推动信息化和工业化深度融合、工业化和城镇化良性互动、城镇化和农业现代化相互协调，促进工业化、信息化、城镇化、农业现代化同步发展"。城镇化是我国实现经济增长、拉动内需、城乡统筹等众多城市发展目标的必要手段，而面对目前我国城市发展中人口、经济、环境等问题，如何实现城镇化的可持续发展，实现居民生活、经济成果、城市建设与生态承载力相匹配，将是我国城镇化发展过程中面临的重要课题。

因此，以"高新技术为核心，智能技术为手段"的"智能城市"的概念应运而生。通过提取城市的各组成要素，借助技术手段实现对这些要素的实时监控，在虚拟的层面上反映出城市实体要素之间的影响与作用，从而对这些关系进行重新梳理、整合、关联，进一步将结果反映在实体城市的建设中，对城镇化的发展起到指导作用。"智能城市"作为一种新的城市发展模式，将扭转城市目前因信息不畅而导致的缺乏城市建设系统性、各系统各自为政以及城市建设支离破碎的现状，逐步治愈各类"城市病"，带领我国实现智能城镇化。

（二）我国智能城市建设现状

我国对智慧城市发展高度重视。为规范和推动智慧城市的健康发展，住房和城乡建设部办公厅于 2012 年 11 月 22 日正式发布了《关于开展国家智慧城市试点工作的通知》，并印发了《国家智慧城市试点暂行管理办法》和《国家智慧城市（区、镇）试点指标体系（试行）》两个文件，即日开始试点城市申报。文件指出，建设智慧城市是贯彻党中央、国务院关于创新驱动发展、推动新型城镇化、全面建成小康社会的重要举措；在建设过程中，住房和城乡建设主管部门要加强组织、协调、监督和考核。

经过地方城市申报、省级住房和城乡建设主管部门初审、专家综合评审等程序，2013 年 1 月 29 日，住房和城乡建设部公布首批国家智慧城市试点名单，首批国家智慧城市试点共 90 个（见表 2.1）。2013 年 8 月，住房和城乡建设部公布第二批国家智慧城市试点名单，确定 103 个试点（见表 2.2）。加上住房和城乡建设部此前公布的首批 90 个国家智慧城市试点，截至 2014 年年底，国家智慧城市试点总数已达 193 个。此外，2013 年科技部与国家标准化管理委员会共同确定了国家"智慧城市"技术和标准试点城市（简称"智慧城市双试点"），本次共选择了 20 个试点城市，实施期限为 3 年（2013—2015 年），其中副省级城市 9 个（见表 2.3）。

表 2.1　首批国家智慧城市试点名单（90 个，2013 年）

行政级别	数量	试点
省会城市	5	武汉市、郑州市、石家庄市、太原市、拉萨市
地级城市	29	常州市、无锡市、温州市、珠海市、铜陵市、威海市、东营市、淮南市、金华市、芜湖市、镇江市、南平市、泰州市、株洲市、德州市、萍乡市、秦皇岛市、雅安市、吴忠市、咸阳市、六盘水市、铜仁市、漯河市、鹤壁市、辽源市、邯郸市、廊坊市、长治市、乌海市
县级市（县）	17	新泰市、寿光市、诸暨市、万宁市、韶山市、迁安市、库尔勒市、成都市郫县、肇东市、大庆市肇源县、佳木斯市桦南县、济源市、新郑市、昌邑市、奎屯市、肥城市、磐石市
城区	14	北京市朝阳区、北京市东城区、天津市津南区、杭州市上城区、宁波市镇海区、佛山市顺德区、广州市番禺区、武汉市江岸区、重庆市南岸区、贵阳市乌当区、福州市仓山区、昆明市五华区、朔州市平鲁区、蚌埠市禹会区

行政级别	数量	试点
新区、生态区、示范区	22	上海市浦东新区、北京丽泽金融商务区、北京未来科技城、中新天津生态城、南京市河西新城区（建邺区）、广州市萝岗区、苏州工业园区、成都市温江区、盐城市城南新区、深圳市坪山新区、株洲市云龙示范区、秦皇岛北戴河新区、南昌市红谷滩新区、济南西部新城、重庆两江新区、沈阳市浑南新区、大连生态科技创新城、昆山市花桥经济开发区、洛阳新区、杨凌农业高新技术产业示范区、长沙大河西先导区、平潭综合实验区
镇	3	昆山市张浦镇、佛山市顺德区乐从镇、浏阳市柏加镇
总计	90	

表 2.2　第二批国家智慧城市试点名单（103 个，2013 年）

行政级别	数量	试点
市、区	83	北京经济技术开发区、天津市武清区、天津市河西区、重庆市永川区、重庆市江北区、唐山市曹妃甸区、阳泉市、大同市城区、晋城市、呼伦贝尔市、鄂尔多斯市、包头市石拐区、齐齐哈尔市、牡丹江市、安达市、四平市、榆树市、长春高新技术产业开发区、营口市、庄河市、大连市普湾新区、烟台市、曲阜市、济宁市任城区、青岛市崂山区、青岛高新技术产业开发区、青岛中德生态园、南通市、丹阳市、江苏吴中太湖新城、宿迁市洋河新城、昆山市、阜阳市、黄山市、淮北市、合肥高新技术产业开发区、宁国港口生态工业园区、杭州市拱墅区、杭州市萧山区、宁波市（含海曙区、梅山保税港区、鄞州区咸祥镇）、莆田市、泉州台商投资区、新余市、樟树市、共青城市、许昌市、舞钢市、灵宝市、黄冈市、咸宁市、宜昌市、襄阳市、岳阳市岳阳楼区、肇庆市端州区、东莞市东城区、中山翠亨新城、南宁市、柳州市（含鱼峰区）、桂林市、贵港市、红河哈尼族彝族自治州蒙自市、红河哈尼族彝族自治州弥勒市、贵阳市、遵义市（含仁怀市、湄潭县）、毕节市、凯里市、兰州市、金昌市、白银市、陇南市、敦煌市、绵阳市、遂宁市、崇州市、林芝地区、宝鸡市、渭南市、延安市、银川市、石嘴山（含大武口区）、乌鲁木齐市、克拉玛依市、伊宁市
县、镇	20	北京市房山区长阳镇、唐山市滦南县、保定市博野县、朔州市怀仁县、白山市抚松县、吉林市船营区搜登站镇、潍坊市昌乐县、平度市明村镇、徐州市丰县、连云港市东海县、六安市霍山县、宁波市宁海县、临安市昌化镇、上饶市婺源县、长沙市长沙县、郴州市永兴县、郴州市嘉禾县、常德市桃源县漳江镇、六盘水市盘县、银川市永宁县
总计	103	

续　表

行政级别	数量	试点
2012年试点扩大范围	9	常州市新北区、武汉市蔡甸区（2012年试点含江岸区）、沈阳市沈河区、沈阳市铁西区、沈阳市沈北新区、南京市高淳区、麒麟科技创新园（生态科技城）、长沙大河西先导区洋湖生态新城和滨江商务新城、佛山市南海区

表2.3　智慧城市双试点名单（20个，2013年）

实施期限	数量	试点
3年（2013—2015年）	20	南京市、无锡市、扬州市、太原市、阳泉市、大连市、哈尔滨市、大庆市、合肥市、青岛市、济南市、武汉市、襄阳市、深圳市、惠州市、成都市、西安市、延安市、杨凌示范区、克拉玛依市

2014年8月27日，经国务院同意，国家发展和改革委员会（简称国家发改委）、工业和信息化部（简称工信部）、科学技术部（简称科技部）、公安部、财政部、国土资源部、住房和城乡建设部（简称住建部）、交通运输部等八部委共同印发《关于促进智慧城市健康发展的指导意见》，要求各地区、各有关部门落实本指导意见提出的各项任务，确保智慧城市建设健康有序推进。意见中提出，到2020年建成一批特色鲜明的智慧城市，聚集和辐射带动作用大幅增强，综合竞争优势明显提高，在保障和改善民生服务、创新社会管理、维护网络安全等方面取得显著成效。

（三）我国智能城市建设相关机构

1．国家层面

（1）国家发展和改革委员会

国家发改委作为主要协调部门，主要负责总体协调智能城市的建设，把握以智能化手段推进城镇化改革的建设方向。

2014年，国家发改委协同工信部牵头起草了《关于促进我国智慧城市健康有序发展的指导意见》（以下简称《意见》）。该《意见》将智慧城市建设的重点和主要目标以"五化"进行了完整概括，即城市规划设计科学化、

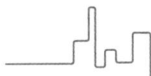

公共服务均等化、社会管理精细化、基础设施智能化和产业发展现代化，提出了理性推进、重点先行的发展方针，重点强调了信息资源利用，并进一步强化了信息安全相关规定。

该《意见》尤其强调了国家层面的工作协调机制，提出国家发改委、工信部等要建立部际协调机制，协调解决智能城市建设中的重大问题。

（2）住房和城乡建设部

住建部为我国负责智能城市建设的核心部门之一。

住建部作为承担推进我国新型城镇化建设的重要部门之一，在此过程中提出并实践智能城市的理念，从政策制度、标准规范、技术研究、产业队伍、建设资金、示范城市、理论研究与宣传 7 个角度，推出具体举措：出台全国首个智慧城市管理办法；承担国内国际智能城市标准制定工作；协议引导银行和社会资本进入该领域，协议资金近千亿元；建立智慧城市产业联盟，成员近 100 家，涵盖高校、研究院所、企业、投资机构，上市公司 42 家，业务覆盖智能城市产业链各节点；选取全国不同地区、规模和类型的 15 个城市，作为全国智能城市试点，开展智能城市的探索工作。

住建部在推进智能城市的过程中，通过搭建平台，汇集各类社会要素，按照市场和共赢的规则，实现自由配对和资源的优化，避免以往政府大包大揽的做法，让智能城市回归市场和社会的本性。

除为智能城市建设铺平道路外，住建部还应承担另外一项重要的责任——后期的建设评价与监管。我国目前的智能城市建设仍处在初级阶段，正经历着从起步到发展的过渡，国家对智能城市建设持积极态度，各地的建设也进行得如火如荼。但目前的智能城市建设实践中，不可避免地出现了一些走弯路的现象。一些城市贪大求全、求大求快、盲目投资现象明显，反而造成了资源浪费，这与智能城市建设的初衷是相背离的。智能城市建设归根结底是要提升城市的运行效率，服务于民众。因此，加强对智能城市建设效果的监管，考虑地方特色，因地制宜地开展建设、运营，是保证智能城市建设效果的必要手段。及时修正各城市的建设路线，将有效地避免建设手段趋同所造成的不必要的损失。

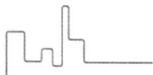

（3）工业和信息化部

工信部将智能城市试点建设列为重要工作。

工信部作为工业和信息化领域的主管部门，通过制定规划、试点示范、总结推广等三种方式全面部署智能城市建设相关工作。其工作重点为推动城市各领域信息化、智能化，优化信息基础设施建设，并密切关注信息产业的热点领域发展，为智能城市建设和模式创新创建良好的技术和产业环境。

近年来，工信部先后编制了《互联网行业"十二五"发展规划》《通信业"十二五"发展规划》《宽带网络基础设施"十二五"规划》《国际通信"十二五"发展规划》《电信网码号和互联网域名、IP地址资源"十二五"规划》等超过10个与智能城市相关的规划，涉及信息化、信息安全、电子信息产业、软件业、通信业规划及物联网电子政务、电子商务规划等多个行业和领域。这些规划的出台将极大地支持智能城市的发展。就目前来看，信息基础设施建设对建设智能城市而言极为关键。应推进下一代信息技术研发、产业化和网络化的演进；根据不同区域的特点，探索发展多种模式的宽带网络建设，大力推进城区光纤落户；加快建设新一代宽带无线移动通信网，普及移动互联网，基本实现城市无线网络全覆盖和无线局域网全覆盖；加大3G网络投资的力度，加快3G网络建设速度，全面提升3G网络质量，并统筹包括TD在内的3G网络向LTE演进。

2. 地方层面

智能城市建设在地方层面涉及面非常广泛，包括城市基础设施、信息通信产业管理、城市交通、医疗卫生、教育、社区管理服务等诸多领域，仅基础设施建设内部就涉及水、电、能源等多个部门。而由于建设初期经验不足，各地智能城市建设虽然由政府进行整体推动，单个项目中各部门却各有工作重点，尤其因为部分信息资源的共享涉及部门利益和隐私，部门之间很难实现信息开放，缺乏统一的信息化统筹安排。这就导致城市中形成各成体系的系统，系统之间缺少有效关联，信息资源利用效率低下，存在重复利用、互不共享等问题。信息孤岛的存在，成为智能城市建设中最大的掣肘所在。

住建部门在城市规划建设管理具体项目的落实上有较大优势；而工信部门恰恰相反，其作用主要体现在整合新一代信息技术的应用、将信息资源进行有效管理方面。两部门各有侧重，缺乏统一的目标和建设手段。在地方的具体建设中，部门之间条块林立、信息资源难以共享的问题体现得更为明显，目前的智能城市建设方式在这方面仍未提供太多具有建设性的经验与解决方案。

因此，在下一步的发展中，我国需要的是一个能够协调各部门业务、实现信息资源共享的智能城市建设机制，对智能城市建设进行统筹安排以提升建设效率。当然，任何单一部门主导的建设都很容易面临诸多问题，可考虑从上层建筑的完善出发，优先建立较高层面的统筹领导部门，由其颁布相关建设指导意见并组织各部门就相关问题进行跨部门协调交流，解决智能城市建设中面临的业务协同、信息共享等问题。

二、我国智能城市建设特色

（一）我国智能城市建设内涵

1. 城市建设智能化

随着 2011 年我国城镇化率首次突破 50%，我国城市建设迎来了一个巨大的转折点。估计今后 15 年中，还会有约 2 亿人涌入城市。这样的变化意味着我国未来的发展模式将由"农村包围城市"转向"城市带动农村"，相应地，城市建设规模也将持续扩大以满足人口需求。

西方的智能城市建设目标主要是用智能化手段管理城市，而我国短期内面临的问题则是大规模人口流入所带来的居住、交通、教育等城市建设问题。因此，如何用智能化的手段找到城市建设的正确发展战略，将是智能城市研究中的重要课题之一。

西方的许多城市都经过了时间的考验，像伦敦、巴黎、芝加哥、布拉格、佛罗伦萨，都很好地将城市特色延续至今并使之成为城市名片。而我国城市建设面对的挑战正在于：上一代留给我们的很多东西都已经在城市扩张过程中消失了，如何在快速城镇化的过程中仍旧保持城市的独特性，让城市的发展经得起考验？我们需要做的正是用智能化的手段诊断城市问题，并帮助城市做出正确的发展决策。

2. 城市产业智能化

自新中国成立以来，我国一直在大力发展工业，这导致我国大部分城市至今仍旧极度依赖第二产业带来的经济增长，哪怕是上海也仍旧无法完全摆脱城市中的第二产业。因此，未来几十年，工业仍将是我国发展实体经济的重要手段之一。当今全球化经济市场发展的动向告诉我们，想要在这个市场中获胜，必须发挥出更高的水平。

中国常常被称为"世界制造工厂"，这样的称号肯定了我国制造业，同时却也反映了我国产业发展中创新力不足、缺少品牌优势、只能为别人加工的现状。瑞士没有丰富的资源，但依靠高智能的制造手段所生产的一块手表能卖得和一辆汽车一样贵；而我国的制造业更多的是买别人的设备，用别人的技术，生产别人的东西。

因此，我国在智能化手段的影响下，第一要提高技术水平，在产业市场中运用我们自身的科学技术，来体现我们自身的优势；第二要提升科技创新含量，发展战略性新产业，将设计与生产紧密结合，用战略性新产品推动产业发展；第三要打通市场网络，利用网络掌握更准确的市场信息，找准客户定位，从而实现从工厂到公司的转变。

3. 城市基础设施智能化

各项基础设施是城市正常运行的基础所在，如何感知城市，具体依靠的正是这些密布在城市内部的"经络"。建设智能城市首先要建立智能的基础设施，包括道路、消防、环境保护及水、电、热等系统。

此外，数据将是改变我国城市建设的另一有力武器。因此我们要尽早

完善互联网建设，提升宽带网覆盖率。有了网络建设作为依托，智能化的城市将有能力从数据中发掘信息，从而对我国各个行业领域的建设发展起到引导作用。

4. 城市"三化"联动

基于我国特殊的发展背景，智能城市建设恰好迎合了中共十七大提出的"五化"（工业化、信息化、城镇化、市场化、国际化）深入发展的新形势、新任务。发达国家已经基本完成了城镇化和工业化的进程，因此下一步的建设目标是智能化和信息化。了解到这一点，就能理解智能城市建设对我国而言，是推动信息化、城镇化、工业化"三化"融合的重要手段，对市场化和国际化进程产生着重要影响。

（二）我国智能城市总体建设特色

1. 国家政策强力推动

智能城市建设是实现"四化同步"发展战略部署的重要措施，我国几大部委纷纷将智能城市建设列为工作重点，各城市也将智能城市作为下一步的发展目标。截至 2011 年 5 月，全国一级城市全部提出了建设智慧城市的详细规划，有 80% 以上的二级城市也明确提出了建设智慧城市。截至 2012 年 9 月，全国 47 个副省级以上地方的规划文件中，明确提出建设智慧城市的有 22 个，占比 46.8%。截至 2013 年 1 月，全国已有 320 个城市投入 3 000 亿元建设智慧城市（周鹏，2013）。

2010 年，科技部认定武汉、深圳为国家 863 智慧城市项目试点城市。工信部分别于 2011 年、2012 年批复扬州、常州为"智慧城市"建设试点示范城市。

2012 年 4 月，中国工程院公布北京、杭州、武汉、宁波、西安五市为"中国智慧城市"试点城市。

2013 年 8 月，国务院出台《关于促进信息消费扩大内需的若干意见》，其中明确提出要加快智慧城市建设，并提出在有条件的城市开展智慧城市试点示范建设。住建部于 2013 年 1 月公布包括北京市东城区、江苏省无锡市等 90 个城市（区、县、镇）为首批国家智慧城市试点，并于同年 8 月再次公布 103 个城市（区、县、镇）为国家智慧城市试点。

2013 年 10 月，在工信部的指导和支持下，中国智慧城市产业联盟在北京成立。该联盟由中国电子商会、中国航天科工集团公司等国内百余家大中型企事业单位、研究机构发起并建立。我国与智慧城市相关的国家级联盟已达到 4 个，分别是中国智慧城市产业联盟、国家智慧城市产业技术创新战略联盟、中国智慧城市规划建设推进联盟、中国智慧城市发展促进工作联盟。此外，中国智慧科学研究院、中国智慧城市网、国脉互联智慧城市研究中心等门户和研究机构纷纷组建，工信部、住建部、国家发改委等下属的支撑机构、行业组织、标准制定机构等也都按照自身定位加快智慧城市布局。

2013 年 11 月，国际标准化组织（International Organization for Standardization, ISO）通过了我国成立"智慧城市研究组"的决议，并由工信部电子工业标准化研究院有关人员担任召集人和秘书，美国、法国、韩国、日本、加拿大、荷兰、德国、英国、新加坡均表示将积极参加研究组工作。此项决议的通过是我国在智慧城市国际标准化工作中的重要突破，对于我国在智慧城市国际标准领域建立领导地位、促进国际国内智慧城市标准协调发展具有重要意义。

2013 年 12 月，住建部数字城市工程研究中心与微软中国共同宣布，组建"住房和城乡建设部数字城市工程中心智慧城市技术解决方案联合实验室"，共同打造我国未来城市智慧发展重要技术支撑平台。

2014 年 1 月 8 日，第四届中国智慧城市大会在北京召开，大会主题是智慧城市是新型城镇化必由之路，内容围绕新型城镇化、智慧城市、大数据三大焦点问题，此次会议的召开将进一步推动我国的智慧城市建设（周文鹏，2014）。

2013—2014 年各部委召开的智能／智慧城市相关会议和发布的相关文件（陈迪，2014）如表 2.4 所示。

表 2.4　2013—2014 年各部委召开智能／智慧城市相关会议和发布的相关文件

时间	会议/文件	相关机构	内容备注
2013年1月29日	国家智慧城市试点创建工作会议	住建部	公布首批智慧城市试点城市名单共90个城市（区、县、镇）
2013年2月5日	《关于推进物联网有序健康发展的指导意见》	国务院	发布组织十个物联网发展专项行动计划
2013年5月3日	《关于开展国家智慧城市2013年度试点申报工作的通知》	住建部	8月5日公布第二批智慧城市试点名单共103个城市（区、县、镇）
2013年8月8日	《关于促进信息消费扩大内需的若干意见》	国务院	正式提出要在有条件的城市开展智慧城市试点示范建设
2013年11月5日	《关于印发2014中国旅游主题年宣传主题及宣传口号的通知》	国家旅游局	"美丽中国之旅——2014智慧旅游年"成为2014年旅游宣传主题
2013年12月	《智慧城市时空信息云平台建设试点技术指南》	国家测绘地理信息局	包括太原、广州在内的9个城市列入时空信息云平台建设的全国试点工作
2014年1月9日	《关于加快实施信息惠民工程有关工作的通知》	国家发改委、中央编办、工信部、财政部、教育部、公安部、民政部、人力资源社会保障部、国家卫生计生委、审计署、食品药品监管总局、国家标准委	重点促进社保、医疗、教育、养老、就业、公共安全、食品药品安全等九大领域信息消费
2014年1月9日	《2013年中国信息化发展水平评估报告》	工信部	城市信息化水平排名
2014年1月14日	《"十二五"智慧城市建设战略合作协议》	国家开发银行、住建部	国家开发银行将在"十二五"的后三年内，提供不低于800亿元的投融资额度，支持中国智慧城市建设
2014年1月26日	中国国际智慧城市发展蓝皮书（2013）	工信部、新华网	
2014年2月	《2014年ICT深度报告》	工信部	100%副省级以上城市在推进智慧城市

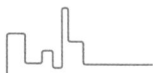

续 表

时间	会议/文件	相关机构	内容备注
2014年3月16日	《国家新型城镇化规划（2014—2020年）》	中共中央、国务院	智慧城市正式引入规划
2014年3月19日	《新型城镇化标准体系建设指南》	国家标准委、住建部	
2014年4月22日	《关于加快推进城市公共交通智能化应用示范工程建设有关事项的通知》	交通部	确定在太原、石家庄等26个城市开展公共交通智能化应用示范工程建设
2014年6月2日	《中国智能电网与智慧城市发展研究报告》白皮书	国家发改委	
2014年6月12日	《关于同意深圳市等80个城市建设信息惠民国家试点城市的通知》	国家发改委、财政部、中央编办、工信部、教育部、公安部、民政部、人力资源社会保障部、国家卫生计生委、审计署、食品药品监管总局、国家标准委	国家发改委对智慧城市建设支持政策的落地
2014年8月22日	《关于开展国家智慧城市2014年试点申报工作的通知》	住建部、科技部	第三批试点申报开始
2014年8月27日	《关于促进智慧城市健康发展的指导意见》	国家发改委、工信部、科技部、公安部、财政部、国土资源部、住建部、交通部	

2. 技术支撑迅速发展

一方面，网络升级加快，覆盖率上升。我国主要城市基本都已实现 3G 网络覆盖，城市主要区域及大型商场等场所实现免费 Wi-Fi 覆盖，光纤入户率快速增长，宽带普及率和接入带宽全面提高。到 2013 年，我国电话用户达到 13.9 亿，其中移动电话用户超过 11 亿，3G 用户占比为 20%；我国使用 4M 及以上宽带产品的用户比例超过 63%，新增光纤到户覆盖家庭超过 4 300 万户。

另一方面，信息应用领域扩展，技术日益成熟。信息化的应用已经深入交通、医疗、消费、旅游等生活的方方面面。以无锡为例，2009 年该市推出了"市民卡"项目，2013 年，这张小小的卡片已经集公共交通、小额支付、社保等多项功能为一体，尤其特别的是可以帮助市民追溯食品来源，未来该卡片将逐步实现包括借阅图书、租自行车、查看病例等 100 余项应用服务。

3．建设情况各地相异

从智能城市建设区域来看，虽然大量城市中已经有智能城市建设目标的萌芽，但不可否认的是，东部沿海城市显然具有数量上的明显优势，而中部和西部城市的推进步伐则落后一些（杨冰之，2012）。

从智能城市建设质量来看，各地方也良莠不齐。《首届中国智慧城市发展水平评估报告》对全国 96 个城市的官方数据、第三方数据与申请公开数据进行统计、量化处理后，其结果显示：我国处于智慧城市规划布局时期的城市有 17 个，处于启动准备时期的有 26 个，处于建设推进时期的有 46 个，处于部署应用时期的有 7 个，处于初具规模时期的为 0 个，地区差异较大。

从智能城市建设领域来看，东部发达城市更重视应用建设，将视角放在城市创新管理和民生保障领域，中西部欠发达城市则更关注城市基础设施（含信息通信基础设施）、经济产业转型发展和社会管理完善等方面（孙立宪，2014）。

（三）我国智能城市建设类型

我国智能城市建设主要分为以智能基础设施建设为主导、以智能信息产业建设为主导、以民生服务管理建设为主导、以创新创意城市建设为主导这几类。

1．以智能基础设施建设为主导

以智能基础设施建设为主导的城市，通过推进网络建设、提升网络覆盖率、增加网络带宽、实现三网融合及部署网络采集设施，以实现对城市详细的实时感知，增加信息的提取量与流通率。以智能基础设施建设为主导的典型城市有成都、上海、南昌（见表2.5）。

除此之外，以智能基础设施建设为主导进行智慧城市建设的城市还包括扬州、温州、福州、厦门、烟台、江门和云浮等。

表2.5　以智能基础设施建设为主导的城市案例

无线成都 精彩无限	成都于2009年提出了"无线成都"的建设理念，重点发展物联网产业的通信基础
上海云基地 SHANGHAI CLOUD VALLEY	上海在《上海推进云计算产业发展行动方案》中强调，要为智能城市建设所需要的云计算提供非常优秀的基础条件，推出适合本土的云计算解决方案，在智慧技术基础上充分支持上海智能城市建设
智慧南昌 开启幸福生活	南昌把"数字南昌"作为智能城市建设的突破重点。通过"数字南昌"平台，综合指挥调度城市智能交通系统、政府应急系统、"数字城运"、"数字城管"等重大基础工程，提升城市运行监测和城市公共信息服务水平，从而率先在中部地区实现具有区域竞争力的智能城市的战略目标

2. 以智能信息产业建设为主导

以智能信息产业建设为主导的城市以发展智能化相关产业（如互联网产业）为出发点，建设产业园区、扶持重点企业、出台支持政策、培养科研人才，以示范项目带动行业发展，继而逐步渗入城市建设中政治、经济等其他领域的应用。以智能信息产业建设为主导的典型城市有杭州、无锡、宁波等（见表2.6）。

表 2.6　以智能信息产业建设为主导的城市案例

	杭州提出了建设"绿色智慧城市"的理念，把"绿色"和"智慧"作为城市建设的切入点，着力发展以信息、环保、新材料等为主的智能产业，从而实现建设"天堂硅谷"的城市发展目标
智慧无锡	无锡借助建设"国家传感网络创新示范区"的条件，计划在未来五到十年巩固并逐步扩大城市在物联网产业中的先发优势，加强物联网技术的创新研发和应用，为无锡提升区域性中心城市国际化水平打下基础
智慧宁波	宁波以建设网络数据基地、软件研发推广产业基地、智慧装备和产品研发与制造基地、智慧服务业示范推广基地、智慧农业示范推广基地、智慧企业总部基地六大智慧产业基地为重点，加快推进智慧产业发展

此外，昆山提出要大力发展物联网、电子信息、智能装备等智慧产业；武汉提出完善软件与信息服务发展环境，加快信息服务业、服务外包、物联网、云计算等智慧产业的发展……天津、广州、西安等也以智能信息产业建设为主导建设智慧城市。

3. 以民生服务管理建设为主导

以民生服务管理建设为主导的城市以发展与城市生活紧密相关的智能化建设为切入点，在公共安全、城市交通、教育医疗、生态环境、物流供应链、城市管理等领域开展一大批示范应用工程，从最贴近市民的角度入手，逐步深入智能城市建设。以民生服务管理建设为主导的典型城市有昆明、重庆、佛山等（见表 2.7），其他还有北京、武汉等。

表 2.7　以民生服务管理建设为主导的城市案例

七彩云南	昆明提出的发展重点包括智能交通、智能物流、智能医疗、学习型电子政务等方面，提升城市运行效率，为城市运营管理提供更准确的管控与指导

续　表

	重庆提出打造"健康重庆"，重点建设生态环境、卫生服务、医疗保健、社会保障等，提高市民的健康水平和生活质量
	佛山提出打造"智慧佛山"，以建设智慧服务基础设施十大工程为重点：信息化与工业化融合工程、战略性新兴产业发展工程、农村信息化工程、u–佛山建设工程、政务信息资源共享工程、信息化便民工程、城市数字管理工程、数字文化产业工程、电子商务工程、国际合作拓展工程

4. 以创新创意城市建设为主导

以创新创意城市建设为主导的城市的建设者认为，创新、创意将成为城市智能化发展的重要途径，应通过提升城市的创新能力来加强城市竞争力，实现城市的可持续健康发展。以创新创意城市建设为主导的典型城市有南京、沈阳等（见表 2.8），其他还有深圳等。

表 2.8　以创新创意城市建设为主导的城市案例

	南京将"智慧南京"作为城市转型的重要机遇。2012年2月下发《南京市"十二五"智慧城市发展规划》，推动中国"无线谷"、射频谷、智能电网基地等一批智慧产业基地项目建设，促进智能工业、智能农业等智慧产业发展，以智能化手段驱动南京的科技创新，提供新的发展动力，促进产业转型升级，强调创新型新兴建设，从根本上提高城市综合竞争力
	沈阳市浑南区提出建设智慧城市的发展目标，以"惠民、兴业、善政"为浑南发展的关键词，以其强大的发展动力着力提升其城市综合发展能力。如今，浑南正以大系统整合、物理空间和网络空间交互、公众多方参与和互动来实现城市创新，让城市管理更加精细，城市环境更加和谐，城市发展更加高端，城市生活更加宜人

综合以上几种建设类型，智慧城市的规划者和建设者应当认识到：智能化手段是城市建设的有效工具，而其最终目标仍旧是实现城市的可持续

化、精细化发展。可持续发展将成为未来城市发展的重要理论依据，而智能城市的建设则是这一理论的最好实践。

三、我国智能城市技术支撑

（一）智能城市技术应用环节

智能城市技术体系的应用目标是对城市进行综合实时数据采集，从而实现对城市的监控和精细化管理。因此在智能城市中，技术应用主要体现在以下三个环节。

1. 数据收集

数据收集是智能技术应用的第一个环节。这一环节主要是通过各类传感设施和数据平台，实现对城市中人与事物的全面感知，为智能城市建设提供基础信息；这一环节极大地弥补了人作为个体感知城市时的片面性与偏差值，提升了人类感知城市的水平。因此，数据收集的建设质量，将直接影响智能城市的建设效果。

这一环节的感知对象涵盖城市生活的各个组成部分：城市资源与环境，如土地、水体、植被、空气、空域等；城市建设实体，如住宅、办公楼、公园、公共建筑等；城市基础设施，如道桥、轨道、水网、电网等；城市公共服务，如教育、医疗、警务、物业等；城市活动事件，如旅游、物流、通勤、购物等。应根据被感知对象的类型，采取相应的感知技术与手段。

2. 数据处理

数据处理是数据收集与数据应用之间不可缺少的环节。城市每天产生大量的数据，不加处理的数据只是混杂的、有噪音的、随机排列的一系列二进制代码，对城市建设无任何指导作用。而经过这一过程，我们将能够从数据中整理出隐含的、有规律可循的知识与信息，为下一阶段的应用做好准备。

这一环节对数据的分析常包括以下几种类型。

（1）关联度分析。寻找信息在空间、时间等角度的关系，发现彼此之间隐含的关系网。可通过适当增加可能影响数据关联度的属性，使数据分析的结果更符合应用要求。

（2）相似度分析。寻找信息之间的相似度，将信息按照相似度分为若干类，从而从相似的一类或相异的几类中发现规律。

（3）预测分析。基于从历史数据中发现的规律，建立模型，在考虑未来影响要素变化的前提下，对未来发展进行模拟。尤其是发达的大城市的建设经验，将为中小城市未来的发展提供很好的参考。

（4）误差分析。任何数据的处理过程中都会有误差的存在，是不可避免的，因此我们要做的不是忽视它，而是对它进行充分的考虑。寻找误差对数据处理的影响，对结果进行修正，将极大地提高信息的可信度。

3. 数据应用

数据应用是智慧技术应用的最后一个环节，也是最核心的环节，这一环节将直接对城市建设和城市生活产生影响。

数据应用的对象可分为三大类：政府、企业和个人。政府作为被服务对象的同时，也是智能城市建设的上层组织者、管理者和参与者，因此智能城市在政府层面将形成一个循环网络。其主导了智能城市的建设，而其得到的数据反馈将进一步应用到下一轮的城市建设中，从而不断优化政府效率，提升城市发展水平和综合实力。企业是城市发展的推动力，加强对企业的数据应用将优化企业的经营模式和经营结果，反哺城市发展，推动智能化相关企业的发展也将提升城市智能水平。个人更多的是单方面接受数据带来的便利，但这一层面其实是最能体现城市智能化水平的。切实通过智能化手段提升市民的生活水平才是智能城市建设的重要目标之一。

（二）智能城市重要技术

智能城市建设涉及的技术范围极广，很难一一说明，以下仅介绍智能城市建设所使用的核心技术。

1. 互联网

互联网是以宽带 IP 为技术核心的、提供高品质电信服务的开放电信基础网络。近年来，随着电信技术的进步，我国互联网有了迅速的发展。截至 2014 年 6 月底，我国网民总数为 6.32 亿，互联网普及率为 46.9%，其中手机网民规模达 5.27 亿（中国互联网络信息中心，2014）。而事实上，我国互联网建设仍有很大不足，我国平均上网速度只有 3.8Mbps，世界排名第 75 位，接入速度远远落后于美国、日本等互联网发达国家（Belson，2014）。

《宽带网络基础设施"十二五"规划》中提出，光纤宽带网络推进工程将成为"十二五"期间我国宽带网络基础建设的五大重点工程之一。"十二五"期间，城市新建区域以光纤到户方式为主，部署有线宽带网络，城市新建住宅光纤入户率达到 60% 以上。城市已建区域加快"光进铜退"，以光纤代替铜缆推进网络改造。

近年来，移动互联网的发展越发迅猛，它将移动通信与互联网结合起来，与一般宽带网络相比，具有便捷性、轻便性的优势。移动互联网的发展经历了 1G 网络到现今 4G 网络的变化，虽然相比发达国家，我国的移动网络建设仍旧处在起步阶段，网络覆盖率低、网络服务质量低、网速慢、使用价格高等问题影响着智能城市的推进步伐，但随着政策支持和产业发展，相信我国的移动互联网会向更高的目标迈进。

2. 物联网

对于"物联网究竟是什么？"这一问题，各个国家都给出了不同见解。

目前比较常见的定义是：通过射频识别（RFID）、红外感应器、全球定位系统、激光扫描器等信息传感设备，按约定的协议，把任何物品与互联网连接起来，进行信息交换与通信，以实现智能化识别、定位、跟踪、监控和管理的一种网络（李芳，2009）。

而欧盟有关物联网的定义是：物联网是未来互联网的一部分，能够被定义为基于标准和交互通信协议的具有自配置能力的动态全球设施网络，在物联网内物理和虚拟的"物件"具有身份、物理属性、拟人化等特征，它们能够被一个综合的信息网络所连接。

随着物联网的作用逐渐被人们了解，我国各地开始出台"物联网规划"，争相发展物联网产业。而中国工程院院士刘韵洁在 2011 年 12 月 9 日的未来电子技术发展与电子人才培养高峰论坛上，针对物联网在我国蓬勃发展的势头提出了自己的担忧："个人认为，物联网应重点着眼于解决国计民生、社会发展中遇到的挑战，离开上述需求而单纯追逐利润或盲目跟风，意义不大。"

3. 云计算

云计算是分布式处理、并行计算和网格计算等概念的发展和商业实现，其技术实质是计算、储存、服务器、应用软件等 IT 软硬件资源的虚拟化（马言春，2012）。

国务院、工信部、国家发改委等相关政府部门在《国务院关于加快培育和发展战略性新兴产业的决定》和《关于做好云计算服务创新发展试点示范工作的通知》中都强调了发展云服务创新和应用示范的重要性。目前，我国已有二十余个城市相继出台了云计算相关产业规划和项目规划，通过走政企联合、产学研一体发展等路线，推进互联网数据中心（Internet Data Center, IDC）、灾备中心等云计算基础设施建设；而阿里巴巴、百度等企业也在实践中不断丰富云计算的应用，优化用户的使用体验。

4. 空间信息网络技术

空间信息网络是通过星间、星地链路连接在一起的不同轨道、种类、性能的卫星、星座及相应地面设施所组成的网络，以及由空间信息网络所支持的指挥、控制、通信与其他各种应用系统的集合。空间信息网络是"空—天—地"一体化网络中的空间部分，由通信基础设施、网络基础设施、网络应用设施共同组建，形成全球通信覆盖，实现异构网络的无缝互联，以支持各种应用（潘成胜，2014）。

目前我们广泛使用的卫星定位、遥感、地理信息系统（Geographic Information System, GIS）等都属于空间信息网络技术的研究范围，通过

与计算机技术和通信技术的结合，对地理上分布的空间信息数据进行汇集、存储、管理、分析及应用等。

5．数据整合技术

数据整合的概念在业界比较混乱，比如系统整合、应用整合、主机整合、存储整合、数据库整合、数据大集中等。这些不同的概念是在计算机系统整合这一大的概念范畴下，在不同的层次、从不同的角度阐述计算机系统整合的内涵和外延。其实，整合是一个外来词汇，整合的英文单词是"consolidation"，有合并、巩固、加强之意。它的本义是指在原来的基础上加以综合建设，并不意味着推倒重来或完全更新。

我国智能城市建设过程涉及大量数据的收集与处理，而在我国信息化建设的过程中，由于来源、时间、设备、平台等方面的区别，每批数据之间存在大量的冗余和不一致性，给数据的综合应用带来了极大的困难。这就造成了信息存在而无法应用的现状，而信息孤岛的产生又存在多维性，使得孤岛的消除成为一项复杂而耗时的工作。

因此，数据整合技术是智能城市建设过程中不可或缺且至关重要的。这项技术需要极强的专业性，以及与实际业务的紧密相关性，如缺乏前瞻性的设计规划和整合处理，势必会在消除一部分信息孤岛的过程中衍生出一些更大的孤岛。这不仅需要技术本身的不断成熟，也需要国家尽快在相关方面进行规范。

四、我国智能城市建设趋势

（一）我国智能城市建设已经进入新阶段

据工信部《2014 年 ICT 深度报告》统计，中国 100% 副省级以上城市、89% 地级及以上城市（241 个）、47% 县级及以上城市（51 个）都在推进智慧城市建设；住建部公布的国家智慧城市试点总数达到 193 个；在地方2013 年政府工作报告或地方"十二五"规划中提出重点建设智慧市的地级以上城市达到 52 个。

2014 年 3 月，国务院印发《国家新型城镇化规划（2014—2020 年）》，明确要求推进智慧城市建设，统筹城市发展的物质资源、信息资源和智力资源利用，推动物联网、云计算、大数据等新一代信息技术创新应用，实现与城市经济社会发展的深度融合，为中国智慧城市发展绘制了路线图。

"2014 智慧城市论坛"于 2014 年 5 月 15 日在北京举办，论坛主题为"开放、发展、服务——聚焦智慧城市建设新阶段"。论坛上，专家们基于我国智能城市建设的现状，认为 2014 年为我国"智慧城市落地元年"。我国的智能城市建设已经从空谈理论、务虚畅想的试点阶段，逐步进入脚踏实地按规划实施建设的实干阶段，技术的成熟发展、信息的开放共享、管理的有序变革等都将有力推动智能城市建设的步伐。

国际数据公司 IDC 研究显示，2012 年中国智慧城市 IT 市场容量已达到 92 亿美元，其中，数字城管、智慧医疗、智慧交通等解决方案所占份额较大。基于国家开发银行与住建部合作投资 800 亿元人民币对智慧城市市场的拉动，2013 年该市场容量较 2012 年有较大增长，增幅达 18.5%。公共安全、数字城管、智慧医疗、智慧交通等解决方案市场增速较快，其中，IT 服务、软件、智能终端、商用 PC 等市场将保持较高的增长率。

（二）我国智能城市建设仍处在初级阶段

我国智能城市建设正在如火如荼地展开，许多城市的实践都涉及物联网、泛在网、云平台等词汇，也有各种专家对这些名词进行多角度解读。但不可否认的是，大部分人对这些名词应如何应用在具体的建设中，仍旧缺乏深入的认识，最终建设普遍趋同，缺少突破性成果。因此，我们仍需要结合实际问题进行分析，真正了解这些技术名词对城市转型、发展的重要性，从而运用到实际案例中。

智慧城市的评价标准有待完善，需与政府考核体系对接。以 GDP、产业发展等考量城市建设的传统方式显然不适用于智慧城市，无法对智慧城市应有的建设效果进行反应和评判。目前，国际上已经有许多智慧城市的

评价体系，我国各地方也正在这方面进行探索，但是目前形成的体系仍有待完善，应尽快上升为国家标准，匹配城市建设的快速步伐，从而以此为依据，影响城市发展政策的决策。

信息开放度急需加大，打通各环节信息通道。政府往往掌握着全社会最详细、最全面的各类数据，大到城市运行、小到个人收入，真正要建设智能城市、发展信息经济，信息开放是根本中的根本。一方面，政府需要给予民众知情权，实现信息透明；但另一方面，更重要的还是要保证相关组织或个人对信息的使用权，这才能保证这些数据在智能城市建设的过程中物尽其用。

政府内部部门之间，更应该形成有效的信息交换体系，避免重复工作或信息矛盾，保证各项政策的有效制定与实施。而我国的现状仍然是"被动式"的信息公开，政府缺少主动公开信息的理念，政府部门之间出于部门利益或保密要求，也各有独立的数据库。政府可以考虑从与企业合作入手，为智能城市建设找到一个切入点，优先发展服务型产业。例如上海已经形成了人口数据库、空间地理库、企业法人库等，为跨部门、跨行业共享、挖掘"精矿"创造了良好的条件。

（三）我国智能城市建设的未来阶段

中国工程院列出了以下 12 条智能城市建设的重点内容：城市经济、科技、文化、教育与管理；城市空间组织模式、智能交通与物流；智能电网与能源网；智能制造与设计；知识中心与信息处理；智能信息网络；智能建筑与家居；智能医疗卫生；城市安全；城市环境；智能商务与金融；智能城市时空信息基础设施。这 12 条可以总结为五部分：城市建设的智能化、城市信息基础设施的智能化、城市产业发展的智能化、城市管理服务的智能化、城市人力资源的智能化。这几部分共同构成了智能城市的建设。而考虑到我国的智能城市建设仍处在初级阶段，仍有许多问题与挑战需要克服，我国智能城市建设可考虑分为三个步骤逐步推进。

1. 单元建设

第一步从智能产业或是智能单项建设入手，如智能交通、智能医疗、智能社区等。这些单项是智能城市的重要组成部分，而从单项入手缩小了研究的范围，更有助于加强研究的深度，保证单项建设的成果。这也是我国目前的实践普遍处在的阶段。

2. 区域建设

第二步从大型智能园区或是城市智能片区入手，一方面综合组织上述单项，在一定城市范围内实施，以检验该智能体系在解决真正城市问题时的效果；另一方面，也检验了跨行业、跨部门的合作。综合性区域建设将为下一步在全市乃至全国范围内推广智能城市建设打好基础。

3. 全局建设

第三步才是进行大范围智能城市实践。经过前两个阶段的积累和检验，相信人们对智能化城市涉及的方方面面有了更深刻的了解，对当地智能化建设中的障碍有了认知和对策，技术的开发与应用趋于成熟，个人、企业、政府之间的联动也经过了磨合期。在这个阶段，大规模推进智能化城市建设是有理有据的，能够极大地提升智能城市的建设效率和运行效率。

第3章

iCity

智能城市发展阶段

纵观城市发展历史，随着科学技术的不断发展，城市发展经历了农业文明、工业文明和信息文明三种社会文明阶段。

探究"城市"二字的本意可知，"城"是指城邑的防卫性墙圈，"市"是指集中买卖货物的固定场所。农业文明时代的城市正体现了以上两种职能，是军事、农业、经济及政治中心。1840年，工业革命引领城市步入工业文明，经济领域发生了划时代的变革。生产要素与人口快速向城市集聚，工业化与城市化相互促进，城市快速扩张与发展，依托城市的集聚发展效应，生产力空前提高。随着以互联网为代表的信息技术不断发展成熟，城市发展逐步进入信息社会。人们借助信息技术手段，对城市发展的客观规律逐步认识加深。城市运行更加可读、可视、可控化，从而进入城市发展效率优化阶段。

而智能是信息文明时代发展到一定阶段的产物，孕育于信息文明不断深化发展的过程。其核心思想是将城市视作拥有神经网络与自主决策反馈系统并具有学习进化能力的智能生命体（史文勇等，2006）。

尽管智能城市相关研究领域近几年广受关注，但其理念从提出至今仅几年时间，国内外学者更倾向于从智能城市实践内容的类型与模式切入进行研究，而以时间线索对其发展阶段进行的研究相对欠缺。以王世伟（2012）的研究为例，其根据智能城市建设的过程，将智能城市划分为三个发展阶段：前智能城市建设阶段、智能城市建设的初级阶段及智能城市建设的高级阶段。这三个发展阶段从注重技术发展到构建网络与服务直至社会、环境与管理整合的高级状态。遗憾的是，其并未进一步结合国内外的实践进一步进行论证。类型研究的代表如彭继东（2012），其分析了斯德哥尔摩、上海、宁波等国内外实践案例，结合各实践的发展背景、运行状况，以建设主体为依据进行分类，发现智能城市的类型分异主要由其发展背景的差异

决定，而无明显的阶段化特征。许晶华（2012）根据我国智能城市建设的侧重点将其分为以信息基础设施为先导、以物联网产业发展为驱动及以社会服务与管理应用为载体三类。

国内外智能城市实践尽管在个别领域取得一定突破，但总体仍处于不断探索和实验阶段，还未到成熟发展阶段。因此，我们将智能城市实践划分为三个发展阶段——相关实践准备与理念提出阶段、理念传播与实践初试阶段以及深入探索阶段，并进一步结合国内外实践案例，以智能城市建设过程中的侧重点与特征为线索，通过分析各阶段的主要特征与内涵、标志性事件与代表性实践案例，阐释每个发展阶段的内涵。

一、相关实践准备与理念提出阶段

（一）发展阶段特征与内涵

相关实践准备与理念提出阶段是从 20 世纪 90 年代至 2009 年，该阶段涵盖了智能城市理念从前期相关时间基础铺垫到正式提出的过程。尽管智慧城市理念是于 2008 年首次正式提出的，但此前"城市信息化"与"数字城市"等相关理念近年的广泛实践为智能城市理念的提出奠定了扎实的基础。因此，智能城市理念一经提出，便引起国际范围内的广泛重视与讨论，城市实践蓄势待发。

"智能城市"理念是"城市信息化"与"数字城市"理念的深化。20 世纪 80 年代，西方发达国家逐步从工业社会步入信息社会，我国经历若干准备工作后，于 1993 年启动了"金卡""金桥""金关"等重大信息化工程，正式启动了"城市信息化"工作，主要目标是信息基础设施建设，如光纤铺设、跨国海底光缆接通和带宽扩展等（杨学文，2003）。1998 年，时任美国副总统戈尔在名为《数字地球：二十一世纪认识地球的方式》的报告中首次提出了"数字城市"的理念（米文，2001），我国随后在全国范围开展了大规模数字城市建设工程，其核心是利用数字化的手段处理城市问题，基于信息基础设施平台，充分整合并利用信息资源，以实现城市信息的广泛共享、流通与互操作。在前两者的理论和实践基础之上，通过运用新一代信息通信技术，智能城市理念强调建立城市信息网络的自感知、分析与决策反馈系统。

在理念相继提出的背后，其实质内涵是信息技术突破性的创新与发展。20 世纪 80 年代至 90 年代，个人计算机、数据存储与处理及网络通信设备等领域的技术创新逐步成熟推动了城市信息化浪潮。1997 年，以互联网、应用软件为代表的信息技术普及与推广使人类的信息传递与交流突破了时空局限，引导了数字城市理念的实践。而以物联网与云计算为代表的第三次信息技术革命浪潮标志着城市信息的智能互联时代的到来。2006 年，一些学者依据物联网技术发展的成熟度敏锐地预测到：数字城市将向更高级的智慧城市阶段进行演化（见图 3.1）。

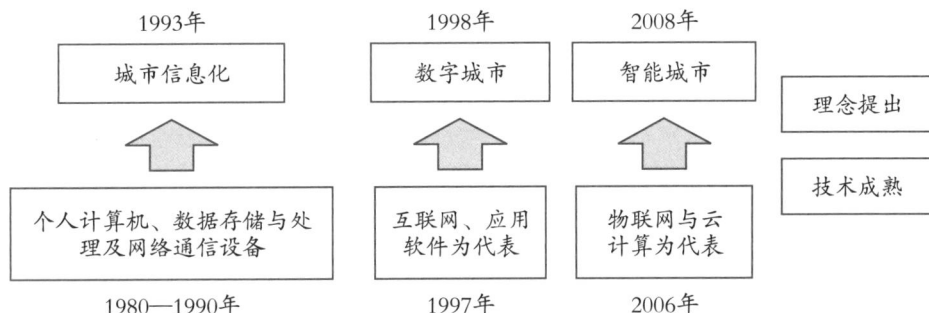

图 3.1　技术成熟与理念提出互动

（二）标志性事件

本阶段的标志性事件是 2008 年 IBM 首席执行官彭明盛于《智慧地球：下一代的领导议程》报告中首次提出"智慧地球"的概念，其核心理念是感知化、互联化与智能化。2009 年年底，在"智慧地球"的基础上，IBM 公司又提出"智慧城市"的概念及其解决方案。此后，得益于 IBM 公司的积极倡导和推广，"智慧城市"理念引起社会各界的广泛关注和高度认同，逐步被全球主要发达国家和地区所认同与研究探索，这正式掀开了智慧城市建设热潮的序幕。

（三）代表性实践案例

这一阶段的实践案例开始有意识地运用新一代的信息通信技术，通过创新信息技术的应用，提高城市各项发展目标实现的效率，如产业经济发展、社会管理等方面。但智慧城市的实践理论尚未得到充分的体现。本阶段局限性的具体表现为：新技术的应用领域范围较为局限，尚未推广到城市范围；实践中尚未以智慧城市的视角思考发展愿景，其目标往往是针对局部系统效率的优化。

1. 国内实践

2009 年，温家宝总理在无锡视察时指出，要在激烈的国际竞争中，迅速建立中国的传感信息中心或"感知中国"中心。同年 11 月 3 日，温家宝总理发表《让科技引领中国可持续发展》的讲话，指出要着力突破传感网、物联网关键技术，使信息网络产业成为推动产业升级、迈向信息社会的"发动机"。同时，物联网被列入六大战略性新兴产业，随即，国内掀起了建设智能城市、发展物联网产业的热潮（仇保兴，2013）。

2. 国际实践

2006 年，欧盟建立了欧洲 Living Lab 组织，新一代信息通信技术的应用使得信息传播与知识共享变得更为便利。Living Lab 尝试通过以知识为基础的创新活动，挑战传统的以科研人员为主体、实验室为载体的科技创新活动，激发集体的智慧与创造力，推动全民参与科技创新。

二、理念传播与实践初试阶段

（一）发展阶段特征与内涵

智能城市的理念传播与实践初试阶段范围为 2009—2011 年，经过前期相关实践准备与理念提出阶段，智能城市发展的战略意义在这一阶段迅速受到广泛接受与认可。2009 年 1 月，奥巴马就任美国总统后，对于 IBM 首席执行官彭明盛提出的"智慧地球"理念给予了积极的回应，并将其上升为国家战略（郑立明，2011）。IBM于2009年先后发布了《智慧地球赢在中国》报告与《智慧的城市在中国》白皮书，提出建立智能城市是城市信息化的终极目标和战略方向。在2010年上海世博会期间，IBM借助在上海举办的智能城市全球峰会平台，通过"从城市开始构建智慧的地球"的主题演讲向社会各界传播智慧城市的理念，引起了高度重视与广泛关注。

至此，国内外正式启动了智能城市实践的规划部署阶段，其中部分城市率先进行了实践探索。由于智能城市理念提出的背景是物联网等关键技术的成熟，本阶段的实践探索带有强烈的技术导向，其内涵更多地集中于信息技术层面的智能化。

这一阶段各实践案例的本质是借助智能城市的理论指导，尝试在城市范围内各项领域中对日益成熟的新一代信息通信技术进行应用尝试，其主要目标依旧是提高城市各项系统运行的效率。相比第一阶段的实践，本阶段最显著的差异在于智能城市理念与实践理论得到初步应用，如感知化、互联化与智能化等目标导向在部分实践案例中已经得到体现等。得益于智能城市理念的广泛传播，此阶段实践案例的数量与范围发展快速。

（二）标志性事件

这一阶段的标志性事件是2010年上海世博会的智能城市实践尝试。在上海世博会园区的规划、建设、展期运营及展后利用开发中充分运用了信息化与智能化技术，通过前瞻规划信息通信基础设施，提供高能级的通信与信息服务。通过近40个信息化应用系统建设并融入世博会运营，实现可视、可控与可持续发展，有效提升了世博园区的运营管理水平。例如智能交通信息管理系统对园区内外客流与交通信息进行实时监测与反馈；能源与环境监测系统对电力、水、温湿度、噪声等指标进行实时监测（程大章，2011）。通过世博会平台进行智慧城市实践尝试，标志着这一阶段智慧城市理念得到广泛传播与关注，正式进入实践阶段。

（三）代表性实践案例

在这一阶段，实践案例逐步开始在智慧城市理论框架的指导下，对新一代的信息通信技术进行应用与尝试，表现为各实践案例对智慧城市理论的关键特征的高度重视，如感知、互联与智能反馈等。而这一阶段国内外实践呈现一定的差异性，国内实践更注重宏观的战略设计，实践的内容多、范围广；而国外实践选择更加谨慎，通常以某一领域作为突破口。

1. 国内实践

上海于2011年提出《上海推进智慧城市建设2011—2013年行动计划》，标志着上海正式启动智慧城市建设。具体目标与任务包括宽带城市和无线城市基本建成，信息感知和智能应用效能初步显现，新一代信息技术产业成为智慧城市发展的有力支撑，信息安全总体实现可信、可靠、可控等任务。

台湾智慧城市建设经历了前期相当充分的实践准备，包括1988年实施的《信息通信发展方案》、2002—2007年间发展的"数字台湾计划（e-Taiwan）"、2005—2009年间顺利发展的"移动台湾计划（M-Taiwan）"，拥有良好的信息技术基础与普及率。2009年起，"智慧台湾"（Intelligent Taiwan）计划正式启动，以互联化与感知化为特征，通过高速宽带网络升级，建设畅通的互联网络，配合感应网络的设置，构建完善的宽带基础设施与应用环境（闫彬彬，2013）。

2. 国际实践

2009年，艾奥瓦州迪比克市与IBM宣布合作建立美国第一个智慧城市。该市利用物联网技术，通过家庭数控水电计量器的安装与综合监测平台的建立，对城市各种公用资源（如水、电、燃气等）进行自动监测、分析与整合发布，较完整地实践了智慧城市理论。

三、深入探索阶段

（一）发展阶段特征与内涵

智慧城市实践的深入探索阶段从 2011 年起持续至今。本阶段经过前期理念传播与实践积累，智慧城市实践的探索逐步深化，主要体现在两个方面。一方面，实践数量范围与规模进一步快速增长，另一方面，智慧城市理念内涵不断丰富。国内的发展更加注重实践范围与规模的拓展，在 2011 年的"十二五"规划中，将智慧城市列入建设内容的城市达到了 20 多个，包括北京、天津、上海等。而国外实践逐步由技术导向过渡到多元导向，强调城市社会发展的优化与进步，更关注社会整体而非技术角度的智慧化，如阿姆斯特丹智慧城市实践的主题为可持续发展，其目标是通过各项创新技术的应用减少 40% 温室气体排放量。

本阶段的发展本质是国内外城市经过初步的尝试与探索后，由于各城市发展的基础与需求不同，技术导向的智慧城市实践局限性较大，部分城市开始寻求适应于自身的智慧城市实践模式。智慧城市实践的内涵与适用性在这一阶段得到极大提升，例如融合了可持续发展、创新城市等发展理念，因此其实践领域也得到迅速拓展。

（二）标志性事件

本阶段的标志性事件是 2013 年住建部先后公布了两批国家智慧城市试点名单。2013 年 1 月，住建部发布了包括 90 个试点在内的首批国家智慧城市试点名单。同年 8 月，住建部又发布了包括 103 个试点的第二批国家智慧城市试点名单。截至 2014 年年底，国家智慧城市试点已达 193 个，标志着我国智慧城市实践进入了全面深入的实践探索阶段。

（三）代表性实践案例

在这一阶段，国内实践更加注重实践范围与规模的拓展，国外实践逐步由技术导向过渡到多元导向。

1. 国内实践

2011年，宁波在完成《宁波市加快创建智慧城市行动纲要（2011—2015）》编制等规划准备工作后正式启动了宁波市智慧城市实践。实践投资规模大，实践范围广，进展迅速。具体行动包括：确定了61个智慧应用体系示范工程项目，在首届中国智慧城市技术与应用产品博览会上签署了总投资额约65亿元的智慧城市合作项目，投资逾50亿元打造30个智慧城市建设重大项目及19个智慧产业重大项目建设。

2. 国际实践

2013年12月，伦敦市议会发布了"智慧伦敦计划"（Smart London Plan），着眼于伦敦到2020年将会遇到的机遇与挑战，通过创新技术的应用，提高伦敦的城市竞争力并改善市民生活质量。该计划提出了伦敦智慧城市建设的七大方向，包括市民生活服务、公开数据、创新人才、创新企业等，每个方向都提出了相应的行动方针以及发展目标细化的具体指标与要求。

四、本章小结

"智慧城市"并不是一个通过包装与宣传进行营销的时髦理念。本章的意义在于通过梳理国内外智慧城市的发展阶段，说明智慧城市实践发展与演变的规律。本章回答了关于智慧城市发展理论的以下三个关键问题。

（1）智慧城市理念的提出有其背景基础，符合信息技术的发展趋势并具有广泛的实践基础。因此，智慧城市的理念能够受到广泛认可，掀起全球实践热潮。一方面，智慧城市理念经过城市信息化与数字城市等理念的实践与探索，信息技术已经得到一定程度的普及，信息技术实践有一定基础；另一方面，信息技术突破性的创新与发展又不断催生出新的城市发展理念，物联网与云计算等技术的成熟运用真正推动了智慧城市理念的提出。

（2）智慧城市实践案例的本质内涵决定了其所处的发展阶段。创新信息技术的应用是所有实践案例的共同特征，智能城市实践不同发展阶段的特征如表3.1所示。相关实践准备与理念提出阶段以信息技术应用的广泛实践为内涵，理念传播与实践初试阶段以智慧城市理论指导下的实践为内涵，深入探索阶段以寻求适应各城市发展需求的智慧城市实践模式为内涵。

表 3.1　智能城市实践不同发展阶段的特征

发展阶段		相关实践准备与理念提出阶段	理念传播与实践初试阶段	深入探索阶段
时间范围		20世纪90年代至2009年	2009—2011年	2011年至今
发展特征		信息技术应用的广泛实践	对智慧城市理论高度重视	实践数量范围与规模进一步快速增长，智慧城市理念内涵不断丰富
本质内涵		信息技术突破性的创新发展	智慧城市理论指导下的实践	寻求适应各城市发展需求的智慧城市实践模式
标志性事件		2008年，IBM首次提出智慧城市理念	2010年，上海世博会智慧城市实践尝试	2013年，住建部先后公布了两批国家智慧城市试点名单
代表性案例	国内	物联网列入六大战略性新兴产业	上海智慧城市建设	宁波市智慧城市实践
	国际	欧洲Living Lab组织	阿姆斯特丹智慧城市实践	伦敦智慧城市实践
发展动力		技术推动	愿景推动	需求推动

（3）智慧城市发展阶段演变的本质是发展动力的变化。纵观各发展阶段，其演变的过程以技术创新率先推动了理念提出，以理论的愿景假设推动了实践初试，而到达城市根据各自发展需求进行深入探索实践的阶段。智能城市发展阶段大事件如图3.2所示。

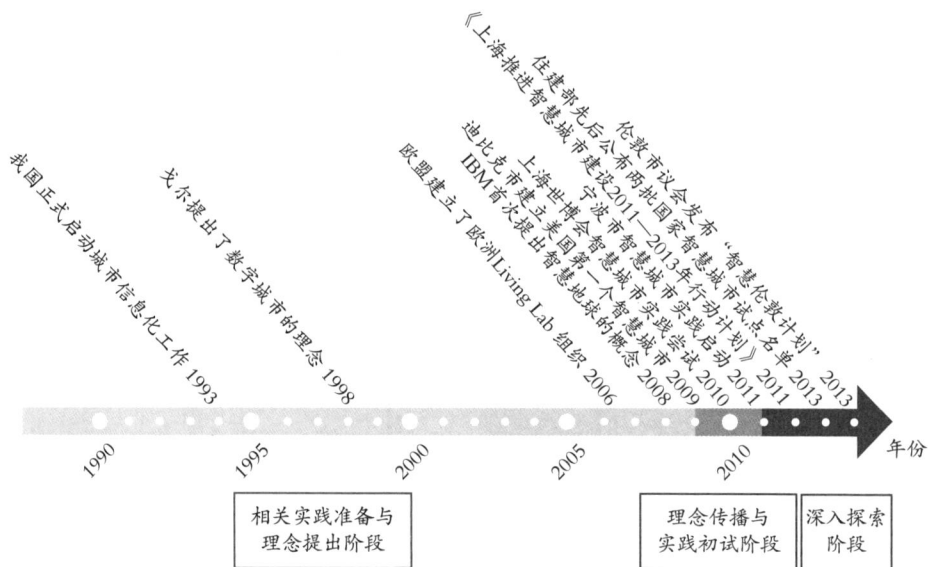

图 3.2　智能城市发展阶段大事件时间轴

时间轴事件（自左向右）：

我国正式启动城市信息化工作 1993

戈尔提出了数字城市的理念 1998

欧盟建立了欧洲Living Lab 组织 2006

IBM首次提出智慧地球的概念 2008

宁波市建立我国第一个智慧城市实践尝试 2009

上海世博会智慧城市实践启动 2010

迪比克市建立美国第一个智慧城市实践 2010

《上海推进智慧城市建设2011—2013年行动计划》 2011

住建部先后公布两批国家智慧城市试点名单 2013

伦敦市议会发布"智慧伦敦计划" 2013

年份

阶段标注：

相关实践准备与理念提出阶段

理念传播与实践初试阶段

深入探索阶段

第4章

iCity

评价指标体系

一、城市指标

从统计学、研究设计与社会科学角度来看，"指标"是基于对研究事物某一表征或隐含特性的表现。指标作为定量研究的重要工具，被广泛运用在自然与社会科学中。

城市指标是将城市作为研究对象而获得的某一表征或隐含特性的表现。随着全球城镇化率迈过 50% 关口[①]，城市成为人类生活最重要的场所。作为了解城市的窗口，这些指标成为城市研究最重要的量化工具。

城市指标最为显著的特点是其宏观性和丰富性。一般而言，城市指标可按其所表征的属性分为社会、经济、政治、文化、生态等类别。而从技术的获取层面而言，城市指标也可以分为可直接获得与需要再加工后获得两种。

城市指标的贡献可以理解为四点：①城市指标可以在特定单项上反映某一城市在该属性中的表现；②城市指标可以用作城市间的横向对比，形成在该属性中城市与城市间的比较关系；③城市指标具有可延伸性，指标层次随着指标组合而丰富，多重指标可以复合表征一个现象或问题；④城市指标形成体系，体现评价功能，也就形成了众多的城市评价指标体系。城市评价指标体系作为测评城市整体运行或特定方面表现的重要指标集合，具有科学性与可操作性等特点。

二、城市指标体系

（一）体系概念

所谓指标体系（Indication System，IS），指的是若干个相

---

① 详见 http://wdi.worldbank.org/table/3.12。

互联系的统计指标所组成的有机体。指标体系的建立是进行预测或评价研究的前提和基础，它是将抽象的研究对象按照其本质属性和特征的某一方面的标识分解成为行为化、可操作化的结构，并对指标体系中每一构成元素（即指标）赋予相应权重的过程。城市指标体系的概念属于指标体系学术概念的延伸，虽然没有被明确定义，但在应用领域已经存在广泛共识。

常见的城市指标体系可以归纳为生态—环境评价体系、社会—经济评价体系、信息化评价体系、政策—管理评价体系四大类。在此基础上，又存在诸多横跨交叉于这四大类的评价指标体系，一般是基于对城市发展与运营特定项度的评价，如城市发展的可持续性、城市建设的智能化水平、城市的文明程度等。

横跨交叉于多类的评价体系包括能源可持续城市评价体系（徐桂芬等，2011）、城市土地资源可持续评价体系（谭永忠等，2003）、智能城市评价体系（付兵荣，2003）、法制城市评价体系（翁蓉，2011）、生态文明城市评价指标体系（关琰珠等，2007）、环境友好城市评价指标体系（温宗国等，2007）等。这些评价体系虽然在指标体系的建构上和常见的评价体系存在差异，但其所选用的指标均可以根据其属性归纳为常见的类型。

各项城市指标在各类型城市评价指标体系中通过不断筛选、组合、复合计算，最终形成服务于不同评价指标体系的重要评价工具集合，特色鲜明。

从体系的构成（即选取指标的属性）与体系的组织（各部分的组织方式）来看，可以从体系构成、体系组织、指标算法和体系算法四个方面来总结目前所出现的城市评价指标体系的内部逻辑。

（二）体系构成：不同属性的指标组合

从指标本身的属性来看，将所有体系所涉及的指标进行属性归类，可以更加清晰地得到不同评价指标体系的构成状况。

（1）社会与经济指标集合，包括人口统计数据、人均收入数据、地区收入数据、财政数据、基尼系数等。较多的评价指标体系均选择从该类指标集合中获取基础信息，作为评价目标的一个组成部分，或为其他部分用

作复核指标计算。

（2）环境与生态指标集合，包括空气质量数据、水质数据、噪声指数、物种多样性数据等。在涉及可持续发展与环境议题的评价指标体系中，这一集合中的指标较常被用到。

（3）基础设施发展指标集合，包括交通数据、信息工程数据、能源数据等。这里所涉及的基础设施与第一类的社会与经济指标中社会发展所涉及的社会建设内容有所区别。这里强调了城市发展所需要的硬件系统支撑，同时也包括这一系列硬件设施的信息化程度。

（4）治理与管治指标集合，包括财政透明度、腐败数据、政策实施评估数据等。在这一数据集合中，主要是针对城市政府在实施各项城市开发与建设过程中，参照评估目标所得到的一系列评价施政和治理效果的评价数据。对于特定专项的评价指标体系，通常会选择相关政府施政表现的指标纳入评价体系。

对城市评价指标体系结构的理解，需要针对不同指标评价目标、评价对象和所选指标来做综合分析。例如，在评价一个城市在生态表现方面是否可持续时，将会从以上指标集合中综合选择，最终通过科学的筛选和权重的赋予，得到生态城市指标体系。

在上海世博会的规划设计评价中，研究团队吸收并形成了包括生态城市设计、建设、运营、管理全过程所涉及的若干相互联系的生态要素的指标集合。体系中的指标均主要与环境与生态指标集合挂钩，并可以按照自然要素再分类为能源类指标、水资源类指标、固体废弃物类指标、大气环境类指标、土地类指标、生物类指标（吴志强，2009）。

（三）体系组织：平行式与递进式

从评价指标体系内部组织方式来看，所涉及指标的组织方式通常有平行式与递进式两种，以平行式较为普遍。

1. 平行式组织方式

选取的城市指标通常根据评价主题分为并列多组，每组中的指标分别进行计算。每一组侧重一个主题，多组共同并列构成整个体系。

如联合国城市指标体系，以"1+6+1"的结构进行组织。首"1"代表背景数据，如土地使用、男女人口比率、城市人均产出等，这些指标将作为后续六大模块评价分析复合使用的基础数据来源。而"6"则表示构成该评价指标体系的六大模块，分别是社会经济发展、基础设施、交通、环境管理、地方政府、住房。尾"1"代表基于六个模块的更加深入探讨城市发展状况和反映城市问题的特殊指标（吴贻永等，2001）。可以看出，核心的六大模块分别对应该评价指标体系所针对的六个方面，并从这六个方面入手甄选指标，整个体系以平行式的组织方式展开。

又如南京市所提出的建设"智慧南京"，其中一项重要的工作便是建构"智慧南京"的城市评价指标体系。这一体系由基础设施、城市智慧产业、城市智慧服务、城市智慧人文四个方面的指标组平行构成（陈铭等，2011）。这样的体系设计不仅有助于从各分项获取数据，也能够依照各分项的测评结果，对城市实践提出改进措施。

2. 递进式组织方式

城市评价指标体系的另一种组织方式是递进式组织，一般较为少见。递进式组织方式其背后的逻辑类似于马斯洛（Maslow）的需求理论模型，后者将人类需求（生理需求、安全需求、社交需求、尊重需求、自我实现需求）从低到高进行分类（Milgram et al., 1999）。递进式的评价指标体系组织方式也是按照指标所表达与传递的重要性进行分类。较为常见的是将基础性的指标如社会经济发展数据作为基础评价指标，依次逐渐聚焦，收缩到所关注的议题。相应地，其涉及的指标也将更加聚焦特定的方向。

在递进式组织方式中，指标的分组通常可以人为设定，也可以通过科学运算等方式，自然形成指标的递进层次关系。

（四）指标算法：单一指标的计算

需要获得指标结果，就必须运用一定的规则。指标算法就是获得特定指标过程中需要运用的运算规则。指标算法就是构成城市评价指标体系最为基础的计算方式。

米兰理工大学 Eugenio Morello 教授针对城市可持续性评价，提出了一个包含 146 项城市可持续性评价指标的体系，这些指标分为五类：可达性层面、社会层面、环境层面、能源层面、城市形态层面。每一项指标都包含所需基础信息、计算公式、单位以及参考值域等。如在可达性层面中，一项名为"连接度"的指标数值是通过街道连接数量以及交点数量的比例关系运算得到的。所涉及公式如下：

$$C = e/3(n-2)$$

其中，C 为连接度（connections），e 为连接数，n 为节点数。针对这 146 项指标的单独计算，最终能够反映出城市的可持续性发展状况。

除了需要通过算法获得的指标外，也可借助于统计、传感等其他方式获取数据。这些方式还包括通过判断形成的"是"和"非"等定性指标的转化。

（五）体系算法：指标权重

指标的权重通常反映指标在评价体系中的相对重要性（苏小坡，2014）。在城市评价指标体系中，通过赋予指标或指标组群权重，从而使评价更为公正、客观的方法十分常见。

指标权重的确定方法较多，主要可以分为主观赋值法和客观赋值法两大类，当中又包含了许多具体的方法，如加法集成法、层次分析法等。在主观赋值法中，最为重要的环节是专家对指标比重的参考结果进行评判，最终确定具体的权重百分比。如在对城市旅游竞争力评价的应用中，苏伟忠等（2003）就采用了这一流程进行评分。又如，层次分析法也有较广泛的运用，即将多指标排列并两两比较，所得的参考权重由专家判断形成最终的权重百分比（彭国甫等，2004）。

三、城市指标体系的特点

（一）科学性与实用性

指标的科学性应理解为：在设计指标时需要以科学的理论作为依据，指标须具有一定的科学内涵，目的清晰，定义精确，能够测度，易于量化，并反映特征。

建立城市评价指标体系时，要求全面、系统，但在对某一个具体问题进行评价时，又要求简洁、实用。实用性意味着指标体系要对决策者有着实实在在的支持与指导作用，也能够描述城市的社会环境状况、所受压力以及社会的响应，并与已有的政策目标相关。

（二）典型性与可比性

城市由多个系统有机组合而成，各系统间的关系和行为相当复杂，不同的评价对象有众多的可选指标。为了便于描述和说明问题，应选择最具典型性和代表性的指标。

城市评价指标体系还应符合时空可比性原则。由于城市间的差异是客观存在的，所以应尽量采用可比性较强的相对量指标和具有共性特征的可比指标，形成一个相对基本统一的完整体系来衡量，既可对比不同城市的发展，也可与国际相关研究兼容和接轨。

（三）动态性与可操作性

从广义概念上理解，城市是一个包含自然、经济和社会要素发展变化的动态集合[①]，各要素彼此消长，共同推动城市向前发展。在设计指标体系时，虽然短时期内可以认为某些指标的变化相对平稳或在系统中处于主要地位，但是在较长时期内，我们必须认真分析系统的发展变化，以便更新

[①] 对生态城市的定义至今没有统一的界定，但就目前学界对生态城市的研究来看，生态城市不单单是指环境的生态，还包括社会的生态、经济的生态。大生态的概念逐渐趋同于可持续发展的理念。

一些不合时宜的指标。

城市评价指标体系不仅具有重要的理论研究价值，更应该具有实践应用价值。在设计选取指标时，要求所选指标必须具有可操作性。在实践中，要根据需要删减、更新指标，或将原有的一些指标综合、细分，生成一些需要的派生指标。

（四）前瞻性与导向性

利用指标体系进行综合评价，不仅要能反映城市目前的状况，还要有前瞻性，通过表述过去和目前资源、经济、社会和环境各要素之间的关系，指示城市未来的发展方向。

设计城市评价指标体系还需要为后续指标体系的更新升级预留方案，指标体系的导向性也需要通过指标体系自身的不断更新加以体现。

（五）层次性与数量化

按照信息数量的不同，指标可分为三个层次：系统层、指标层、变量层。可以看出，随着使用对象的不同，信息的总量依次呈现金字塔形状，但信息的浓缩程度则出现递增现象。这表明，我们在实际设计指标体系时，要尽量符合层次性的原则。否则，在将来的实施过程中，一方面一些政策可能会无法实施，另一方面有些政策可能会造成实施对象难以接受。

同时，作为城市可持续发展系统结构和行为代表的指标要尽量数量化。

四、城市指标体系的建构误区

在建构城市评价指标体系时，应遵循选择、体系设计中的简单易懂原则，使评价指标体系具有客观性和现实可操作性。然而，不少城市评价指标体系的建构存在如下诸多问题。

（1）目标不清，无明确的评价目标，评价存在盲目性。

（2）体系冗杂，指标之间存在重叠、包含与因果关系。

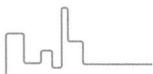

（3）系统失衡，过于偏重某一特定方面而弱化其他部分（尤其是平行式组织）。

（4）指标无效，选择的部分指标无法获得或失去时效性。

（5）指标含糊，用于测定评价的指标较难测得或意义含糊。

（6）无前瞻性，体系设计和指标选择没有充分考虑到时效性。

总之，城市评价指标体系需要经过精心设计，从评价目标出发，确定需要测定的关键性要素，设计体系的整体结构，斟酌涉及指标，充分考虑指标的可获得性与指标的时效性，合理选择赋予权重的方法，并科学确定权重百分比。最终在指标建构完成后，需要尝试运行，保证评价指标体系无技术性失误。对于以上提到的建构误区，需要在以后的城市评价指标体系设计的过程中加以鉴别和避免。

第5章

iCity

我国智能城市
评价指标体系

智能城市的建设效果并不是由几个人凭空决定的，而是需要依据一个明确的标准。我国于 2010 年左右逐步展开有关智能城市评价指标体系的研究，这主要是在政府的引导和监督下，由信息化行业相关科研机构及企事业单位基于其行业优势、技术条件和实践经验，经过深入的研究和探索后，来主导进行的。

目前，我国还没有国家层面的统一、明确的智能城市评价指标体系，但各政府部门和企事业单位都在积极建设。国家智慧城市（区、镇）试点指标体系（2012）、工信部智慧城市评估指标体系（2012）、国脉公司智慧城市发展水平评估（2012）、工程研究会智慧城市（镇）发展指数（2011）、浦东智慧城市评价指标体系（2012）、智慧南京评价指标体系（2011）、宁波智慧城市发展水平评估（2012）等指标体系相继发布，这些指标指标体系虽然侧重点不同，选取指标也有所差异，但都可以作为我国智能城市评价指标体系领域具有代表意义和研究价值的指标体系（详见附录第一部分）。

一、国家智慧城市（区、镇）试点指标体系

2012 年 11 月 22 日，住建部办公厅下发了《关于开展国家智慧城市试点工作的通知》，并随通知印发了《国家智慧城市试点暂行管理办法》和《国家智慧城市（区、镇）试点指标体系（试行）》两个文件。两个多月之后，同样在住建部的主持下，首批智慧城市试点名单向社会公布，由此拉开了我国智慧城市试点的序幕。上述通知要求，申报国家智慧城市试点的城市（区、镇）应制定智慧城市发展规划纲要，对照《国家智慧城市（区、镇）试点指标体系（试行）》，根据当地实际制定切实可行的国家智慧城市创建目标并编制实施方案，建立相应的

政策、组织和资金保障体系。

在该指标体系的制定过程中，住建部不仅参考了《绿色GDP指标体系》《智慧GDP指标体系》《循环经济评价指标体系》《城市建设评价指标体系与方法研究》《国家生态园林城市标准指标》等多项国内外指标文件，还借鉴了上海浦东新区、南京、武汉等多个较早进行智慧城市研究地区的规划标准。

该指标体系共分为三级：一级指标共4个，包括保障体系与基础设施、智慧建设与宜居、智慧管理与服务和智慧产业与经济；二级指标共11个，包括保障体系、网络基础设施、公共平台与数据库、城市建设管理、城市功能提升、政务服务、基本公共服务、专项应用、产业规划、产业升级和新兴产业发展（见表5.1）；三级指标共57个，对每一个项目进行了具体的说明。整个指标体系基本涵盖了产业、民生、社会、环境和基础设施建设等各方面的内容，着重于城市的整体发展和现实问题的解决，致力于回答政府最关心的4个问题：什么是智慧城市，怎么建智慧城市，智慧城市带来的好处，以及钱从哪里来。

表5.1　国家智慧城市（区、镇）试点指标体系

一级指标	二级指标
保障体系与基础设施	保障体系
	网络基础设施
	公共平台与数据库
智慧建设与宜居	城市建设管理
	城市功能提升
智慧管理与服务	政务服务
	基本公共服务
	专项应用
智慧产业与经济	产业规划
	产业升级
	新兴产业发展

《国家智慧城市（区、镇）试点指标体系（试行）》是先于全国智慧城市试点工作发布的指标体系，其作为智慧城市建设领域的纲领性文件，指

导和规范地方实践的意涵尤为明显。

在体系的构建上，该指标体系强调政府作为智慧城市主要推动力所起的作用，关注政府具有较大影响力的公共产品和公共服务，如保障体系与基础设施、建设与宜居、产业与经济等，其视角不仅限于智能技术的推广和使用，更注重对智能城市建设背景下社会治理整体结构的把握与研判。

因此，该体系并非一个严格意义上的指标体系。其三级指标（如"智慧城市发展规划纲要及实施方案""组织机构""政策法规"等）仍然过于宽泛，无法量化，也无法指向微观操作。该体系在宏观层面上的指导意义和象征意义要大于实践意义。

二、工信部智慧城市评估指标体系

早在 2002 年，工信部就发布了《城市信息化水平测评指标方案（试行）》。该评估体系制定时间较早，更侧重于基础设施等硬件指标评估（孙静等，2013）。

2012 年 6 月，《国务院关于大力推进信息化发展和切实保障信息安全的若干意见》（国发〔2012〕23 号）中第一次在国家层面明确提出要引导和促进智慧城市的健康发展。因此，工业和信息化部信息化推进司为了全面了解各地智慧城市建设和管理状况，保证智慧城市各项工作顺利开展，委托计算机与微电子发展研究中心（中国软件评测中心）研究制定《智慧城市评估指标体系（征求意见稿）》，并正式印发《关于征求智慧城市评估指标体系意见的通知》（工信信函〔2012〕021 号）。中国软件评测中心（2012）在工信部的指导下，组织开展评估指标的意见征集活动，于 2013 年 10 月联合国内各大通信与智能计算领域的龙头企业、科研院所、标准化组织等，共同成立了中国智慧城市产业联盟（又称中国智慧城市工作委员会），邀请典型代表城市、主流 ICT 企业、城市管理和信息技术权威专家加入，请联盟成员和专家在其擅长领域进行评估指标的细化和建设指南的编写。从某种意义上说，工信部的智慧城市评估指标体系具有明确的技术指向性，可以为企业和政府共建智慧城市的成效提供更为具体的参照标准。

2013年1月11日，"中国智慧城市年会"于北京召开。在该次会议上中国智慧城市评估指标体系发布，并举行联盟成立揭牌仪式。此次发布的指标体系，由计算机与微电子发展研究中心（中国软件评测中心）组织编制，并综合了中国电信、中国联通、IBM、微软、华为、太极、软通动力、首信、东软、华迪、清华同方、北大方正、大唐电信、中国智能交通、中标软件、中电兴发、广州赛杰、华三通信、超图、大连华信、中国电子学会、中国软件评测中心等国内相关知名IT企业以及相关单位领导、专家的建议与意见，最终形成了智慧准备、智慧管理和智慧服务3个一级指标，包括网络环境、技术准备、城市运行管理能力、建设过程控制、运营管理模式和智能服务覆盖度等在内的9个二级指标，以及45个考察点（见表5.2）。

表5.2 工信部智慧城市评估指标体系

总指标	一级指标	二级指标
城市智慧度	智慧准备	网络环境
		技术准备
		保障条件
	智慧管理	城市运行管理能力
		建设过程控制
		运营管理模式
	智慧服务	智慧服务覆盖度
		获取便捷性
		处理效率

该评价体系建立于SMART理论模型之上。SMART理论模型包括服务（Service）、管理（Management）、应用平台（Application Platform）、资源（Resource）和技术（Technology）五个方面（见图5.1），涵盖了智能城市建设的多个环节。其中，资源和技术是智能城市建设的基础，属于投入层内容；应用平台是建设智能城市最直接的产出物，是产出层；管理是指采用智慧的管理手段，助力城市的规划建设及后期的运营维护；服务

76

主要是指面向社会公众提供各种各样的社会服务，服务和管理两者构成了绩效层。

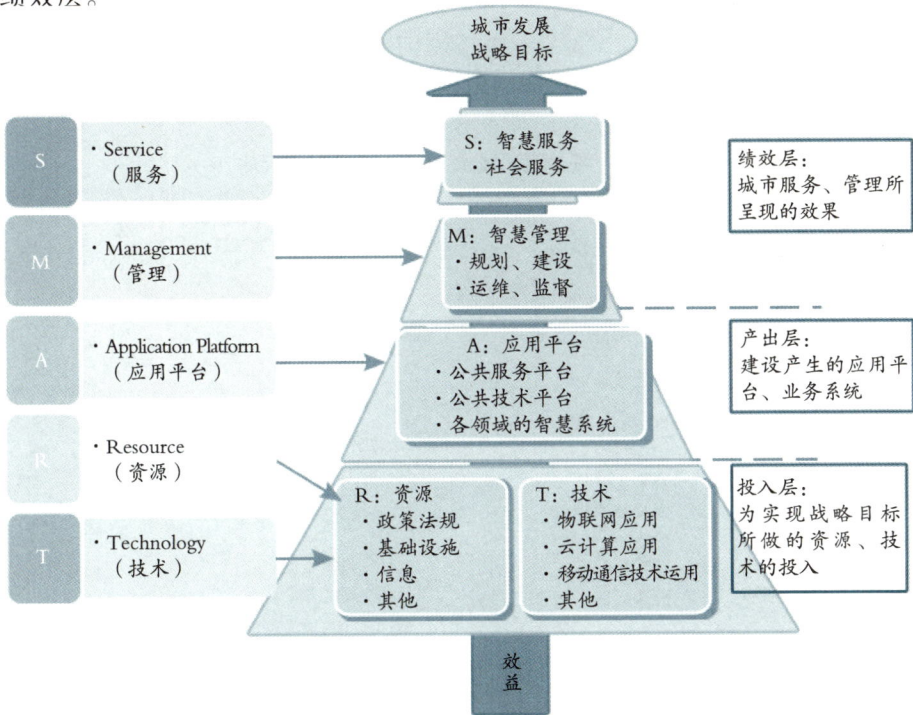

图 5.1　SMART 理论模型

可以看出，工信部版本的智慧城市评估指标体系，更加注重以物联网为基础的智能技术为城市日常运营与管理带来的工作方式革命与工作效率提升。45 个考察点中，有相当的量化指标，如光纤入户率、互联网普及率、在线服务系统的响应速度等，同时也存在一部分定性指标。从中可以看出，整个指标体系实际上是对现有城市"智慧"运营的综合测度。

三、国脉公司智慧城市发展水平评估

2011 年 3 月，北京国脉互联信息顾问有限公司启动了首届中国智慧城市发展水平评估工作。同年 9 月 9 日，在中国北京正式发布了《首届中国智慧城市发展水平评估报告》，并公布首届中国智慧城市发展水平评估结果。

77

第一届的评价体系从智慧基础设施、智慧治理、智慧民生、智慧产业、智慧人群和智慧环境六个方面对智慧城市进行综合评价，确定了由 6 个一级指标、19 个二级指标、42 个三级指标构成的智慧城市评价指标体系总体框架（见表 5.3）。

表 5.3　第一届国脉公司智慧城市发展水平评估

一级指标	二级指标
智慧基础设施	信息网络设施
	信息共享基础设施
	城市基础设施
智慧治理	智慧政务
	智慧公共管理
智慧民生	智慧社会保障
	智慧健康保障
	智慧教育文化
	智慧社区服务
智慧产业	人均产值
	投入产出比
	万元GDP资源消耗率
	两化融合
智慧人群	信息利用能力
	创新能力
	人才质量
智慧环境	生态保护
	资源利用
	软环境建设

而随着我国智能城市建设的推进，各个地方建设情况与水平都有了较大变化，因此该指标体系也随之逐年更新。在 2014 年第四届评选中，国脉公司基于智能城市评估体系框架（见图 5.2），将该指标体系变为由 6 个一级指标、15 个二级指标和 1 个加分项组成，并为每项指标分别赋予了权重（见表 5.4）。

PSF评估模型要素 　　　　　　智慧城市评估指标范畴

P 以人为本 ●——— 智慧人群

S 城市系统 ●——— 智慧环境　智慧管理
　　　　　　　　智慧民生　智慧经济

F 资源流 ●——— 智慧要素

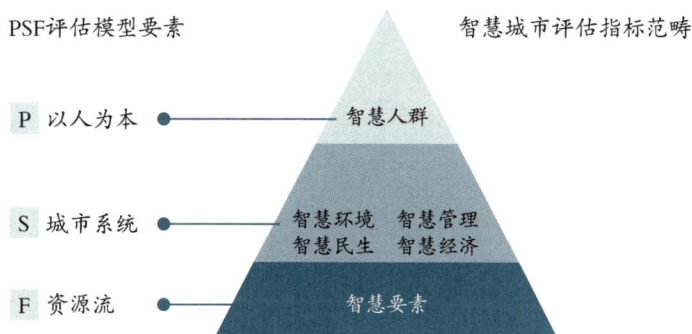

图 5.2　PSF 智能城市评估体系框架①

表 5.4　第四届国脉公司智慧城市发展水平评估

一级指标	权重	二级指标	权重
智慧基础设施	25	宽带网络	10
		基础数据库完备性	5
		城市云平台应用情况	10
智慧管理	20	政府协同办公水平	5
		行业一揽子解决方案实施情况	10
		公共管理社会参与度	5
智慧服务	20	一体化民生服务能力	10
		政府数据开放服务	10
智慧经济	15	人均专利数量	5
		万元GDP能耗	5
		信息产业增加值占GDP比重	5
智慧人群	10	3G/4G用户人数比例	5
		人均电子商务消费额	5
保障体系	10	发展规划制定情况	5
		组织机构与绩效考核情况	5
合计	100		100
加分项	5	智慧城市试点建设与应用创新，相关荣誉与重大活动等	5

---

① 图片来源：http://news.im2m.com.cn/375/16451684272.shtml。

79

可以发现，与政府机构发布的智慧城市标准有所不同，国脉的报告尤其注重普通大众对评价标准的参与，充分重视人群的智能化水平和知识创新能力，这表明国脉对智慧城市的内涵有了更加全面的解读。

同时，国脉基于该评价标准，对国内智慧城市的建设发展情况进行量化，按照智慧城市起步阶段的发展水平划分为 A（领先者）、B（追赶者）、C（准备者）三个梯队，对各城市的智慧城市建设水平进行了综合评定。

在第四届评价中，国脉共选取了国内 100 个城市，总体评估各个城市发展水平。其中，直辖市、省会城市及副省级以上城市 34 个，地市级城市 57 个，县级市 9 个。2014 年智慧城市评估满分为 105 分，平均得分为 40.1 分。其中得分最高的城市为无锡（总分 77.2 分），得分最低的城市为齐齐哈尔（总分 17.6 分），两者相差 59.6 分。第一届与第四届得分前十名的城市如表 5.5 所示，可见领先的城市及地区基本保持不变。第四届得分前十名城市的得分详情如表 5.6 所示。

表 5.5 第一届与第四届国脉公司智慧城市评价结果

排名	第一届（2011年）	第四届（2014年）
1	宁波	无锡
2	佛山	上海
3	广州	北京
4	上海	宁波
5	扬州	深圳
6	宁波市杭州湾新区	浦东新区
7	浦东新区	广州
8	深圳	南京
9	北京	杭州
10	南京	青岛

表 5.6　第四届国脉公司智慧城市前十名城市详细得分情况

排名	城市	智慧基础设施	智慧管理	智慧服务	智慧经济	智慧人群	保障体系	加分项	总分
1	无锡	20.4	14.5	13.5	9.5	7.8	8.5	3.0	77.2
2	上海	19.4	12.5	15.5	7.5	7.2	7	5.0	74.1
3	北京	18.3	13	15	8	6.5	8	5.0	73.8
4	宁波	16.2	12	10	9	7.6	9	5.0	68.8
5	深圳	19.2	10	10	8	9.7	7	4.5	68.4
6	浦东新区	20.8	12.5	9.5	10.5	7.3	6	1.5	68.1
7	广州	17.4	14	12	6	7.4	5.5	3.0	65.3
8	南京	17.4	11	11.5	6.5	7.8	7	3.0	64.2
8	杭州	20.0	11	7	7.5	8.2	7.5	3.0	64.2
10	青岛	15.6	12	11	5.5	6.6	7	4.5	62.2

四、工程研究会智慧城市（镇）发展指数

2011 年 8 月 28 日，中国智慧工程研究会推出了中国智慧城市（镇）发展指数，提出将智慧城市发展指标体系的三大方面——智慧城市幸福指数、智慧城市管理指数和智慧城市社会责任指数——作为 3 个一级指标，将就业收入、医疗卫生和健康、社会保障等 22 项作为二级指标，将信息和网络化水平等 86 项作为三级指标，将社区心理援助、志愿文化等 362 项作为四级细分指标（见表 5.7）。

表 5.7　工程研究会智慧城市（镇）发展指数

一级指标	二级指标
智慧城市幸福指数	就业收入
	文化教育
	医疗卫生和健康
	社会保障
	安居和消费
	城市凝聚力
	公共服务
	机构及基础设施
	社会服务
智慧城市管理指数	经济基础
	科技创新水平
	人力资源
	人居环境
	环保行动
	生态环境
智慧城市社会责任指数	执政水平
	区域影响力
	形象传播力
	管理和决策
	公共事业责任
	权益责任
	诚信责任

　　中国智慧工程研究会是由钱学森先生倡导创办，由中国科学院、中国社会科学院、中国工程院、清华大学、北京大学等 20 多家科研机构及著名大学发起，由教育部主管的全国性综合类一级社团。该研究会联合我国多个科研机构与高等院校的专家，经过一年时间的筹备，并对上海浦东新区、北京、武汉、浙江、南京、江苏、陕西等正在创建智慧城市的地区进行调研，先后征询 100 多位专家意见，参照美国、欧盟、日本、新加坡等发达

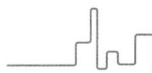

国家和地区的智慧城市实践经验，结合我国国情及国家"十二五"规划，提出这套有关智慧城市建设的指标体系。

该发展指数是一套相对完整的智慧城市评价体系，但由于其注重体系的完整而缺乏必要的针对性，指标体系过分庞大，因此影响较小。

五、浦东智慧城市评价指标体系

2011 年 7 月 1 日，上海浦东智慧城市发展研究院正式对外发布《智慧城市指标体系 1.0》，这是国内首个公开发布的中国版的智慧城市评价指标体系。2012 年 12 月 19 日，《智慧城市评价指标体系 2.0》发布。

1.0 版本中包含基础设施、公共管理和服务、信息服务经济发展、人文科学素养和市民主观感知 5 个维度（即一级指标），含有 19 个二级指标和 64 个三级指标（见表 5.8），并为每一个指标提供了相应的参考数值。

表 5.8　浦东智慧城市指标体系 1.0

一级指标	二级指标
基础设施	宽带网络覆盖水平
	宽带网络接入水平
	基础设施投资建设水平
公共管理和服务	智慧化的政府服务
	智慧化的交通管理
	智慧化的医疗体系
	智慧化的环保网络
	智慧化的能源管理
	智慧化的城市安全
	智慧化的教育体系
	智慧化的社区管理
信息服务经济发展	产业发展水平
	企业信息化运营水平

续　表

一级指标	二级指标
人文科学素养	市民收入水平
	市民文化科学素养
	市民信息化宣传培训水平
	市民生活网络化水平
市民主观感知	生活的便捷感
	生活的安全感

该智慧城市评价指标体系从启动研究到正式发布，先后经历了一年左右的时间，主要完成了以下三方面工作：丰富的经验借鉴、坚实的实证基础和大量的专家研讨。主要以城市"智慧化"发展为理念，统筹考虑城市信息化水平、综合竞争力、绿色低碳和人文科技等方面的因素。

智慧城市评价指标体系需要不断创新、不断完善，才能满足城市建设的需求。上海浦东智慧城市发展研究院在发布指标体系 1.0 之后，继续通过合作研究研讨的方式，对指标体系进行进一步完善。经过一年左右的持续研究，《智慧城市指标体系 1.0》得到了较大幅度的修改完善。在 2012 年 12 月举办的中国（上海）智慧城市高峰论坛上，《智慧城市评价指标体系 2.0》隆重发布，这是经过实证研究、反复论证和修改完善后的最新力作。

该指标体系基于城市"智慧化"发展理念，统筹考虑城市信息化水平、综合竞争力、绿色低碳、人文科技等方面的因素，共分为基础设施、公共管理和服务等 6 个维度（即一级指标），包括 18 个二级指标、37 个三级指标（见表 5.9）。较 1.0 版，2.0 版增加了"智慧城市软环境建设"这一维度，同时二级指标与三级指标都有所减少。

浦东智慧城市评价指标体系与浦东多年来的信息化建设和智慧城市实践密不可分，互为印证。浦东智慧城市实践的特征是关注民生，因此其指标体系的建立亦是从市民切身感受的角度出发，如城市人文科学素养、市民主观感知、城市软环境建设等。

表 5.9　浦东智慧城市评价指标体系 2.0

一级指标	二级指标	三级指标
基础设施	宽带网络建设水平	家庭光纤可接入率
		主要公共场所WLAN覆盖率
		户均网络接入水平
公共管理和服务	智慧化的政府服务	行政审批事项网上办理水平
		政府非涉密公文网上流转率
	智慧化的交通管理	公交站牌电子化率
		市民交通诱导信息服从率
	智慧化的医疗体系	市民电子健康档案建档率
		电子病历使用率
	智慧化的环境保护	环境质量自动化监测比例
		重点污染源监控水平
	智慧化的能源管理	家庭智能表具安装率
		新能源汽车比例
		建筑物数字化节能比例
	智慧化的城市安全	重大突发事件应急系统建设率
		危化品运输监控水平
	智慧化的教育体系	城市教育支出水平
		网络教学比例
	智慧化的社区管理	社区综合信息服务能力
信息服务经济发展	产业发展水平	信息服务业增加值占地区生产总值比重
		信息服务业从业人员占社会从业人员总数的比例
	企业信息化运营水平	企业网站建站率
		企业电子商务行为率
		企业信息化系统使用率
人文科学素养	市民收入水平	人均可支配收入
	市民文化科学素养	大专及以上学历人口占总人口比重
	市民生活网络化水平	市民上网率
		家庭网购比例

续　表

一级指标	二级指标	三级指标
市民主观感知	生活的便捷感	交通信息获取便捷度
		城市就医方便程度
		政府服务的便捷程度
	生活的安全感	食品药品安全电子监控满意度
		环境安全信息监控满意度
		交通安全信息系统满意度
智慧城市软环境建设	智慧城市规划设计	智慧城市发展规划
		智慧城市组织领导机制
	智慧城市氛围营造	智慧城市论坛会议及培训水平

此外，在指标的选取上，2.0版充分考虑了三级指标的可采集性、可代表性与纵横向可比性，使得整套指标体系更加贴近市民的感受，同时又更容易在同一口径下进行比较和衡量。

六、智慧南京评价指标体系

南京市信息中心的邓贤锋（2010）在分析城市信息化评价指标体系的基础上，根据智慧城市的内涵和发展特点，总结提炼了智慧南京评价指标体系，其中一级指标包括城市网络互联领域、智慧产业领域、智慧服务领域和智慧人文领域四大部分，共21项评价指标，并利用南京市数据对这21项指标进行了逐一分析。

在邓贤锋的基础上，陈铭等（2011）对智慧人文领域进行了扩展，从原有的5项拓展到7项。最终形成了4个一级指标，分别为基础设施、智慧产业、智慧服务以及智慧人文，二级指标项共23个，无三级指标（见表5.10）。智慧南京评价指标体系是配合"智慧南京"建设过程，为了明确发展方向，规避建设风险，指导具体操作而建立的一套基于本地实践的指标体系。

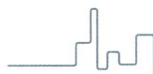

表 5.10 智慧南京评价指标体系

一级指标	二级指标
基础设施	无线网络覆盖率
	光纤接人覆盖率
	户均网络带宽
	国家级重点实验室数量
	智能电网技术和装备应用
智慧产业	智慧产业固定资产投资额
	智慧产业R&D经费支出
	智慧产业占GDP比
	智慧产业从业人员数
	智慧产业年发明专利申请总数
	电子商务交易额
	万元GDP能耗
智慧服务	政府行政效能指数
	协同应用系统
	智慧公共服务应用普及
	智慧服务建设资金投入
智慧人文	城市劳动生产率
	大专及以上文化程度人口比重
	信息服务业从业人员占全社会从业人员比重
	信息化水平总指数
	城市公共服务满意度调查
	文化创意产业占GDP比重
	国际性文化体育交流活动评价

　　南京在国内属于较早开展智能城市实践的一批城市。该评价体系最大的特征之一在于指标数量较少，且理论上均可量化。此外，该评价体系尤其注重智能城市建设在人文文化方面的表现，呼应了南京市信息中心主任童隆俊先生在以 "从数字南京到智慧南京" 为主题的演讲中提到的："人才

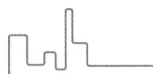

是我们最重要的资源,我们建设智慧城市的时候讲了很多问题,但是忽视的一个问题就是智慧人文。我们帮助很多城市引进人才,这是一种人才保障。不管怎么说,智慧城市万变不离其宗,最终还是要靠人来实现。"

作为地方性的智能城市评价体系,智慧南京评价指标体系同浦东智慧城市评价指标体系类似,更加注重指标的采集、操作与量化,因此在更加贴近现实的同时,也难免需要根据新的发展态势而不断做出回应和调整。

七、宁波智慧城市发展评价指标体系

2011 年 9 月 3 日,宁波市人民政府邀请几位国内相关领域著名专家学者和有关领导在宁波香格里拉大酒店举行了智慧城市发展评价指标体系专家咨询论证会。宁波智慧城市发展评价指标体系由 2011 年度部市合作国家重大软科学研究计划项目"智慧城市建设若干关键问题研究"主要申报(与承担)单位之一宁波市智慧城市规划标准发展研究院联合浙江大学等高校和咨询机构的研究团队共同研究起草。该指标体系由 6 个一级指标、19 个二级指标、39 个三级指标构成,具体评估要点总计达 119 项。其中,6 个一级指标是智慧人群、智慧基础设施、智慧治理、智慧民生、智慧产业和智慧环境。在具体指标的选择上,该指标体系充分考虑了民众的衣食住行等实际需求和对生活的幸福感受,有许多衡量标准是和民生息息相关的,是百姓"看得见、摸得着",有切身感受的一套衡量体系(全继业等,2011)。

2012 年,顾德道、乔雯(2012)对上述评价体系进行了深化,增加了"智慧规划建设"这一层面,对二、三级指标也进行了调整,最终构建了一套以客观指标为主、操作性较强的智慧城市评价指标体系,包含 7 项一级指标、21 项二级指标、48 项三级指标(见表5.11)。三级指标中,客观指标有 44 项,占 91.7%;较易获取数据的指标有 34 项,占 71%,说明该指标体系具有较强的可操作性与应用性。

表5.11 宁波智慧城市发展评价指标体系

一级指标	二级指标
智慧人群	人力资源
	终身学习
	信息消费
智慧基础设施	通信设施
	信息共享基础设施
智慧治理	电子政务
	政府决策的公共参与
	公共服务投入
智慧民生	社保
	医疗
	交通
智慧经济	经济实力
	智慧产业
	研发能力
	产出消耗
	产业结构与贡献度
智慧环境	废物处理能力
	环境吸引力
智慧规划建设	城乡统筹一体化
	空间布局
	智慧楼宇

　　宁波同样是我国东部沿海智能城市建设的先行地区之一。自 2010 年 9 月做出建设智慧城市的决定以来，宁波先后获得"中国城市信息化卓越成就奖"、"智慧浙江"综合试点城市等荣誉，成立了智慧城市规划标准发展研究院，并联合国家部委、地方政府、国内科研机构和著名高校承担课题研究任务。除了关注基础设施、民生、产业、环境等主要内容外，宁波智慧城市发展评价指标体系还将"智慧规划建设"纳入评价对象，重点考察

城乡统筹一体化、空间布局以及智慧楼宇等方面的进展。

而在稍早前作为《我国智慧城市建设若干关键问题研究》内容一部分发布的智慧评价指标体系，还对宁波各区进行了综合打分评价，评分发现，各区之间智慧度差异较为明显，智能城市建设还与各区县的经济发展具有一定的相关性。

八、本章小结

从指标体系编制和发布的主体来看，国内已有的 7 个智能城市评价体系均由政府部门或有政府背景的研究机构所发布，编制过程由领域专家领衔，并联合相关科研院所和企事业单位。指标的侧重点、权威性和影响力均不同程度受到编制主体的影响。

工信部和住建部作为国家主管部委，其编制的指标体系均较注重体系的完整性和定性的分析，不如地方标准（如南京、宁波等）那样重视指标的采集与量化。其中，工信部由于涉足信息化较早，与产业联系较为紧密，其指标体系更加关注智慧技术的效用呈现。住建部则更聚焦于智能城市的空间落实。例如，在与网络环境相关的三级指标中，工信部的指标更为详细、具体，包括互联网平均速度、光纤到户率、3G 网络覆盖率、使用 4M 以上宽带产品的用户比例、互联网普及率、智能手机拥有率、移动宽带用户比例，而住建部的指标只有无线网络、宽带网络、下一代广播电视网三项。又如，在城市管理方面，住建部的指标体系要比工信部指标体系丰富得多，城乡规划、建筑市场管理、供水系统、排水系统、节水应用、燃气系统、垃圾分类与处理、供热系统、照明系统、地下管线与空间综合管理、智能物流、智能支付、智能金融等指标均未在工信部的指标中出现。总体而言，工信部的指标体系更强调对智能城市的技术支撑能力的考查，而住建部的指标体系则更注重智能城市具体的城市规划和管理环节的体现。

从评估内容的大类构建上看，基本上集中在硬件、环境、服务和人文四个方面，全都采用逐层细分的方法加以构建。但细看各个评价指标体系，

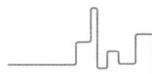

仍有所不同。如工信部发布的评估体系更侧重于基础设施等硬件指标评估；上海浦东发布的评价指标体系是国内第一个针对具体地区制定的评价体系，有很强的地域性；中国智慧城市（镇）发展指数评价体系更倾向于从公共管理和公共政策的角度对智慧城市进行整体分析；国脉公司发布的评估报告主要针对我国智慧城市发展阶段进行了划分，将全国比较有代表性的智慧城市进行归类。

我国智能城市评价指标体系的建设仍需进一步的发展。首先，应当明确智能城市的本质；在此基础上，针对其各个组成部分提出相应的影响要素，从而确定每一个要素的评价标准，落实具体的评价指标。

在下一步评价指标体系制定的过程中，应注意以下四方面的特性：

（1）统一性。各要素的具体评价指标数据应尽可能与国家统计口径保持一致，便于数据收集、处理和应用。

（2）差异性。各地方智能城市发展背景、阶段、问题等都存在差异，应设置差异性影响要素及具体指标，以鼓励各地方进行特色化智能城市建设。

（3）可操作性。注意各项影响要素的可采集、可量化、可应用程度，保证评价指标体系可以与实际的物联网、大数据、云计算等智能城市实践相结合，落实在具体智能城市建设的各项投入产出中。因此，指标体系也必须是随着智能城市的发展而与时俱进、可持续发展的。

（4）细节性。注意各要素的进一步细化。如衡量城市基础设施的智能化程度时，可落实到单位面积布置了多少个感知原件或传感器，以保证各项指标能够真实有效地反映城市的智能化程度，避免影响要素的选择过于宏观而导致评价结果失实。

第6章

iCity

欧美智能城市
评价指标体系

一、TU Wien 指标体系

2007 年 10 月，维也纳技术大学（Technische Universität Wien，TU Wien）的 Rudolf Giffinger（2007）教授研究团队发布了报告《欧洲中等城市智慧城市排名》，从智慧经济、智慧人群、智慧治理、智慧生活、智慧移动、智慧环境六个方面对智慧城市进行评价。随后又对数据和指标做了更新，推出 2.0（2013 年）和 3.0（2014 年）两个版本。

虽然提出此评价体系的报告针对的是欧洲的中等城市，但上述六大方面已经基本涵盖了智慧城市的发展重点。报告将关注目光集中在人群、生活、环境等社会发展的重要议题上，提出的要素涵盖了创新精神、企业家精神、环境保护、资源管理、社会凝聚力、种族多元度、终生学习参与度等软性指标，对智慧城市的理念没有局限于 ICT 技术层面。报告的意义还在于首次建立了欧盟范围内跨国界适用的指标体系，并根据具体指标对欧洲中等城市进行打分排序，其结果对我国智慧城市的评价具有重要的参考价值。

（一）样本选取

根据一定的要求选取样本城市：首先要求该城市是中等规模城市，其次该城市具有可获取的数据库。样本主要来自欧洲空间规划观测网络（European Spatial Planning Observation Network，ESPON）数据库覆盖的近 1 600 个城市。具体筛选条件如下：

- 人口在 10 万至 50 万之间：保证城市属于中等规模城市；
- 至少有一所大学：剔除低教育度的城市；
- 所在城市区域总人口少于 150 万：剔除属于大城市分区

的城市；

■ 被欧洲节能城市规划（Planning for Energy Efficient Cities，PLEEC）项目收录的城市可以直接入选。

（二）指标体系

从智慧城市的定义出发，从学术界对智慧城市讨论的众多观点中提炼 6 个属性（Characteristic）：智慧经济、智慧市民、智慧治理、智慧交通、智慧环境、智慧生活。每个属性下细分为 3 ~ 7 个要素（Factor），每个要素可以落实到多项指标（Indicator）以通过数据进行比较计算（见表 6.1）。对德国城市 Erfurt 的打分情况如图 6.1 所示。

表 6.1　TU Wien 指标体系

属性	要素
智慧经济 Smart Economy	创新精神　Innovative Spirit
	企业家精神　Entrepreneurship
	经济前景　Economic Image & Trademarks
	生产力水平　Productivity
	人力市场灵活度　Flexibility of Labour Market
	国际化程度　International Embeddedness
智慧市民 Smart People	资格水平　Level of Qualification
	终生学习参与度　Affinity to Life Long Learning
	社会种族多元度　Social and Ethnic Plurality
	灵活性　Flexibility
	创造性　Creativity
	开放性　Cosmopolitanism/Open-mindedness
	公共生活参与度　Participation in Public Life
智慧治理 Smart Governance	决策参与度　Participation in Decision-making
	公共与社会服务　Public and Social Services
	透明政府　Transparent Governance

属性	要素
智慧交通 Smart Mobility	地方可达性 Local Accessibility
	国际国内可达性 (Inter-)national Accessibility
	ICT设备可用性 Availability of ICT-infrastructure
	交通的永续创新和安全 Sustainable, Innovative and Safe Transport Systems
智慧环境 Smart Environment	自然环境吸引力 Attractivity of Natural Conditions
	污染 Pollution
	环境保护 Environmental Protection
	可持续资源管理 Sustainable Resource Management
智慧生活 Smart Living	文化设施 Cultural Facilities
	医疗条件 Health Conditions
	个人安全 Individual Safety
	住房质量 Housing Quality
	教育设施 Education Facilities
	旅游吸引力 Touristic Attractivity
	社会凝聚力 Social Cohesion

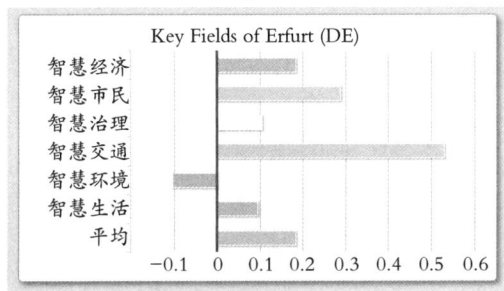

图 6.1　城市分项指标[1]

（三）数据标准化处理

比较不同的指标需要对数据标准化处理，通过 z-分数（z-score）标准化公式将数据归入［0，1］区间，便于进一步计算比较。要比较各个城市在"智

———————

[1]　图片来源：TU Wien 指标体系官方网站 http://www.smart-cities.eu。

97

慧经济""智慧市民"等属性之间的区别，需要从各分项指标入手。涉及数据覆盖率的问题是，有些指标数据不全，不能覆盖全部 77 个样本城市（见图 6.2），故须对各指标的权重做出调整，如覆盖超过 70 个城市的指标所占权重要高于覆盖 60 个城市的指标所占权重。这样降低了数据缺失对排名的影响，当然理想情况是有全面的数据。

图 6.2　TU Wien 指标体系选择的 77 个样本城市分布[①]

（四）排行榜

依据上述数据和指标体系，得出欧洲 77 个中等城市的排行榜（前 20 名见表 6.2），包括每个城市的详细分项指标。

表 6.2　TU Wien 指标体系排行榜（2014 年）[②]

国家	城市	智慧经济	智慧市民	智慧治理	智慧交通	智慧环境	智慧生活	总排名
卢森堡	Luxembourg	1	18	56	4	16	4	1
丹麦	Aarhus	2	3	6	3	19	27	2
瑞典	Umeaa	24	5	2	34	1	13	3
瑞典	Eskilstuna	21	1	7	24	3	41	4
丹麦	Aalborg	10	11	5	14	14	10	5

①　图片来源：TU Wien 指标体系官方网站 http://www.smart-cities.eu。
②　数据来源：TU Wien 指标体系官方网站 http://www.smart-cities.eu。

国家	城市	智慧经济	智慧市民	智慧治理	智慧交通	智慧环境	智慧生活	总排名
瑞典	Joenkoeping	32	13	3	11	2	26	6
丹麦	Odense	13	9	4	20	9	40	7
芬兰	Jyväskylä	23	8	1	47	5	25	8
芬兰	Tampere	16	2	15	31	12	14	9
奥地利	Salzburg	27	24	29	2	27	1	10
芬兰	Turku	20	6	12	15	18	29	11
芬兰	Oulu	14	4	9	39	13	35	12
奥地利	Innsbruck	35	27	26	12	6	3	13
奥地利	Linz	11	23	31	8	25	7	14
斯洛文尼亚	Ljubljana	6	7	34	33	21	21	15
奥地利	Graz	26	21	33	9	28	2	16
荷兰	Eindhoven	5	12	24	1	49	49	17
德国	Regensburg	4	17	37	10	37	11	18
法国	Montpellier	29	20	16	46	4	30	19
比利时	Gent	15	29	27	6	41	9	20

二、Int'l Digital Corporation 指标体系

2011 年 9 月，国际数据公司（International Digital Corporation，IDC）在对西班牙智慧城市分析的白皮书中首次提出智慧城市指标（IDC Smart Cities Index），依据此指标对西班牙 44 个城市进行智慧度的评价排行，同年应用于德国智慧城市分析。2012 年对数据更新推出新的排名。

该指标体系从智慧维度（Smartness Dimension）和支撑能力（Enabling Force）两个方面考察智慧城市的建设，在智慧维度下又扩展出 5 个单元（Smartness Building Blocks），即政府、建筑、交通、能源与环境、服务，支撑能力则包括了信息通信技术、市民、经济 3 个单元（见表 6.3）。下面又细分为 23 个尺度（Evaluation Criteria），再次一级为 94 个指标（Indicator）。

表 6.3　Int'l Digtal Corporation 指标体系结构

维度	单元	
智慧维度 Smartness Dimension	政府　Government	
	建筑　Buildings	
	交通　Mobility	
	能源与环境　Energy &Environment	
	服务　Services	
支撑能力 Enabling Force	信息通信技术　Information & Communication Technologies	
	市民　People	
	经济　Economy	

在西班牙选取样本城市，按照人口将西班牙所有城市排序，选取人口大于 15 万的城市，总计 44 个（见图 6.3）。

图 6.3　IDC 指标体系的 44 个样本城市分布[①]

根据上述指标体系中的指标对各个案例城市的数据进行统计分析（其中智慧维度和支撑能力的比重分别是 80% 和 20%），得出以下结果。

（1）5 个领先城市。马拉加、巴塞罗那、桑坦德、马德里和圣塞瓦斯蒂安在各个维度均衡发展并处于领先地位。

（2）10 个竞争者（Contender）。这些城市在智慧度的各个单元得分较

---

① 　图片来源：IDC。

高，但均不处于领先地位。这些城市具有发展成为领先城市的潜质，如果他们的政府采用正确的策略路线，在政府管理、设施建设和产业发展领域进行改进，则会取得突破。如萨拉戈萨和毕尔巴鄂两个城市如果在智慧政府、智慧建筑、智慧交通方面采取积极的行动，会很快进入领先者的行列。

（3）21 个参与者（Player）。这些城市在智慧城市建设的各个维度均处于平均水平，总体上在智慧城市方面做出了一定的尝试，但仍未全面推广。

（4）追随者（Follower）。这些城市在各个维度处于落后的地位。

分析结果绘制成一张矩阵图，如图 6.4 所示，横轴为城市的支撑能力，描述政府对智慧城市建设的积极性和支持力度，纵轴为智慧维度，即在各个智慧领域的发展成熟度。

该指标系统从技术的角度出发，将技术应用的智慧表征与技术实现所依赖的经济、人口乃至技术本身的发展状态和发展基础作为两个不同的对象分别加以考虑，有一定可取之处，但难免造成次级指标在概念和指向上的交叉和重叠。

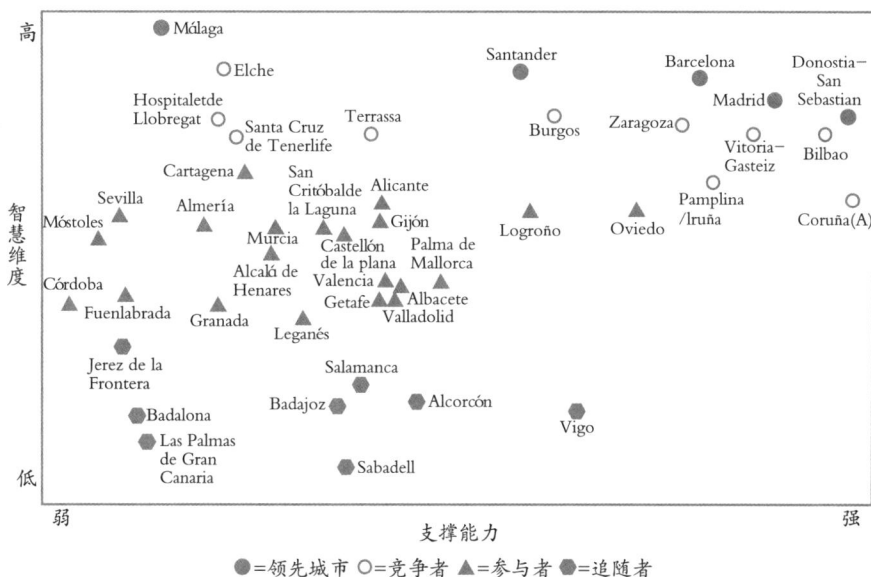

图 6.4　IDC 指标体系的 44 个城市排行矩阵[①]

---

① 图片来源：IDC。

三、Intelligent Community Forum 指标体系

美国智能社区论坛（Intelligent Community Forum，ICF）每年会评选年度智能社区奖（Intelligent Community of the Year），具体评选过程为：每年1月提交一份7个城市的候选名单，随后邀请第三方评估机构对候选城市进行数据分析，同时 ICF 的组织者到实地调研并提交调研报告，最终由政府领导、商业领袖、学术先锋和咨询公司共同决定排行榜，在年底公布获奖城市。1999—2014 年获年度智能社区奖的城市如表 6.4 所示。

表 6.4　1999—2014 年获年度智能社区奖的城市一览[①]

年份	城市	国家
2014	多伦多　Toronto	加拿大
2013	台中　Taichung	中国
2012	里弗赛德　Riverside	美国
2011	埃因霍温　Eindhoven	荷兰
2010	水原　Suwon	韩国
2009	斯德哥尔摩　Stockholm	瑞典
2008	首尔江南区　Gangnam	韩国
2007	滑铁卢　Waterloo	加拿大
2006	台北　Taipei	中国
2005	三鹰　Mitaka	日本
2004	格拉斯哥　Glasgow	英国
2002	卡尔加里　Calgary	加拿大
2002	首尔　Seoul	韩国
2001	纽约　New York	美国
2000	拉格朗日　LaGrange	美国
1999	新加坡　Singapore	新加坡

---

① 数据来源：http://www.intelligentcommunity.org。

　　入选的城市不一定应用了最尖端的智能技术，但即使是常规技术，也非常注重在技术推广与普及的过程中重视社会公平，重视知识创新，重视将自身的发展经验同世界一起分享。

　　从严格意义上说，美国智能社区论坛建立的智能城市评价标准并不能称为指标体系。该评价标准包括宽带连接、知识驱动、创新、数字包容、市场推广五个方面，其出发点在于 ICT 的普及应用，同时把 ICT 普及的过程与诸如环境、社会等更广泛的议题相联系。

　　（1）宽带连接（Broadband Connectivity）。新兴的重要基础设施，作为推动经济发展的关键手段，智能社区提出了建立在宽带连接基础上的美好未来图景。

　　（2）知识驱动（Knowledge Workforce）。知识是具有生产力的，知识在收集、处理和分析过程中可以产生相应的经济价值，智能城市的传统工厂生产应向实验室研发转变，工地施工应向网络办公转变。

　　（3）创新（Innovation）。全球化的经济是创新驱动的经济，随着互联网的普及，城市和城市间的差异减小，创新成为城市竞争力的重要指标。新型的、廉价的、快速的技术在医疗、农业、娱乐和教育界引发了变革，促进了创新，同时也提升了加入整体全球经济的门槛，人们需要更多的知识才能掌控快速的信息流。

　　（4）数字包容（Digital Inclusion）。智能社区就是要消除信息隔离。贫穷、缺乏技能、偏见或地理等原因所造成的信息不通畅，让一部分人由于缺乏信息而处于劣势。数字包容通过宽带接入、技能培训和宏观愿意等方式来消除隔离。

　　（5）市场推广（Marketing and Advocacy）。面对来自全球化的竞争和挑战，智能社区需要通过更加有力的市场宣传和推广，介绍其在生活、工作和商业领域的进展。

四、IBM 指标体系

IBM 是智慧地球的积极倡导者，同时也是智慧城市的解决方案提供商，为了服务于商业开发，IBM 构建了自己的智慧城市评价指标体系。2010 年，IBM 商业价值研究院提出评估城市智慧度的原则如下。

（1）量身定制，智慧的城市评估必须考虑到城市有不同的愿景和目标优先级，满足这个要求的一种方式就是利用加权计分板方法进行定制的全面评估。计分板应包含每个系统的相关标准，根据对城市的重要性为每个系统和标准制定权重，可以定义并评估每个系统以及整个城市的总体状况和持续表现。

（2）基于整体的城市视图，城市的大量系统互相影响，一个系统的改变不可避免地影响其他系统。因此，评估过程应考虑整个城市框架。例如，如果一个城市独立地评估某个系统（例如能源），而没有确定它与其他系统（如交通、商业和供水）的依赖关系以及对能源消耗的影响，结果可能导致城市做出对整个城市有害的所谓修正行动。

（3）应全面地衡量整个系统的进展，智慧的城市评估应全面地了解在采用智慧的解决方案时每个系统如何转变。这就需要对每个系统的必要条件、系统的管理、解决方案的使用和预期成效都列出详细的标准和变量。使用设计良好的标准，城市就可以全面了解每个系统转型情况与三大技术体系（物联网、互联网和智能技术）的情况，针对各个应用载体在不同层面上提出相应的技术解决方案。

（4）具有可比性，并以适当的同等城市为基准进行衡量。与衡量哪些方面以及如何衡量同等重要的是根据什么进行衡量。城市可以选择具有同样关键特征、挑战和优先级的城市做对比，有助于日后该城市的公职人员分享他们在各种社会活动中取得的最佳实践和深入见解。

IBM 的评估标准和要素举例如表 6.5 所示。IBM 指标体系的特征在于通过应用载体与技术体系的搭接，找出当前技术空缺或者薄弱的环节，其目的在于服务 IBM 智慧地球的全球商业化策略。因此，IBM 指标体系更关注具体对象的需求，更偏重理解技术方案所能达到的效果。

表 6.5 IBM 评估标准和要素举例[①]

系统	必要条件	管理	智慧的系统	成效
城市服务	当地政府支出	协调的服务交付	电子政务	公共服务交付的效率和效益
	当地政府人员		ICT在服务交付和管理过程中的应用和使用	
市民	教育、健康、住房、公共安全和社会服务的投资	服务交付的联合管理与协调	ICT和智慧的技术在人力和社会服务过程中的应用和使用	教育、健康、住房、公共安全和社会服务成效
商业	资金的获取、行政管理负担、贸易壁垒、商业不动产	商业系统的联合与有效监管和管理	企业对ICT的使用；新的智慧的业务流程；智慧的技术领域	增值、业务创建、创新
交通	交通基础设施和公共交通的投资；基础设施质量	交通系统的联合监管	智慧的交通技术的使用；拥堵费	拥堵等级；城市通行状况；交通系统的能源消耗量
通信	通信基础设施的投资	通信系统的协调监管	高速宽带；Wi-Fi	通信系统质量与可达性
供水	供水基础设施的投资；净水的供应；污水的排放	供水系统的管理和监督	智慧的技术在供水管理领域的使用	水的使用；水的浪费/损耗
能源	能源基础设施的投资	能源系统的协调监管	智慧的电网的建设；智慧的电表的使用	能源浪费/损耗；能源供应的可靠性；可再生能源

五、Ericsson 指标体系

同 IBM 类似，Ericsson（爱立信）也是智慧城市商业推广领域的重量级企业。Ericsson 指标体系全称为网络城市指数（the Networked Society City Index）。该指标体系于 2010 年发布，每年对指标体系和评价城市的数据进行更新。

---

① 资料来源：IBM。

Ericsson 指标体系的核心思想在于将 ICT 本身的发展成熟度与 ICT 的"三底线效应"（Triple Bottom Line，TBL）相区分。ICT 发展成熟度包括基础设施、可承受性、应用三个衡量维度，"三底线效应"则细分为社会、经济和环境三个主要方面（见表 6.6）。

表 6.6　Ericsson 指标体系[①]

ICT发展成熟度		三底线效应	
基础设施	宽度质量	社会	健康
基础设施	可达性	社会	教育
可承受性	费率	社会	包容
可承受性	IP转换费用	经济	效率
应用	科技应用	经济	竞争力
应用	个人应用	环境	资源
应用	公共和市场应用	环境	污染
应用	公共和市场应用	环境	气候变化

通过给变量赋值，Ericsson 指标体系 2014 版计算了全球 40 个城市的网络城市指数（见表 6.7）。前三名为斯德哥尔摩、伦敦和巴黎。中国城市中，香港排名第 9，北京排名第 26，上海排名第 28。

表 6.7　Ericsson 计算全球 40 个城市智慧度排行前 10 名（2014 年）

排名	城市
1	斯德哥尔摩
2	伦敦
3	巴黎
4	新加坡
5	哥本哈根
6	赫尔辛基

[①] 资料来源：http://www.ericsson.com/thinkingahead/networked_society/city-life/city-index/about。

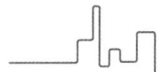

排名	城市
7	纽约
8	奥斯陆
9	香港
10	东京

Ericsson 与国际电信联盟（International Telecommunication Union，ITU）密切合作，其指标体系比 IBM 指标体系更具影响力。爱立信一直以所谓的"连接城市"（Connected City）来替代"智慧城市（Smart City）"的大众化称谓。其独特的评价体系理念简练清晰，目的明确，即通过 ICT 的应用来提升一座城市在经济、环境、社会方面的可持续发展水平，虽然这种提法并不新鲜，但由于有量化数据的支撑，仍然不失为一种容易得到认同的评价方法。

六、本章小结

相比于国内由政府主导编制智慧城市评价指标体系，国外多由研究机构（包括大学）和企业发布相关评价指标体系。从体系的构建上看，企业的评价指标体系更侧重于从技术成效的角度分析智慧城市，而研究机构则站在更加全面和客观的角度理解智慧城市，因此，后者提出的评价指标体系更具说服力。

此外，国外指标体系建构思路更加灵活多样，而国内城市的指标体系在大框架和结构上则比较趋近，没有太多本质差别。

同时，国外指标体系对指标的选取也千差万别，与国内指标体系相比，普适度较高，更加国际化，能够针对全球重要城市进行筛选评价，因而也较国内指标体系更有关注度和影响力。

第7章

iCity

智能城市评价指标体系
的原理和方法

take a rest in the
shade of a tree

一、智能城市评价指标体系的建设目标

理想的智能城市是一个生命体，在信息技术的支持下可以感知、判断、反应和学习。智能城市不是一个终极状态，而是一个促进城市集约、智能、绿色、低碳并不断提升发展水平的过程状态。

智能城市的"智能"二字是相对于机械呆板而言的，即相对于过去城市发展的粗犷的发展模式而言的。随着大数据、云平台、物联网等信息技术的不断突破和持续提升，技术的进步使得城市的发展从实体空间转向数据化的虚拟空间。这是不是意味着，利用这些新技术的城市就可以叫作"智能城市"？答案是否定的。智能城市区别于传统城市发展模式的最根本之处在于，智能城市的发展是基于尊重环境，通过系统的、全生命周期的发展观念，实现最小化资源消耗的精明发展。

城市的发展进入信息技术主导的时代，世界各国都面临着共同的问题：人类赖以生存的基础显得日益薄弱，城市环境暴露出的问题日益增多，例如环境恶化、城市拓展不合理、不安定社会因素剧增以及经济发展与城市发展其他方面的矛盾等。过去，人们曾经把 GDP 增长作为衡量城市发展的唯一依据。这种做法虽然简单易行，但仅仅衡量了经济在数量上的增长，而忽略了经济在质量上的变化，同时忽视了资源消耗、环境污染、社会公平等因素。

因此，构建科学合理的城市评价指标体系显得尤为重要。更进一步，由于信息技术全方面影响城市建设，城市的发展必须改变原有的传统发展模式，因而智能城市评价指标体系的建立显得更为重要。

智能城市评价指标体系的建设目标是，通过评估体现城市

的智能发展水平，包括经济、社会、生态、城市建设的各个方面，提升城市的智能状态，推动智慧城市的可持续发展。

二、智能城市评价标准的相对性

智能城市建设状况评价的关键问题在于如何确定评价标准，即用何指标衡量智能城市建设水平和发展变化。由于世界各地的城市分布广泛，自然条件差异极大，经济发展不平衡，社会性质和情况各异，故很难通过统一的标准去评价。换言之，智能城市的建设没有绝对的评价标准，任何标准都具有其相对性，都是以现实状态为基础所提出的。任何标准都具有地域性、社会性、历史性等局限，不存在不带地域、社会和历史局限性的评价标准。

评价标准的确定取决于评价目的。如果评价的目的是评价和比较不同地域环境下的智能城市建设，那么选择不同地域在同一时间段的同一指标数据作为评价标准。如果评价的目的是评价某一地域的智能建设水平变化，则可以选择多个时间段的同一指标数据作为评价标准。

我们认为，智能城市发展建设评价的目的是了解世界各地的智能城市发展建设的情况，科学理性地判断一个城市位于全球智能城市建设的哪个阶段，以及该城市的智能建设在自然、经济、社会、软硬件等方面有哪些优势和劣势。因此，对某一个确定的城市而言，该城市与全球智能城市建设的横向比较，以及该城市自身智能化趋势比较都是十分重要的。

三、智能城市评价指标体系的评价对象

智能城市评价指标体系用于对所有提出了智能城市建设目标的城市进行评估。在评价指标体系的研发过程中，我们对住建部确定的试点智慧城市中的地级城市进行了试评估，考察其智能发展程度。此外，我们对全球提出"智慧""智能""信息化""数字化"等关键词的城市进行了试评估，并对比

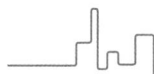

前后评价结果，以此为依据，判断我国智能城市建设在全球智能城市发展中的水平。

智能城市评价指标体系主要针对城市发展最为关注的三个维度，即发展环境、未来趋势和建设运营。这三个维度中所选指标使得本评价体系区别于可持续发展城市、生态城市、创新城市等评价体系。

1. 评价城市的"发展环境"

评价城市如何处理其所面对的自然、经济、文化、社会、生态等问题，相应的一系列指标最终形成了智能城市评价指标体系所关注对象城市的重点考察内容。

2. 评价城市的"未来趋势"

评价城市的地方政府如何看待城市的发展未来，其战略判断是否符合智能化的目标，其判断力是否精准，也是智能城市评价指标体系关注的重点内容。

3. 评价城市的"建设运营"

在评价城市的建设和城市运营管理过程中，城市发展是否能够具有智能特色地有序推进，并取得着实成效，同样也属于智能城市评价指标体系的重要关注点。

四、智能城市评价指标体系的构成

评价体系的指标分为三级，各有偏重和特色。一级指标（维度）的设置强调顶层设计，搭建智能城镇化发展的平台，同时起到指引各个层面设计的作用；二级指标体现城市发展的各具体系统，把控智能城市发展的各方面；三级指标则涉及具体城市事务，体现可执行事件的量化处理。

1. 一级指标涵盖智能城镇化的四化融合

一级指标易记、易抓、易控、易显，简明扼要地体现智能城市建设推进的大方面。每个一级指标由 3 ~ 5 个二级指标合成，各二级指标的权重由研究项目各课题组的专家通过德尔菲法（Delphi Method）获得。

$$A = r_1 A_1 + r_2 A_2 + \cdots + r_n A_n$$

其中，A 是一级指标，A_1，A_2，$\cdots$，A_n 是一级指标 A 对应的二级指标，r_1，r_2，$\cdots$，r_n 是相应二级指标对应的［0，1］区间权重值。

2. 二级指标全面覆盖，鼓励发展特色

二级指标与城镇业务管理机构工作目标相结合，体现该指标的全面覆盖性，对各个关键系统指引。在二级指标向一级指标合成时，在对所有指标进行无量纲化处理后，通过阈值和最大值两种方式进行向上的合成计算，保证既有全面性、合格性，又体现各个智能城市发展的重点和特色，有利于促进智能城市形成其独特的特性和品牌。

以三级指标中最大值为基准，比较各三级指标与各自阈值的大小，如果所有三级指标都达到阈值，则直接取值最大的三级指标。二级指标的合成方式为

$$A_3 = \max(a_{31}, a_{32}, \cdots, a_{3n}) + \mathrm{IF}((a_{31} - a_{31v}) < 0, a_{31} - a_{31v})$$

$$+ \mathrm{IF}((a_{32} - a_{32v}) < 0, a_{32} - a_{32v}) + \cdots + \mathrm{IF}((a_{3n} - a_{3nv}) < 0, a_{3n} - a_{3nv})$$

其中，A_3 是一级指标 A 下的第 3 个二级指标，a_{31}，a_{32}，$\cdots$，a_{3n} 是构成 A_3 的 n 个三级指标，a_{31v}，a_{32v}，$\cdots$，a_{3nv} 是对应 n 个三级指标的阈值。函数 $\mathrm{IF}(c, x)$ 表示若条件 c 成立则取 x 值。

3. 三级指标开放性设置引导城镇创新发展

三级评价指标体系应与城乡居民生活的民生质量相融合。对各二级指标和三级指标做无量纲化处理，形成统一区间（［0，1］）的数据方式。三级指标的设置具备一定开放性。在智能城市的建设推进过程的不同阶段，通过对指标设置的调整和优化，实现对智能城市的创新发展的引导。

三级指标向二级指标的合成：设置标准阈值作为达标线，全部超过达

标值的，以最高三级指数为准，否则在最高指数中减去达标差值部分。

五、智能城市评价指标体系的研发方法

（一）确定核心指导方法

智能城市评价指标体系最核心的部分是其依据的城市进化的哲学思想和秉持的城市智能化发展趋势价值观。以感知、判断、反应、学习四个智能城市发展必然阶段作为指导体系构建的原则，循环推动智慧城市的持续进化（见图7.1）。

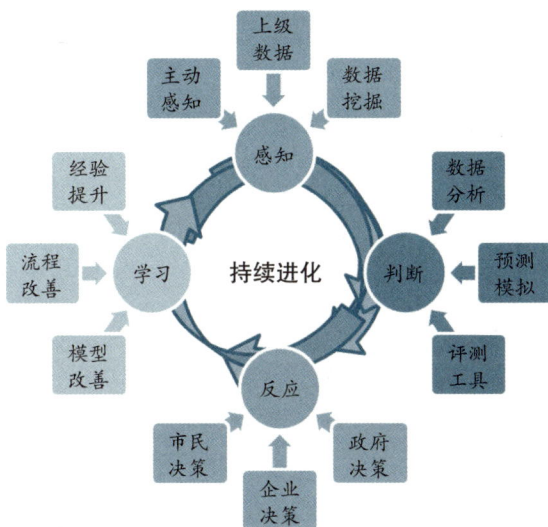

图 7.1 智能城市的基本概念模型

1. 感知：基于全面感知

配备有强大感应基础设施系统的智能城市能够在充分的数据支撑下，时刻掌握各城市主体的需求与变化。智能城市首先应该能够全面感知，即能够随时随地获取所需的城市信息和数据。智能城市借助射频识别（RFID）、红外感应器、全球定位系统、激光扫描器等各种信息传感设备采集到所需信息，并通过传感网、通信网、移动互联网等多网融合进行信息

传递，从而规范、准确、广泛地感知城市信息。感知是城市物体之间能彼此进行"交流"的基础。

2. 判断：能够准确判断

智能城市对城市中发生的任何可能的状态和后果都能够基于经验总结或模型推导做出预判。城市是个复杂巨系统，通过物联网感知到的城市信息往往是海量数据。这些海量数据所反映的物体的属性、特征的能级不同。智能城市能够对通过感知获取的海量信息进行自动识别，借助一定的工具、技巧和方法，对信息和数据进行分析、计算和判断，从中遴选出作用大的信息。智能城市对海量信息的判断实际上是对获取信息进行选择的过程。

3. 反应：强调恰当反映

能根据城市发展的情景进行分析，调动资源应对，实现最小能源、资源、时间、社会心理消耗。智能城市不但可以对信息进行感知、选择，而且能够对获得信息进行智能化分析和处理。智慧城市根据判断选择出的信息，利用已有的经验和知识，对未来的行动和计划做出决定，并向相应的执行设备给出控制指令。

4. 学习：必须持续学习

智能城市的智能之处即在于能从不断的"感知—判断—反应"的过程中反思学习，能不断改进决策模型和流程，实现智能城市的持续进步。智能城市就像人一样，是一个生命体，能够在全面感知、智能判断和反应的基础上，对信息流程、经验进行改善和提升，并将发展后的信息反馈到城市系统中。智能城市中，信息的感知、传递、分析、处理不是过程的终结，而是在过程中完成信息额学习和发展，使信息更符合社会期望的方向。

（二）确定一级指标项

我们在确定智能城市总体建设目标的基础上，通过参考国内外相关机构组织和城市针对智能城市提出的多套评价指标体系，横向借鉴国内外科

研机构和学者的研究成果，总结归纳整理出现的各项指标（见表 7.1）。从中可以看出各套评价指标体系中对智能城市建设运营中的不同侧重点，得到各项指标出现的分布规律，综合总结得到五项一级指标（维度）：智能环境与建设（Environment and Urbanism）、智能管理与服务（Governance and Public Service）、智能经济与产业（Economy and Industries）、智能硬件设施（Informationization）、居民智能素养（Innovation Human Resource）。

表 7.1　一级指标项分布

一级指标（维度）	关键词	频次
智能环境与建设	自然环境	6
	智慧规划设计	5
	智能建筑	3
	交通创新与安全	3
	可持续资源使用	2
智能管理与服务	公共社会服务	15
	政务决策和管理	14
	医疗保障	6
	软环境	6
	文化教育	3
	安全	3
	透明和公众参与	3
	城市综合功能	2
	交通管理	1
	能源管理	1
智能经济与产业	产业发展	12
	经济水平	5
	创新研发	5
	劳动力水平	2

续　表

一级指标（维度）	关键词	频次
智能硬件设施	网络基础建设	9
	信息公共平台	4
	信息通信技术使用	3
	企业信息化	2
	市民信息化	2
居民智能素养	人力资源品质	6
	教育学习	4
	社会凝聚力	3
	国际化	2
	多元开放	2

（三）确定二级指标项

对于智能城市的总体评价，我们在确定了智能环境与建设、智能管理与服务、智能经济与产业、智能硬件设施、居民智能素养五大分类框架的基础上，针对每一类别选择具有代表性的评价项，构成了最具代表性的五组指标。

来自 14 家科研单位[①]的 275 位专家共同参加集成了"城市可持续发展智能监测"的初始指标体系，将国内外智能城市评价指标项进行了汇总和归纳，得到了 220 项初始指标（吴志强等，2011）。由于初始指标大量重叠和相关，因此对初始指标进行分析，在差异不大的情况下，两个或多个指标表征之间相关性过大或者在表征智能化建设的对象一致或近似时，选取其中较容易获得连续数据的评价项以及具有一定国际比较性的评价项进入体系，舍弃余下指标，再对 220 项初始指标进行交叉分析比选，形成初步的二级指标 36 项（见表 7.2）。

---

① 包括同济大学、北京大学、浙江大学、沈阳建筑大学、首都师范大学、国土资源部信息中心、住建部城乡规划管理中心、国务院发展研究中心、国家遥感中心、中科院地理科学与资源研究所、中科院遥感应用研究所、上海城市发展信息研究中心、中国城市建设研究院、青岛市勘察测绘研究院等 14 家科研单位。

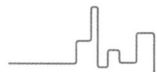

表 7.2　初步的二级指标 36 项

一级指标（维度）	二级指标
智能环境与建设	城镇居民人均住房使用面积
	建成区面积
	居住用地
	工业用地
	绿地
	水环境综合污染指数
	人均水资源量
	人均耕地面积
	人均建设用地面积
	自然生态用地覆盖率
	供水普及率
	污水处理率
	道路硬化率
	清洁能源普及率
	垃圾集中收集率
智能管理与服务	农民工养老保险参保率
	农民工工伤保险参保率
	劳动争议案件结案率
	信访事件结处率
智能经济与产业	GDP
	城市劳动生产率
	城市产值密度
	GDP第二产业比重
	GDP第三产业比重
	地价
智能硬件设施	数据网络普及率

续　表

一级指标（维度）	二级指标
居民智能素养	净迁移率
	总迁移率
	人口结构影响指数
	社会影响指数
	资源环境影响指数
	公共服务影响指数
	劳动力市场求职倍率
	城乡收入差距
	从业人员非农化水平
	人均能耗

（四）咨询专家修正

在形成初步的二级指标和三级指标后，需要对不同的评价项进行归并。通过广泛的德尔菲法专家咨询，本课题组向中国工程院"中国智能城市建设与推进战略研究"项目组内部的院士专家发放了 56 份问卷，对指标进行修正，并通过专家打分确定指标项的选择。之后对具体指标项进行适当酌情增减，解决评价体系不匹配的问题（具体专家咨询问卷内容详见附录第二部分）。

（五）运行反馈与指标提升

要建立智能城市评价指标体系，必须选择一系列智能且具有一定影响的城市，进行评价指标体系的试运行。通过试运行的评价过程和结果，发现和去除那些随时间推移、科技推广而已不具备较强比较意义的评价项，增加符合时代特色和社会意义的评价项（见图 7.2），形成新的二级指标 20 项（见表 7.3）。

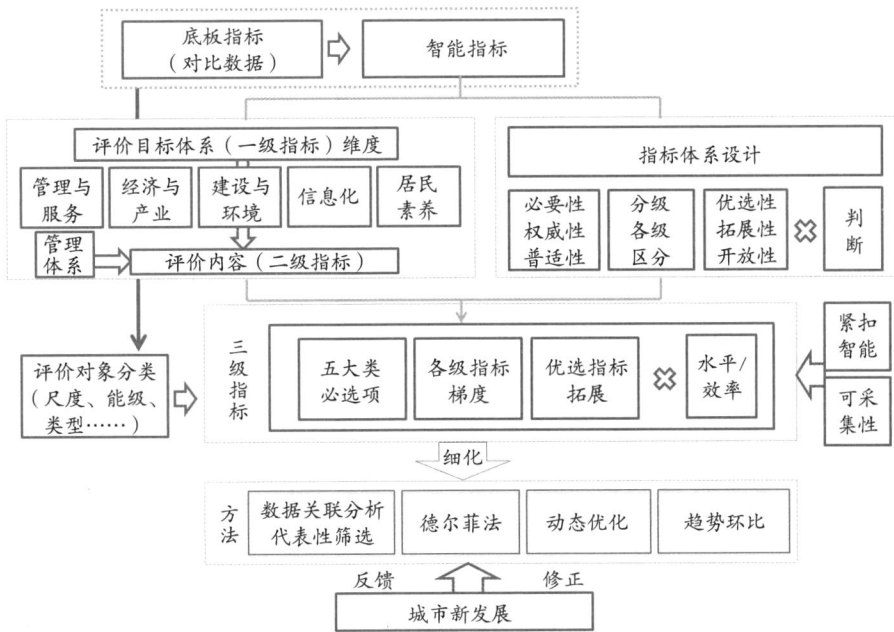

图 7.2　智能城市评价指标体系研发路径图

表 7.3　新的二级指标 20 项

类别	二级指标
智能建设与环境	城市PM2.5/PM10监测点密度
	城市网格化管理覆盖水平
	市民智能交通工具使用水平
	城市未来建设方案的网上公布水平
智能管理与服务	政府非涉密公文网上公开度
	网上公众参与比例
	市民健康电子档案使用水平
	突发事件智能应急水平
智能经济与产业	R&D支出占GDP的比重
	城市劳动生产率
	城市产值密度
	城市智能产业比重

续　表

类别	二级指标
智能硬件设施	公共空间免费网络覆盖密度
	移动网络人均使用率
	城市宽带网速
	智能电网覆盖水平
居民智能素养	城市网民比重
	信息从业人员比重
	大专及以上文化程度人口比重
	市民人均网购支出金额

在智能城市评价指标体系的研发过程中，获取的数据从政府官方公开可获得的统计资料，逐步向公司开放的数据、运用信息技术网络获取的数据转变（关于智能城市评价指标的具体说明详见附录第三部分）。

六、智能城市评价指标简释

我们理解的智能城市，是由智能环境与建设、智能管理与服务、智能经济与产业、智能硬件设施以及居民智能素养五方面构成，运用频度统计、理论分析、德尔菲法以及参考现有相关评价指标体系研究成果的方法，初步得到智能城市评价指标体系。在确定初步智能城市评价指标体系之后，通过试评估现有智能城市建设的过程，考虑试评估城市的社会经济发展状况和智能城市建设的特点，着重考虑指标数据的可得性，逐步确定数据来源，完善指标项的选择。本智能城市评价指标体系分为两级，一级指标5个，二级指标20个。

评价城市的数据部分来自政府公布的统计数据，部分通过公开网络的智慧平台获得，包括在线查询的中国城市建设统计年鉴、各地统计年鉴，以及各大互联网数据资讯平台。通过对指标数据进行的整理计算，经过无量纲化处理，形成了［0，100］区间分数结果，最终根据总分进行排名、分析（具体数据来源和评分情况详见附录第五部分和第六部分）。

（一）智能环境与建设指标

（1）城市 PM2.5/PM10 监测点密度：空气质量 PM2.5 或 PM10 实时监测点在城市中的分布密度，反映城市对环境质量的感知水平。

（2）城市网格化管理覆盖水平：将城市管理辖区按照一定的标准划分成为单元网格进行管理的区域占城市总管理面积的比重，反映城市数字化管理的水平。

（3）市民智能交通工具使用水平：市民出行使用公交查询系统、实时路况系统等智能交通工具及其辅助系统的程度。

（4）城市未来建设方案的网上公布水平：政府网站上有关智能城市建设方案的公开程度，反映智能城市建设对市民的公开度。

（二）智能管理与服务指标

（1）政府非涉密公文网上公开度：公布在网站上的政府非涉密公文数占总公文数的比例，反映政府信息的透明度。

（2）网上公众参与比例：城市建设相关事件决策中公众参与所占的比重，反映市民对城市建设的参与度以及决策的公开、公平和包容性。

（3）市民健康电子档案使用水平：拥有个人健康电子档案的居民占城市总居民数量的比例，反映城市市民信息的数字化程度。

（4）突发事件智能应急水平：面对城市重大突发事件（例如灾难、事故等情况）时智能应急系统的水平。

（三）智能经济与产业指标

（1）R&D 支出占 GDP 的比重：城市研发支出占 GDP 的比重，反映该城市的科技实力、创新能力和核心竞争力。

（2）城市劳动生产率：人均 GDP，反映当地经济发展状况。

（3）城市产值密度：城市每平方千米土地创造的 GDP 均值，充分反映土地使用的智力水平。

（4）城市智能产业比重：知识、技术密集型产业占城市产业的比重。

（四）智能硬件设施指标

（1）公共空间免费网络覆盖密度：提供免费无线网络的城市空间占城市总面积的比例，从硬件上反映城市信息的可获取水平。

（2）移动网络人均使用率：人均移动网络（手机 3G/4G 等）的使用率，反映城市移动网络的建设水平。

（3）城市宽带网速：城市宽带网速是智能城市建设的基础环节之一。

（4）智能电网覆盖水平：电网智能化在城市中的覆盖率，反映城市能源的智能化水平。

（五）居民智能素养指标

（1）城市网民比重：网民占城市人口的比例，反映居民信息获取和学习的水平。

（2）信息从业人员比重：信息从业人员占城市从业人员的比重。

（3）大专及以上文化程度人口比重：拥有大专及以上学历的人口占城市总人口的比重，通过居民受教育程度反映城市智能化水平。

（4）市民人均网购支出金额：市民人均网络消费的金额占总消费金额的比重，间接反映互联网的普及程度和物联网发展水平。

七、智能城市评价指标体系的研发经过

在智能城市评价指标体系的研发过程中，课题组举办了多次院士专家研讨会（见表7.4），广泛听取各领域意见，讨论评价指标体系的框架和指标项的选择。中国工程院"中国智能城市建设与推进战略研究"项目组的院士专家对本评价指标体系都提出过非常有价值的意见。

表 7.4　智能城市评价指标体系研发经过

时间	研讨会
2013年3月21日	"智能城市标准体系建设研究"研讨会在同济大学召开
2013年9月10—16日	中国工程院代表团赴慕尼黑参加由中国工程院和德国工程院合办的首届中德智能城市发展研讨会
2013年9月27日	"智能城市评价指标体系"推进会在千岛湖召开
2013年12月31日	"智能城市评价指标体系"推进会在同济大学举办
2014年4月21日	"智能城市评价指标体系"结题会在中国工程院举办
2014年8月29日	吴志强教授在"2014中国·上海智慧城市创新发展峰会"宣讲智能城市评价指标体系
2014年10月16日	吴志强教授在"全球智慧城市高峰论坛"宣讲智能城市评价指标体系

潘云鹤院士在研讨会中强调，智能城市的评价指标项应在综合国内外研究的基础上，跟各领域专家讨论与沟通。这样构建的指标体系既能满足中外智能城市相互比较的可能性，又可以满足各领域智能化在城市建设中的整体体现，从而更好地评价智能城市，更有针对性地建设智能城市。这一点也是本评价指标体系领先于其他由某单独城市或某机构提出的评价体系之处。

项海帆院士认为，要总结我国城市发展的模式，在城市智能化建设中先强调绿色，再强调智能。

范立础院士认为，由于城市性质、城市功能的不同，城市建设智能化的侧重点也不同；本评价指标体系应体现不同类型城市智能化的差异性。

戴复东院士认为，智能城市建设中，人的角色十分重要，需要在评价体系的指标项选择中体现出来；智能城市的建设目标，不能仅仅是智能技术的应用，而应落实到人素质的提升。

江欢成院士认为，评价指标体系应体现出中国特色，建议从与人息息相关的衣食住行等方面进行城市智能化建设的诠释。

李同保院士认为，智能城市评价指标的选择应考虑到不同类别城市的差异，这样才能在背景不同的城市之间进行比较；此外，指标的数据收集十分重要，数据来源不应是各城市的统计报表，而应是通过技术手段获得的。

江亿院士认为，智能城市评价指标体系对我国智能城市的建设有着很好的推动作用；建议加入城市空间信息这个十分重要的指标项，因为城市提供可共享的地理信息数据，这样的基本信息是建设智能城市的基础。

吴曼青院士认为，智能城市评价指标体系应在研发过程中进行预发布，随时接受来自城市管理层面及市民的广泛的批评和讨论，在修正评价指标值的同时扩大影响力；关于指标数据来源的真实性问题，可以引用一些官方的数据，在政府发布的官方数据基础上进行分析处理。

余贻鑫院士认为，"中国智能城市建设与推进战略研究"项目组的各分课题组可以为评价指标体系研究课题组提供部分指标的评价方法和内容，比如关于智能电网的评价，就可以包含 20 多个指标值。

经过 2013—2014 年期间多次中国工程院院士专家研讨会，智能城市评价指标体系在多次试评估的基础上已得到逐步完善，并在国内城市评价的基础上扩展到欧洲、美洲等城市，使本课题组可以站在国际大视角上审视我国城市建设的优势和短板，同时明晰与国际领先城市的差距。智能城市评价指标体系通过国际会议宣讲的形式进行了发布，产生了广泛反响（见图 7.3）。

图 7.3　吴志强教授在"全球智慧城市高峰论坛"宣讲
智能城市评价指标体系（2014 年 10 月 16 日）

第8章

i·City

智能城市建设水平
评价排行榜

He dragged away
the Statue of Liberty

一、国内智能城市建设水平排行

2013—2014 年期间，智能城市评价指标体系经过了多次试评估阶段，本课题组依据评价结果对评价指标项进行了调整。在试评估过程中，参评城市选自住建部在 2012 年和 2013 年公布的两批国家智慧城市试点共 193 个城市。本课题组首先在智慧城市试点名单中选择地级以上 33 个城市进行试评估（选择试评估对象的条件是，被选城市基本都具有一定的智能城市发展基础）。

按照第 7 章中智能城市评价指标体系的建构方法得到 33 个试评估城市的综合评价和分项评价如表 8.1 和图 8.1 所示。综合评价排名前五位的城市分别是金华、宁波、珠海、温州、武汉。各城市的表现各有特点，具体详细数据来源和评分情况可参照附录第五部分和第六部分。

表 8.1　我国 33 个城市的智能建设综合评价和分项评价[①]

城市	综合		智能环境 与建设		智能管理 与服务		智能经济 与产业		智能硬件 设施		居民智能 素养	
	排名	得分	排名	得分	排名	得分	排名	得分	排名	得分	排名	得分
金华	1	62.92	3	86.08	28	36.50	3	56.17	1	77.91	1	57.93
宁波	2	57.09	6	82.65	3	70.50	23	32.29	6	58.79	8	41.20
珠海	3	56.13	14	71.31	7	61.47	27	27.70	2	69.84	4	50.33
温州	4	55.80	8	81.14	26	39.98	20	33.60	3	68.58	2	55.67
武汉	5	55.44	9	79.84	4	69.29	24	31.18	9	54.55	7	42.33
南京	6	54.78	18	66.35	2	74.94	16	35.16	5	59.02	9	38.45
无锡	7	54.67	7	81.60	11	60.22	2	57.65	14	46.50	22	27.41

---

① 评分的计算原理详见附录第三部分、第四部分和第五部分。

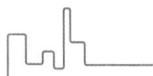

续　表

城市	综合		智能环境与建设		智能管理与服务		智能经济与产业		智能硬件设施		居民智能素养	
	排名	得分	排名	得分	排名	得分	排名	得分	排名	得分	排名	得分
上海浦东	8	54.48	11	75.45	1	75.65	11	40.45	13	50.61	18	30.24
泰州	9	53.98	19	66.19	13	58.66	1	66.51	18	42.83	11	35.72
常州	10	53.25	16	70.37	21	46.38	4	52.27	4	64.39	15	32.84
威海	11	53.22	2	87.11	14	55.57	9	43.67	16	44.75	13	34.99
镇江	12	53.09	5	84.55	22	46.16	5	51.68	12	51.60	16	31.46
东营	13	51.97	1	87.50	10	60.28	7	48.44	27	28.44	12	35.19
廊坊	14	51.85	4	84.98	32	23.16	13	40.11	8	56.16	3	54.81
德州	15	48.41	13	73.02	9	60.55	8	44.31	19	41.25	24	22.90
咸阳	16	47.65	10	78.78	16	50.41	18	34.43	23	36.95	10	37.66
雅安	17	45.77	23	50.00	24	42.49	15	35.16	10	53.11	6	48.09
南平	18	45.47	33	25.00	18	48.96	6	51.64	11	52.45	5	49.29
株洲	19	43.61	21	63.57	12	59.59	25	29.91	22	37.01	21	27.95
铜陵	20	42.75	24	50.00	25	40.34	14	37.28	7	56.22	19	29.91
芜湖	21	42.69	22	57.49	19	46.55	12	40.26	20	40.73	20	28.42
拉萨	22	40.82	17	67.33	17	49.49	33	7.90	17	44.58	14	34.78
长治	23	40.75	20	63.78	6	63.67	28	25.13	26	30.92	26	20.25
蚌埠	24	40.43	25	50.00	8	61.23	17	34.72	21	38.58	27	17.63
淮南	25	40.36	12	75.00	23	44.05	22	32.41	24	35.65	29	14.67
萍乡	26	38.67	26	50.00	29	34.62	10	43.18	15	44.78	25	20.76
鹤壁	27	37.57	27	50.00	5	67.73	26	28.72	28	27.88	30	13.55
秦皇岛	28	36.60	30	49.33	15	55.02	30	20.53	29	27.47	17	30.67
邯郸	29	35.19	15	70.97	33	20.79	19	34.25	30	23.88	23	26.06
六盘水	30	33.03	28	50.00	20	46.48	29	22.92	25	34.81	33	10.92
漯河	31	30.22	29	50.00	31	31.14	21	33.35	31	19.83	28	16.77

城市	综合		智能环境与建设		智能管理与服务		智能经济与产业		智能硬件设施		居民智能素养	
	排名	得分	排名	得分	排名	得分	排名	得分	排名	得分	排名	得分
乌海	32	22.48	31	37.50	27	38.93	32	16.32	33	6.91	31	12.72
辽源	33	21.55	32	37.50	30	32.50	31	17.56	32	9.23	32	10.95

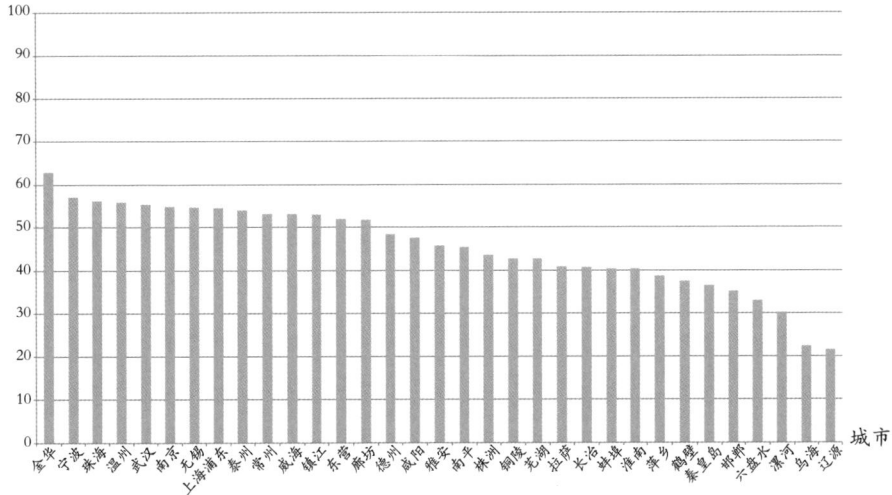

图 8.1　我国 33 个城市的智能建设综合得分

以上结果显示，金华、宁波、珠海、温州、武汉、南京、无锡、上海浦东、泰州、常州、威海、镇江、东营和廊坊位于领先地位，综合得分均在 50 分以上，其中金华以 62.92 分排在首位，而乌海和辽源等得分最低的城市只有 20 分左右。可以看出，排名靠前的城市大多为东部沿海城市，而多数中西部城市排名靠后。由此说明，虽然这些城市都被住建部列为国家智慧城市试点，但其智能化建设的实际发展状态相差很大。

此外，综合得分中的最高分（62.92 分）是最低分（21.55 分）的近 3 倍。如此悬殊的差距可以说明，智能城市评价指标体系构架中的五大方面指标，对于智能城市建设的各个测度是敏感的，与普遍民众对智能城市建设的感受是相符合的。

上述 33 个城市的智能环境与建设评价、智能管理与服务评价、智

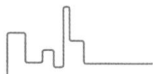

能经济与产业评价、智能硬件设施评价以及居民智能素养评价分别如表 8.2 至表 8.6 和图 8.2 至图 8.6 所示。

表 8.2　我国 33 个城市的智能环境与建设评价

排名	城市	城市PM2.5/PM10监测点密度	城市网格化管理覆盖水平	市民智能交通工具使用水平	城市未来建设方案的网上公布水平	综合值
1	东营	100.00	100.00	100.00	50.00	87.50
2	威海	48.44	100.00	100.00	100.00	87.11
3	金华	44.34	100.00	100.00	100.00	86.08
4	廊坊	89.92	100.00	100.00	50.00	84.98
5	镇江	38.21	100.00	100.00	100.00	84.55
6	宁波	30.60	100.00	100.00	100.00	82.65
7	无锡	26.39	100.00	100.00	100.00	81.60
8	温州	74.57	50.00	100.00	100.00	81.14
9	武汉	19.37	100.00	100.00	100.00	79.84
10	咸阳	65.11	50.00	100.00	100.00	78.78
11	上海浦东	1.80	100.00	100.00	100.00	75.45
12	淮南	0.00	100.00	100.00	100.00	75.00
13	德州	92.10	50.00	100.00	50.00	73.02
14	珠海	35.26	50.00	100.00	100.00	71.31
15	邯郸	83.88	50.00	100.00	50.00	70.97
16	常州	31.47	50.00	100.00	100.00	70.37
17	拉萨	69.33	100.00	50.00	50.00	67.33
18	南京	15.38	50.00	100.00	100.00	66.35
19	泰州	64.77	50.00	50.00	100.00	66.19
20	长治	55.13	100.00	50.00	50.00	63.78
21	株洲	54.30	50.00	100.00	50.00	63.57
22	芜湖	29.96	100.00	50.00	50.00	57.49

排名	城市	城市PM2.5/PM10监测点密度	城市网格化管理覆盖水平	市民智能交通工具使用水平	城市未来建设方案的网上公布水平	综合值
23	雅安	0.00	50.00	50.00	100.00	50.00
24	铜陵	0.00	50.00	50.00	100.00	50.00
25	蚌埠	0.00	50.00	100.00	50.00	50.00
26	萍乡	0.00	100.00	0.00	100.00	50.00
27	鹤壁	0.00	50.00	50.00	50.00	50.00
28	六盘水	0.00	50.00	100.00	50.00	50.00
29	漯河	0.00	50.00	100.00	50.00	50.00
30	秦皇岛	47.32	50.00	50.00	50.00	49.33
31	乌海	0.00	50.00	50.00	50.00	37.50
32	辽源	0.00	50.00	0.00	100.00	37.50
33	南平	0.00	50.00	0.00	50.00	25.00

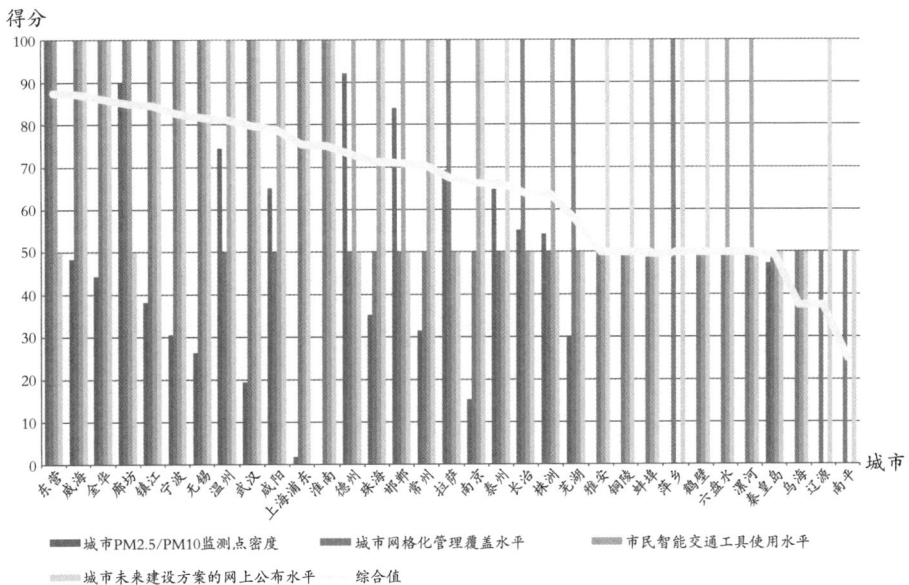

图 8.2　我国 33 个城市的智能环境与建设得分

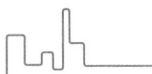

表 8.3 我国 33 个城市的智能管理与服务评价

排名	城市	政府非涉密公文网上公开度	网上公众参与比例	市民健康电子档案使用水平	突发事件智能应急水平	综合值
1	上海浦东	100.00	2.59	100.00	100.00	75.65
2	南京	46.99	52.78	100.00	100.00	74.94
3	宁波	50.35	31.64	100.00	100.00	70.50
4	武汉	51.39	25.77	100.00	100.00	69.29
5	鹤壁	40.96	29.94	100.00	100.00	67.73
6	长治	95.45	9.24	50.00	100.00	63.67
7	珠海	91.07	4.83	50.00	100.00	61.47
8	蚌埠	42.23	2.70	100.00	100.00	61.23
9	德州	42.20	100.00	50.00	50.00	60.55
10	东营	30.76	10.35	100.00	100.00	60.28
11	无锡	48.42	42.45	50.00	100.00	60.22
12	株洲	29.34	9.02	100.00	100.00	59.59
13	泰州	39.80	94.83	50.00	50.00	58.66
14	威海	35.22	37.08	50.00	100.00	55.57
15	秦皇岛	40.07	30.00	100.00	50.00	55.02
16	咸阳	50.26	1.36	100.00	50.00	50.41
17	拉萨	8.39	39.59	100.00	50.00	49.49
18	南平	41.67	4.18	100.00	50.00	48.96
19	芜湖	84.62	1.57	100.00	0.00	46.55
20	六盘水	35.94	0.00	100.00	50.00	46.48
21	常州	35.40	0.13	100.00	50.00	46.38
22	镇江	47.54	37.08	100.00	0.00	46.16
23	淮南	70.80	5.41	100.00	0.00	44.05
24	雅安	8.39	11.57	100.00	50.00	42.49
25	铜陵	48.46	12.88	50.00	50.00	40.34

排名	城市	政府非涉密公文网上公开度	网上公众参与比例	市民健康电子档案使用水平	突发事件智能应急水平	综合值
26	温州	44.52	15.41	50.00	50.00	39.98
27	乌海	5.59	0.12	100.00	50.00	38.93
28	金华	39.29	6.69	100.00	0.00	36.50
29	萍乡	52.12	36.35	0.00	50.00	34.62
30	辽源	22.37	7.63	50.00	50.00	32.50
31	漯河	22.37	2.19	100.00	0.00	31.14
32	廊坊	31.32	11.33	50.00	0.00	23.16
33	邯郸	27.97	5.18	50.00	0.00	20.79

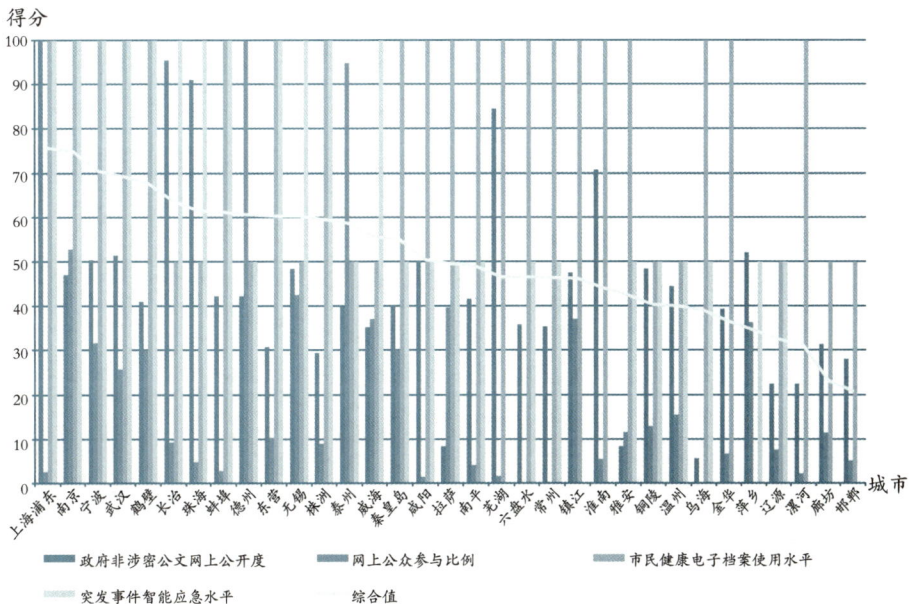

图 8.3　我国 33 个城市的智能管理与服务得分

135

表 8.4　我国 33 个城市的智能经济与产业评价

排名	城市	R&D支出占 GDP的比重	城市劳动 生产率	城市产值 密度	城市智能 产业比重	综合值
1	泰州	3.35	71.79	100.00	90.89	66.51
2	无锡	6.86	65.89	66.95	90.89	57.65
3	金华	2.42	100.00	95.49	26.77	56.17
4	常州	5.63	54.78	57.78	90.89	52.27
5	镇江	3.29	54.93	57.63	90.89	51.68
6	南平	1.58	83.22	86.73	35.02	51.64
7	东营	1.61	84.93	72.80	34.41	48.44
8	德州	0.20	62.12	80.49	34.41	44.31
9	威海	3.54	88.31	48.43	34.41	43.67
10	萍乡	1.70	30.64	40.37	100.00	43.18
11	上海浦东	100.00	23.48	15.23	23.10	40.45
12	芜湖	22.20	22.05	24.95	91.84	40.26
13	廊坊	1.60	64.02	72.11	22.72	40.11
14	铜陵	5.35	26.56	25.36	91.84	37.28
15	雅安	0.52	33.62	51.22	55.28	35.16
16	南京	10.46	17.00	22.30	90.89	35.16
17	蚌埠	11.42	17.04	18.59	91.84	34.72
18	咸阳	0.91	29.49	55.17	52.16	34.43
19	邯郸	1.06	34.28	66.12	35.53	34.25
20	温州	3.74	52.15	51.75	26.77	33.60
21	漯河	1.25	27.35	38.21	66.61	33.35
22	淮南	4.21	12.69	20.90	91.84	32.41
23	宁波	8.64	42.69	51.08	26.77	32.29
24	武汉	5.95	22.03	36.61	60.14	31.18
25	株洲	5.28	30.30	35.56	48.48	29.91

排名	城市	R&D支出占 GDP的比重	城市劳动 生产率	城市产值 密度	城市智能 产业比重	综合值
26	鹤壁	1.68	22.43	24.16	66.61	28.72
27	珠海	11.42	35.62	32.68	31.09	27.70
28	长治	1.97	30.49	52.17	15.88	25.13
29	六盘水	1.52	38.44	43.71	8.01	22.92
30	秦皇岛	1.82	23.63	33.94	22.72	20.53
31	辽源	1.73	18.32	29.74	20.45	17.56
32	乌海	5.26	19.59	20.78	19.66	16.32
33	拉萨	0.00	18.44	9.56	3.60	7.90

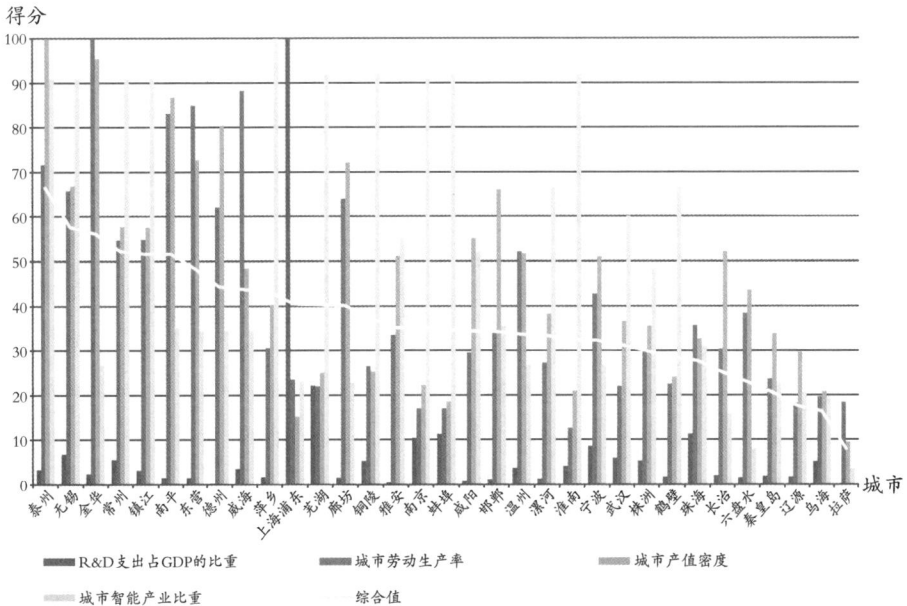

图 8.4　我国 33 个城市的智能经济与产业得分

表 8.5　我国 33 个城市的智能硬件设施评价

排名	城市	公共空间免费网络覆盖密度	移动网络人均使用率	城市宽带网速	智能电网覆盖水平	综合值
1	金华	100.00	100.00	61.66	50.00	77.91
2	珠海	23.71	93.10	62.55	100.00	69.84
3	温州	27.28	74.69	72.34	100.00	68.58
4	常州	52.40	38.55	66.60	100.00	64.39
5	南京	21.84	31.56	82.67	100.00	59.02
6	宁波	41.19	36.15	57.83	100.00	58.79
7	铜陵	19.50	29.79	75.60	100.00	56.22
8	廊坊	4.72	51.58	68.35	100.00	56.16
9	武汉	20.09	43.93	54.18	100.00	54.55
10	雅安	7.41	55.03	100.00	50.00	53.11
11	南平	31.36	74.93	53.53	50.00	52.45
12	镇江	31.14	29.41	45.86	100.00	51.60
13	上海浦东	5.14	20.18	77.10	100.00	50.61
14	无锡	26.91	35.96	73.13	50.00	46.50
15	萍乡	27.16	30.86	71.11	50.00	44.78
16	威海	3.50	47.56	77.93	50.00	44.75
17	拉萨	29.59	26.99	21.76	100.00	44.58
18	泰州	39.85	18.78	62.68	50.00	42.83
19	德州	1.49	19.13	44.39	100.00	41.25
20	芜湖	26.90	32.07	53.95	50.00	40.73
21	蚌埠	12.79	14.88	76.66	50.00	38.58
22	株洲	11.16	24.91	61.97	50.00	37.01
23	咸阳	15.80	28.12	53.87	50.00	36.95
24	淮南	48.18	10.95	83.46	0.00	35.65
25	六盘水	5.82	40.21	43.23	50.00	34.81

排名	城市	公共空间免费网络覆盖密度	移动网络人均使用率	城市宽带网速	智能电网覆盖水平	综合值
26	长治	2.62	34.70	36.35	50.00	30.92
27	东营	0.51	18.85	44.39	50.00	28.44
28	鹤壁	1.60	2.33	57.61	50.00	27.88
29	秦皇岛	3.72	13.31	42.87	50.00	27.47
30	邯郸	0.32	15.61	29.59	50.00	23.88
31	漯河	0.73	21.00	57.61	0.00	19.83
32	辽源	1.34	1.95	33.65	0.00	9.23
33	乌海	1.48	4.40	21.76	0.00	6.91

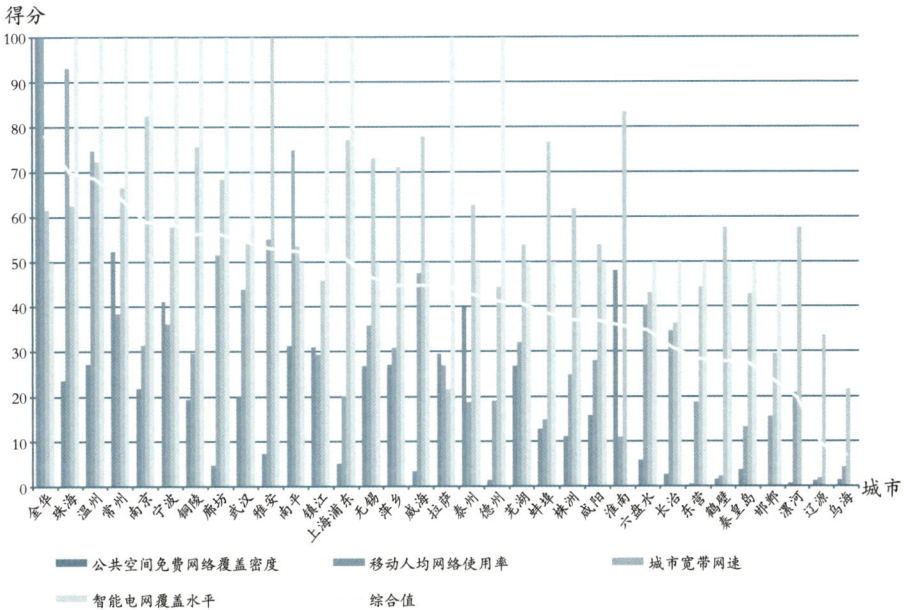

图 8.5　我国 33 个城市的智能硬件设施得分

表 8.6　我国 33 个城市的居民智能素养评价

排名	城市	城市网民比重	信息从业人员比重	大专及以上文化程度人口比重	市民人均网购支出金额	综合值
1	金华	46.18	66.50	69.04	50.00	57.93
2	温州	100.00	22.31	25.38	75.00	55.67

139

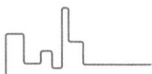

续　表

排名	城市	城市网民比重	信息从业人员比重	大专及以上文化程度人口比重	市民人均网购支出金额	综合值
3	廊坊	25.19	44.18	99.86	50.00	54.81
4	珠海	11.27	57.37	57.70	75.00	50.33
5	南平	27.29	100.00	44.87	25.00	49.29
6	雅安	10.30	57.06	100.00	25.00	48.09
7	武汉	8.46	21.03	64.82	75.00	42.33
8	宁波	18.53	20.72	25.54	100.00	41.20
9	南京	7.28	11.95	59.58	75.00	38.45
10	咸阳	7.41	21.55	46.70	75.00	37.66
11	泰州	17.90	44.87	30.13	50.00	35.72
12	东营	12.70	42.48	35.58	50.00	35.19
13	威海	18.59	18.23	53.14	50.00	34.99
14	拉萨	0.00	90.05	24.07	25.00	34.78
15	常州	19.27	17.82	44.28	50.00	32.84
16	镇江	13.29	15.91	46.65	50.00	31.46
17	秦皇岛	12.87	16.80	42.99	50.00	30.67
18	上海浦东	22.13	14.53	9.28	75.00	30.24
19	铜陵	6.97	10.74	26.92	75.00	29.91
20	芜湖	6.40	8.68	48.61	50.00	28.42
21	株洲	5.62	22.46	33.71	50.00	27.95
22	无锡	17.09	17.83	24.73	50.00	27.41
23	邯郸	19.00	18.30	16.93	50.00	26.06
24	德州	11.70	26.74	28.17	25.00	22.90
25	萍乡	11.24	36.17	10.61	25.00	20.76
26	长治	10.13	26.60	19.29	25.00	20.25
27	蚌埠	5.78	11.40	28.35	25.00	17.63

排名	城市	城市网民比重	信息从业人员比重	大专及以上文化程度人口比重	市民人均网购支出金额	综合值
28	漯河	8.60	15.15	18.34	25.00	16.77
29	淮南	3.33	6.42	23.94	25.00	14.67
30	鹤壁	8.88	11.35	8.96	25.00	13.55
31	乌海	4.48	17.84	3.56	25.00	12.72
32	辽源	3.62	8.44	6.75	25.00	10.95
33	六盘水	7.45	25.38	10.85	0.00	10.92

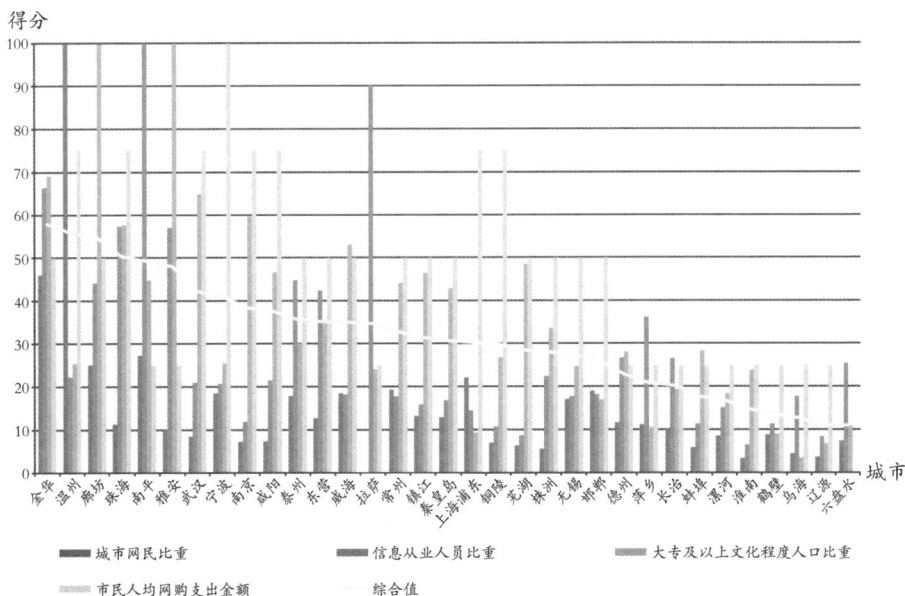

图 8.6　我国 33 个城市的居民智能素养得分

在智能环境与建设方面（见表 8.2 和图 8.2），得分最高的东营、威海、金华均在 85 分以上，得分最低的南平、辽源、乌海则在 40 分以下。虽然在东部经济发达地区城市用于环境智能化建设的投入较大，但由于这些城市的环境处于高污染状态，所以并没有在智能环境与建设方面凸显出来。而沿海地区的部分中等规模的城市（如东营、威海）环境质量较好，位于领先位置。

在智能管理与服务方面（见表 8.3 和图 8.3），得分最高的上海浦东、南京、宁波均在 70 分以上，而得分最低的邯郸、廊坊则在 25 分以下。这说明，许多城市在政府的智能化管理和社会生活的智能化服务方面还有很大的提升空间，可以通过智能城市建设，加快城市社会治理的现代化提升。

在智能经济与产业方面（见表 8.4 和图 8.4），除拉萨之外，最高分是最低分的 4 倍多。说明经过过去 30 多年的经济改革，各城市无论位于发达沿海地区还是内陆地区，对智能技术用于促进本地经济发展的贡献都有相当充分的认识。那些用于促进本地经济发展的智能信息技术，会以较快的速度在其他城市传播。

在智能硬件设施方面（见表 8.5 和图 8.5），得分较高的城市，其总得分与该城市硬件设施的得分相关度很高，硬件板块中得分最高的金华、珠海、温州、常州达到 60 分以上，最高分是最低分的 10 倍以上。因此，可以看出，智慧城市的总排名受到智能硬件设施板块的影响较大。

在居民智能素养方面（见表 8.6 和图 8.6），得分最高的金华、温州、廊坊、珠海达到 50 分以上，而得分最低的六盘水、辽源仅有 10 分左右。板块内的分数差距已经足够引起城市地方政府的高度关注，应该在城市居民智能素养方面大力提升。

总体上说，智能城市的评价指标体系克服了脱离智能技术的纯社会、经济、环境指标体系，又将智能要素与城市可持续发展的社会、经济、环境指标进行了紧密的连接。此版的评价体系正式推出，可对全国近 200 个试点的智能 / 智慧城市进行全面评价。

本课题组建议，尽快在下一阶段与欧洲科研机构联合推进对欧洲智慧城市的试评估。同时在国内对智慧城区和智慧开发区的建设进行试评估，并尽快推出智能城区和智能工业园区的相应评价体系。

二、国际智能城市建设水平排行

在对国内智能城市的建设水平进行了系统性评价之后，为了测试本智能城市评价指标体系的全球通用性，本课题组在欧美城市中选择了 33 个在世界范围内广泛宣传其智能 / 智慧城市建设理念并进行了较为长期的智能化建设实践的城市。为了与之前评价的我国智能城市建设水平比较，本课题组在我国已评价城市中选择了 8 个排名较为靠前的城市（宁波、武汉、无锡、镇江、上海浦东、金华、泰州、珠海），与 33 个国际城市一起进行智能建设评价。这 41 个城市的综合评价和分项评价如表 8.7 和图 8.7 所示。

表 8.7　国内外 41 个城市的智能建设综合评价和分项评价[①]

城市	综合		智能环境与建设		智能管理与服务		智能经济与产业		智能硬件设施		居民智能素养	
	排名	得分	排名	得分	排名	得分	排名	得分	排名	得分	排名	得分
伦敦	1	65.67	13	77.66	4	72.05	6	53.33	4	63.47	5	61.85
阿姆斯特丹	2	65.51	1	97.84	3	72.86	5	54.14	10	56.56	27	46.13
赫尔辛基	3	64.01	10	84.84	1	74.98	8	47.55	23	47.53	3	65.15
波士顿	4	63.87	6	88.42	2	74.36	3	59.63	31	41.29	14	55.65
哥本哈根	5	62.92	8	85.90	27	50.60	4	59.60	5	62.72	13	55.78
维也纳	6	61.22	4	92.03	15	68.98	22	35.83	7	60.97	25	48.30
华盛顿特区	7	60.92	24	67.79	19	61.54	1	75.58	24	45.85	23	53.84
西雅图	8	60.02	2	92.43	33	45.91	9	47.07	9	59.53	18	55.16
芝加哥	9	59.04	18	75.70	13	70.09	17	42.38	17	51.82	17	55.19

---

① 评价得分的计算原理详见附录第三部分、第四部分和第五部分。涉及国内、国际城市因数据来源不同而造成的口径不同，如政府非涉密公文网上公开度、网上公众参与比例、R&D 支出占 GDP 的比重、公共空间免费网络覆盖密度、城市网民比重、市民人均网购支出金额等，以国际城市数据来源为准。

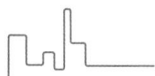

续　表

城市	综合		智能环境与建设		智能管理与服务		智能经济与产业		智能硬件设施		居民智能素养	
	排名	得分	排名	得分	排名	得分	排名	得分	排名	得分	排名	得分
圣何塞	10	58.77	14	76.86	11	70.16	24	34.57	14	53.58	8	58.67
波特兰	11	57.92	23	68.55	10	70.22	20	38.82	12	54.80	10	57.21
圣地亚哥	12	57.09	17	76.00	5	71.60	28	33.11	21	49.69	19	55.06
迪比克	13	56.62	26	62.50	8	70.95	34	27.43	18	50.19	1	72.04
曼彻斯特	14	56.21	12	82.27	28	48.04	7	52.08	36	35.09	4	63.59
纽约	15	55.51	22	72.10	32	45.95	14	44.12	8	60.83	22	54.56
巴塞罗那	16	55.22	20	75.00	26	53.71	10	46.70	2	68.73	28	31.98
底特律	17	52.51	34	44.52	12	70.15	18	41.42	19	49.97	11	56.49
明尼阿波利斯与圣保罗	18	52.16	27	62.50	20	59.85	15	43.67	35	39.16	15	55.61
费城	19	52.12	15	76.21	31	46.31	16	43.12	33	40.34	21	54.63
宁波	20	51.86	7	86.81	6	71.52	37	22.54	3	65.00	37	13.44
巴黎伊西莱穆利诺	21	51.39	38	25.00	23	58.19	30	30.95	1	71.27	2	71.55
旧金山	22	50.96	25	66.71	30	47.12	13	45.27	32	40.89	20	54.83
里斯本	23	49.51	28	62.50	16	67.05	29	31.90	6	62.43	34	23.69
克利夫兰	24	48.46	35	37.50	21	59.08	19	40.52	20	49.84	16	55.37
伯明翰	25	47.48	37	28.14	7	71.20	12	45.73	40	32.51	6	59.79
奥尔胡斯	26	47.40	29	62.50	38	25.07	11	45.79	26	45.25	9	58.40
利物浦	27	46.65	40	20.02	22	58.41	2	61.21	37	34.10	5	59.53
武汉	28	46.23	11	82.48	14	69.19	35	27.06	30	41.86	41	10.58
无锡	29	45.85	9	85.18	17	62.89	23	35.31	38	33.31	38	12.58
都灵	30	45.33	31	50.00	18	61.84	27	33.97	13	53.60	32	27.26
镇江	31	45.21	5	89.75	29	47.34	25	34.51	29	42.51	39	11.95

城市	综合		智能环境与建设		智能管理与服务		智能经济与产业		智能硬件设施		居民智能素养	
	排名	得分	排名	得分	排名	得分	排名	得分	排名	得分	排名	得分
上海浦东	32	45.06	19	75.70	9	70.56	40	19.45	25	45.34	35	14.26
金华	33	44.69	3	92.11	35	33.47	36	26.45	34	39.74	29	31.67
泰州	34	43.26	21	75.00	24	57.82	21	37.18	39	32.72	36	13.61
科隆	35	43.16	32	50.00	40	21.93	26	34.18	15	53.39	12	56.32
珠海	36	42.05	16	76.11	25	57.13	38	22.11	28	42.93	40	11.94
里昂	37	41.70	30	53.09	36	32.01	33	29.22	22	48.01	26	46.19
腓特烈港	38	36.38	39	25.00	34	34.04	32	29.28	27	43.26	24	50.30
马拉加	39	34.89	36	37.50	41	18.25	31	30.74	11	56.35	30	31.62
桑坦德	40	32.41	33	50.00	37	28.87	39	21.71	41	31.02	31	30.47
维罗纳	41	25.81	41	12.50	39	24.40	41	12.27	16	52.63	33	27.26

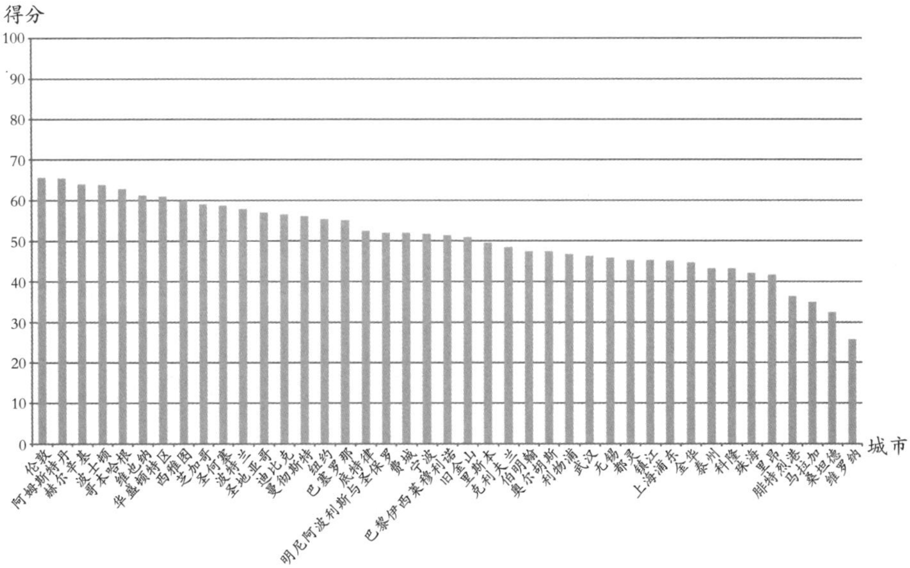

图 8.7　国内外 41 个城市的智能建设综合得分

以上结果显示，综合得分最高的是英国伦敦（65.67 分），综合得分最低的是意大利维罗纳（25.81 分）。这个差距说明，虽然各城市之间的实际发展状态有着明显的距离，但相差情况并不是特别巨大。这也说明，所选的 41 个城市确实是世界智能城市实践中的典型代表城市。

综合得分超过 60 分的高分城市包括英国伦敦（65.67 分）、荷兰阿姆斯特丹（65.51 分）、芬兰赫尔辛基（64.01 分）、美国波士顿（63.87 分）、丹麦哥本哈根（62.92 分）、奥地利维也纳（61.22 分）、美国华盛顿特区（60.92 分）、美国西雅图（60.02 分）。这些城市大多是各国首都，聚集了各国大量的经济社会资源，在智能城市概念的定位和延展方面都做出了表率。

综合得分在 30 分左右的低分城市有意大利维罗纳（25.81 分）、西班牙桑坦德（32.41 分）、西班牙马拉加（34.89 分）、德国腓特烈港（36.38 分）。这些城市多注重于智能城市某一方面的建设，如德国腓特烈港，其智能城市实践采用德国电信公司主导、政府配合合作的模式，主要推广通信技术的应用，而在其他方面涉及较少，这造成了综合得分较低且五个方面分值不均的情况。

上述 41 个城市的智能环境与建设评价、智能管理与服务评价、智能经济与产业评价、智能硬件设施评价以及居民智能素养评价分别如表 8.8 至表 8.12 和图 8.8 至图 8.12 所示。

表 8.8　国内外 41 个城市的智能环境与建设评价

排名	城市	城市PM2.5/PM10监测点密度	城市智能化管理覆盖水平	市民智能交通工具使用水平	城市未来建设方案的网上公布水平	综合值
1	阿姆斯特丹	91.35	100.00	100.00	100.00	97.84
2	西雅图	69.72	100.00	100.00	100.00	92.43
3	金华	68.45	100.00	100.00	100.00	92.11
4	维也纳	68.11	100.00	100.00	100.00	92.03
5	镇江	58.98	100.00	100.00	100.00	89.75
6	波士顿	53.67	100.00	100.00	100.00	88.42
7	宁波	47.24	100.00	100.00	100.00	86.81
8	哥本哈根	43.59	100.00	100.00	100.00	85.90
9	无锡	40.74	100.00	100.00	100.00	85.18

排名	城市	城市PM2.5/PM10监测点密度	城市智能化管理覆盖水平	市民智能交通工具使用水平	城市未来建设方案的网上公布水平	综合值
10	赫尔辛基	39.36	100.00	100.00	100.00	84.84
11	武汉	29.90	100.00	100.00	100.00	82.48
12	曼彻斯特	29.10	100.00	100.00	100.00	82.27
13	伦敦	10.65	100.00	100.00	100.00	77.66
14	圣何塞	7.43	100.00	100.00	100.00	76.86
15	费城	4.84	100.00	100.00	100.00	76.21
16	珠海	54.43	50.00	100.00	100.00	76.11
17	圣地亚哥	4.01	100.00	100.00	100.00	76.00
18	芝加哥	2.80	100.00	100.00	100.00	75.70
19	上海浦东	2.78	100.00	100.00	100.00	75.70
20	巴塞罗那	0.00	100.00	100.00	100.00	75.00
21	泰州	100.00	50.00	50.00	100.00	75.00
22	纽约	38.38	100.00	100.00	50.00	72.10
23	波特兰	24.18	100.00	100.00	50.00	68.55
24	华盛顿特区	21.16	100.00	100.00	50.00	67.79
25	旧金山	16.83	100.00	100.00	50.00	66.71
26	迪比克	0.00	50.00	100.00	100.00	62.50
27	明尼阿波利斯与圣保罗	0.00	100.00	100.00	50.00	62.50
28	里斯本	0.00	50.00	100.00	100.00	62.50
29	奥尔胡斯	0.00	100.00	100.00	50.00	62.50
30	里昂	12.34	100.00	0.00	100.00	53.09
31	都灵	0.00	0.00	100.00	100.00	50.00
32	科隆	0.00	0.00	100.00	100.00	50.00
33	桑坦德	0.00	0.00	100.00	100.00	50.00
34	底特律	28.09	100.00	0.00	50.00	44.52

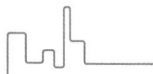

续　表

排名	城市	城市PM2.5/PM10监测点密度	城市智能化管理覆盖水平	市民智能交通工具使用水平	城市未来建设方案的网上公布水平	综合值
35	克利夫兰	0.00	0.00	100.00	50.00	37.50
36	马拉加	0.00	0.00	100.00	50.00	37.50
37	伯明翰	12.57	0.00	0.00	100.00	28.14
38	巴黎伊西莱穆利诺	0.00	0.00	0.00	100.00	25.00
39	腓特烈港	0.00	0.00	0.00	100.00	25.00
40	利物浦	30.09	0.00	0.00	50.00	20.02
41	维罗纳	0.00	0.00	0.00	50.00	12.50

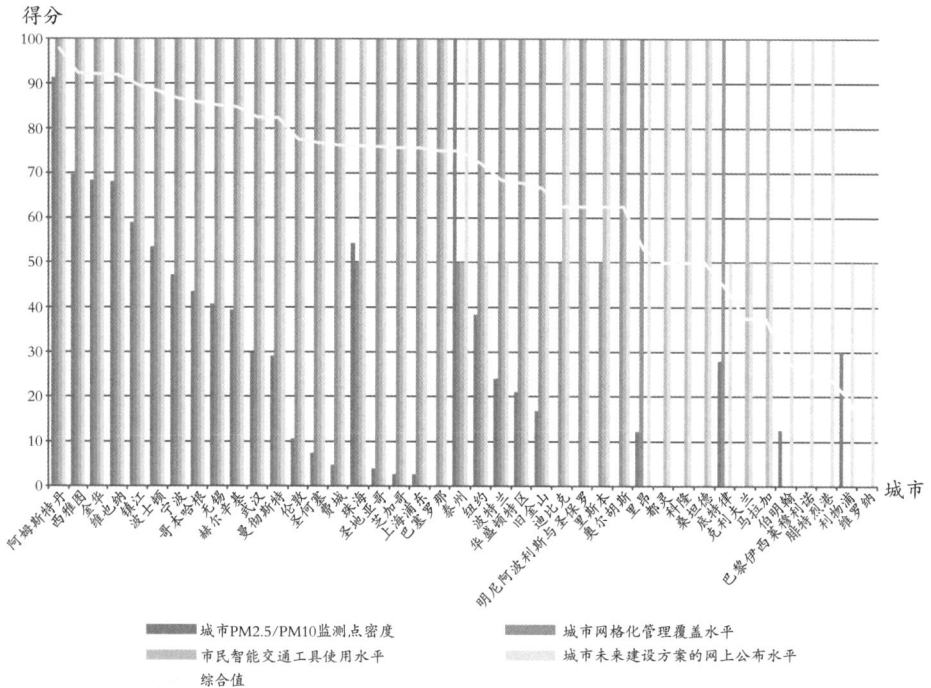

图 8.8　国内外 41 个城市的智能环境与建设得分

表 8.9 国内外 41 个城市的智能管理与服务评价

排名	城市	政府非涉密公文网上公开度	网上公众参与比例	市民健康电子档案使用水平	突发事件智能应急水平	综合值
1	赫尔辛基	97.80	2.13	100.00	100.00	74.98
2	波士顿	80.22	17.23	100.00	100.00	74.36
3	阿姆斯特丹	91.21	0.24	100.00	100.00	72.86
4	伦敦	83.52	4.68	100.00	100.00	72.05
5	圣地亚哥	80.22	6.18	100.00	100.00	71.60
6	宁波	39.57	46.51	100.00	100.00	71.52
7	伯明翰	83.52	1.28	100.00	100.00	71.20
8	迪比克	80.22	3.59	100.00	100.00	70.95
9	上海浦东	78.58	3.67	100.00	100.00	70.56
10	波特兰	80.22	0.67	100.00	100.00	70.22
11	圣何塞	80.22	0.43	100.00	100.00	70.16
12	底特律	80.22	0.37	100.00	100.00	70.15
13	芝加哥	80.22	0.15	100.00	100.00	70.09
14	武汉	40.38	36.36	100.00	100.00	69.19
15	维也纳	75.82	0.09	100.00	100.00	68.98
16	里斯本	68.13	0.06	100.00	100.00	67.05
17	无锡	38.04	63.50	50.00	100.00	62.89
18	都灵	47.25	0.11	100.00	100.00	61.84
19	华盛顿特区	80.22	15.95	100.00	50.00	61.54
20	明尼阿波利斯与圣保罗	80.22	9.20	100.00	50.00	59.85
21	克利夫兰	80.22	6.09	100.00	50.00	59.08
22	利物浦	83.52	0.13	50.00	100.00	58.41
23	巴黎伊西莱穆利诺	78.02	4.73	100.00	50.00	58.19
24	泰州	31.27	100.00	50.00	50.00	57.82

续　表

排名	城市	政府非涉密公文网上公开度	网上公众参与比例	市民健康电子档案使用水平	突发事件智能应急水平	综合值
25	珠海	71.57	6.97	50.00	100.00	57.13
26	巴塞罗那	64.84	0.02	100.00	50.00	53.71
27	哥本哈根	100.00	2.40	100.00	0.00	50.60
28	曼彻斯特	83.52	8.62	0.00	100.00	48.04
29	镇江	37.36	52.00	100.00	0.00	47.34
30	旧金山	80.22	8.27	0.00	100.00	47.12
31	费城	80.22	5.03	100.00	0.00	46.31
32	纽约	80.22	3.59	50.00	50.00	45.95
33	西雅图	80.22	3.41	0.00	100.00	45.91
34	腓特烈港	85.71	0.43	50.00	0.00	34.04
35	金华	30.88	3.02	100.00	0.00	33.47
36	里昂	78.02	0.04	50.00	0.00	32.01
37	桑坦德	64.84	0.63	50.00	0.00	28.87
38	奥尔胡斯	100.00	0.27	0.00	0.00	25.07
39	维罗纳	47.25	0.34	50.00	0.00	24.40
40	科隆	85.71	2.01	0.00	0.00	21.93
41	马拉加	64.84	8.16	0.00	0.00	18.25

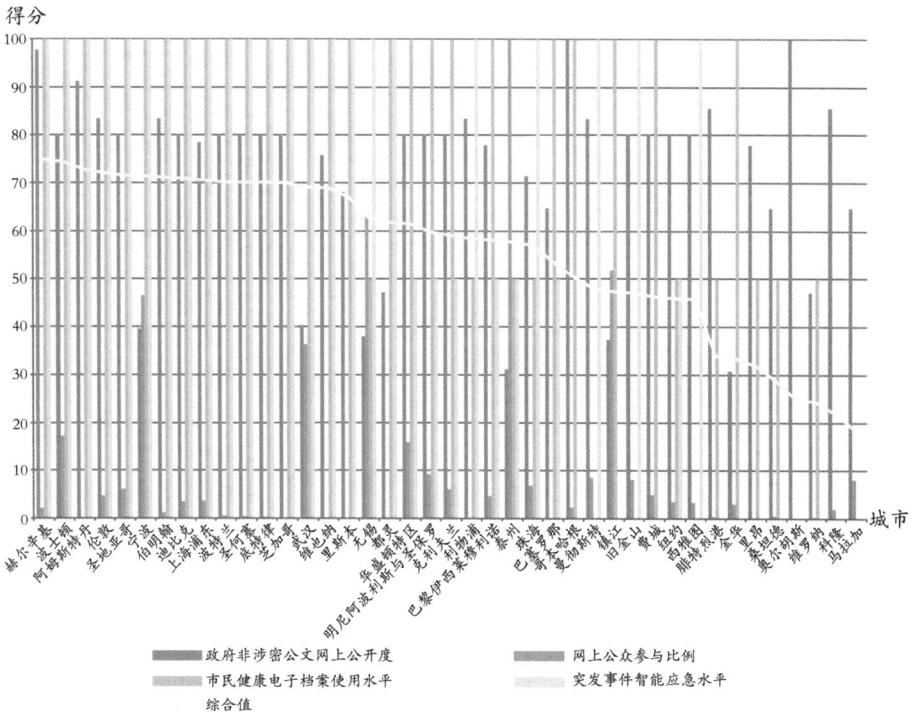

图 8.9　国内外 41 个城市的智能管理与服务得分

表 8.10　国内外 41 个城市的智能经济与产业评价

排名	城市	R&D支出占GDP的比重	城市劳动生产率	城市产值密度	城市智能产业比重	综合值
1	华盛顿特区	78.59	100.00	100.00	23.72	75.58
2	利物浦	48.45	45.01	51.39	100.00	61.21
3	波士顿	78.59	77.30	58.90	23.72	59.63
4	哥本哈根	87.32	31.85	57.61	61.60	59.60
5	阿姆斯特丹	60.85	61.68	62.65	31.40	54.14
6	伦敦	48.45	13.53	51.36	100.00	53.33
7	曼彻斯特	48.45	27.34	32.55	100.00	52.08
8	赫尔辛基	100.00	19.14	4.50	66.55	47.55
9	西雅图	78.59	59.24	26.74	23.72	47.07
10	巴塞罗那	84.51	16.42	71.54	14.33	46.70

151

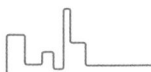

续 表

排名	城市	R&D支出占GDP的比重	城市劳动生产率	城市产值密度	城市智能产业比重	综合值
11	奥尔胡斯	87,32	19.22	15.02	61.60	45.79
12	伯明翰	48.45	16.29	18.20	100.00	45.73
13	旧金山	78.59	57.00	21.76	23.72	45.27
14	纽约	78.59	22.60	51.58	23.72	44.12
15	明尼阿波利斯与圣保罗	78.59	44.77	27.58	23.72	43.67
16	费城	78.59	32.50	37.66	23.72	43.12
17	芝加哥	78.59	30.30	36.90	23.72	42.38
18	底特律	78.59	42.13	21.23	23.72	41.42
19	克利夫兰	78.59	39.63	20.16	23.72	40.52
20	波特兰	78.59	37.15	15.80	23.72	38.82
21	泰州	55.77	8.21	20.65	64.08	37.18
22	维也纳	67.32	15.85	18.49	41.64	35.83
23	无锡	55.77	7.54	13.83	64.08	35.31
24	圣何塞	78.59	22.64	13.31	23.72	34.57
25	镇江	55.77	6.29	11.90	64.08	34.51
26	科隆	82.25	16.46	11.39	26.62	34.18
27	都灵	84.51	13.10	25.12	13.14	33.97
28	圣地亚哥	78.59	21.79	8.33	23.72	33.11
29	里斯本	42.25	27.07	47.86	10.41	31.90
30	巴黎伊西莱穆利诺	63.66	10.01	10.03	40.10	30.95
31	马拉加	36.62	51.65	20.35	14.33	30.74
32	腓特烈港	82.25	6.69	1.55	26.62	29.28
33	里昂	63.66	9.07	4.04	40.10	29.22
34	迪比克	78.59	6.21	1.21	23.72	27.43
35	武汉	55.77	2.52	7.56	42.40	27.06
36	金华	55.77	11.44	19.72	18.87	26.45
37	宁波	55.77	4.88	10.55	18.94	22.54

续 表

排名	城市	R&D支出占GDP的比重	城市劳动生产率	城市产值密度	城市智能产业比重	综合值
38	珠海	55.77	4.08	6.75	21.84	22.11
39	桑坦德	36.62	14.98	20.91	14.33	21.71
40	上海浦东	55.77	2.69	3.15	16.21	19.45
41	维罗纳	35.77	0.12	0.04	13.14	12.27

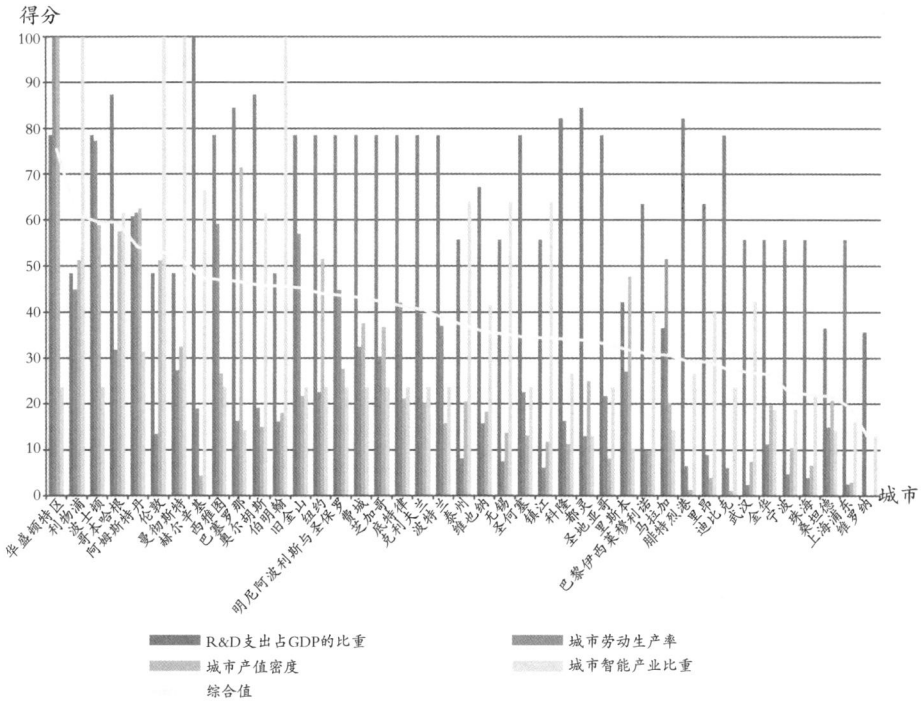

图 8.10 国内外 41 个城市的智能经济与产业得分

表 8.11 国内外 41 个城市的智能硬件设施评价

排名	城市	公共空间免费网络覆盖密度	移动网络人均使用率	城市宽带网速	智能电网覆盖水平	综合值
1	巴黎伊西莱穆利诺	17.78	67.31	100.00	100.00	71.27
2	巴塞罗那	39.45	92.69	42.77	100.00	68.73
3	宁波	100.00	33.46	26.55	100.00	65.00
4	伦敦	33.56	92.95	27.38	100.00	63.47

续　表

排名	城市	公共空间免费 网络覆盖密度	移动网络 人均使用率	城市宽带 网速	智能电网 覆盖水平	综合值
5	哥本哈根	17.18	86.61	47.10	100.00	62.72
6	里斯本	17.29	93.12	39.31	100.00	62.43
7	维也纳	10.20	91.87	41.81	100.00	60.97
8	纽约	22.00	68.25	53.06	100.00	60.83
9	西雅图	21.77	68.25	48.09	100.00	59.53
10	阿姆斯特丹	6.13	77.36	42.74	100.00	56.56
11	马拉加	0.19	92.69	32.53	100.00	56.35
12	波特兰	16.13	68.25	34.81	100.00	54.80
13	都灵	2.21	100.00	12.19	100.00	53.60
14	圣何塞	6.84	68.25	39.21	100.00	53.58
15	科隆	2.28	83.22	28.05	100.00	53.39
16	维罗纳	0.29	100.00	10.21	100.00	52.63
17	芝加哥	10.22	68.25	28.81	100.00	51.82
18	迪比克	1.31	68.25	31.20	100.00	50.19
19	底特律	6.90	68.25	24.71	100.00	49.97
20	克利夫兰	9.62	68.25	21.47	100.00	49.84
21	圣地亚哥	3.42	68.25	27.10	100.00	49.69
22	里昂	1.66	67.31	73.06	50.00	48.01
23	赫尔辛基	2.15	87.92	50.03	50.00	47.53
24	华盛顿特区	30.22	68.25	34.92	50.00	45.85
25	上海浦东	12.49	33.46	35.40	100.00	45.34
26	奥尔胡斯	2.49	86.61	41.91	50.00	45.25
27	腓特烈港	3.24	83.22	36.59	50.00	43.26
28	珠海	9.55	33.46	28.72	100.00	42.93
29	镇江	15.53	33.46	21.06	100.00	42.51
30	武汉	9.09	33.46	24.87	100.00	41.86

排名	城市	公共空间免费网络覆盖密度	移动网络人均使用率	城市宽带网速	智能电网覆盖水平	综合值
31	波士顿	13.80	68.25	33.11	50.00	41.29
32	旧金山	9.26	68.25	36.07	50.00	40.89
33	费城	7.33	68.25	35.78	50.00	40.34
34	金华	47.17	33.46	28.31	50.00	39.74
35	明尼阿波利斯与圣保罗	14.92	68.25	23.47	50.00	39.16
36	曼彻斯特	21.17	92.95	26.24	0.00	35.09
37	利物浦	13.38	92.95	30.05	0.00	34.10
38	无锡	16.22	33.46	33.58	50.00	33.31
39	泰州	18.62	33.46	28.78	50.00	32.72
40	伯明翰	5.59	92.95	31.49	0.00	32.51
41	桑坦德	6.48	92.69	24.93	0.00	31.02

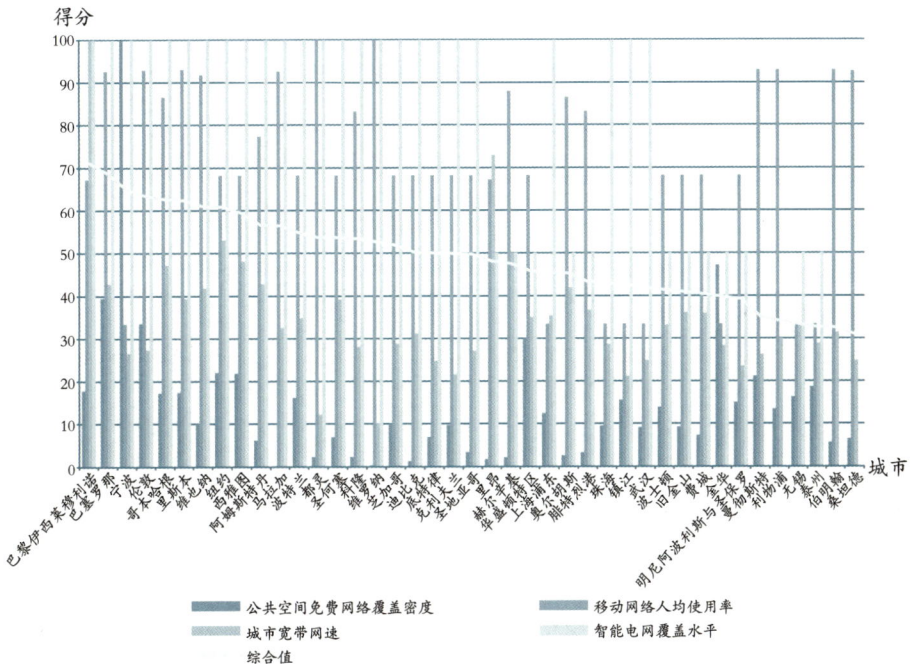

图 8.11　国内外 41 个城市的智能硬件设施得分

表 8.12　国内外 41 个城市的居民智能素养评价

排名	城市	城市网民比重	信息行业从业人员比重	大专及以上文化程度人口比重	市民人均网购支出金额	综合值
1	迪比克	47.45	75.23	100.00	65.47	72.04
2	巴黎伊西莱穆利诺	55.10	100.00	80.18	50.92	71.55
3	赫尔辛基	56.02	10.85	93.73	100.00	65.15
4	曼彻斯特	54.98	17.98	86.00	95.38	63.59
5	伦敦	54.98	11.03	86.00	95.38	61.85
6	伯明翰	54.98	2.81	86.00	95.38	59.79
7	利物浦	54.98	1.74	86.00	95.38	59.53
8	圣何塞	48.80	20.44	100.00	65.47	58.67
9	奥尔胡斯	57.92	13.92	86.11	75.65	58.40
10	波特兰	52.72	10.67	100.00	65.47	57.21
11	底特律	48.00	12.48	100.00	65.47	56.49
12	科隆	51.43	32.91	96.64	44.31	56.32
13	哥本哈根	58.16	3.18	86.11	75.65	55.78
14	波士顿	52.78	4.34	100.00	65.47	55.65
15	明尼阿波利斯与圣保罗	50.27	6.69	100.00	65.47	55.61
16	克利夫兰	46.96	9.04	100.00	65.47	55.37
17	芝加哥	48.06	7.23	100.00	65.47	55.19
18	西雅图	52.47	2.71	100.00	65.47	55.16
19	圣地亚哥	48.80	5.97	100.00	65.47	55.06
20	旧金山	48.80	5.06	100.00	65.47	54.83
21	费城	47.63	5.43	100.00	65.47	54.63
22	纽约	49.90	2.89	100.00	65.47	54.56
23	华盛顿特区	46.84	3.07	100.00	65.47	53.84
24	腓特烈港	60.25	0.00	96.64	44.31	50.30
25	维也纳	49.35	7.17	92.39	44.31	48.30
26	里昂	50.14	3.50	80.18	50.92	46.19

排名	城市	城市网民比重	信息行业从业人员比重	大专及以上文化程度人口比重	市民人均网购支出金额	综合值
27	阿姆斯特丹	57.55	7.89	80.96	38.11	46.13
28	巴塞罗那	45.92	3.96	60.47	17.56	31.98
29	金华	100.00	2.30	18.20	6.18	31.67
30	马拉加	43.84	4.61	60.47	17.56	31.62
31	桑坦德	43.84	0.00	60.47	17.56	30.47
32	都灵	35.82	0.00	62.71	10.52	27.26
33	维罗纳	35.82	0.00	62.71	10.52	27.26
34	里斯本	38.02	0.00	39.19	17.56	23.69
35	上海浦东	47.91	0.51	2.44	6.18	14.26
36	泰州	38.76	1.56	7.94	6.18	13.61
37	宁波	40.13	0.72	6.73	6.18	13.44
38	无锡	37.00	0.61	6.52	6.18	12.58
39	镇江	28.77	0.54	12.30	6.18	11.95
40	珠海	24.39	1.99	15.21	6.18	11.94
41	武汉	18.32	0.72	17.09	6.18	10.58

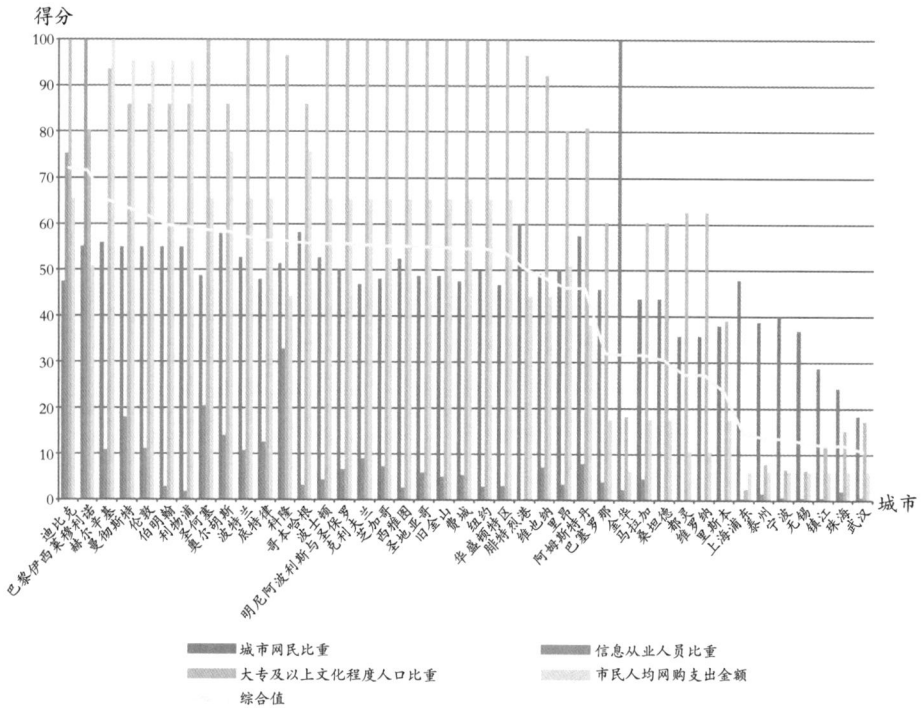

图 8.12　国内外 41 个城市的居民智能素养得分

在智能环境与建设方面（见表 8.8 和图 8.8），得分最高的荷兰阿姆斯特丹（97.84 分）比得分最低的意大利维罗纳（12.50 分）高出近 7 倍。值得注意的是，这 41 个城市在智能环境与建设方面形成了较为明显的三个梯队：其中 22 个城市得分超过 70 分，12 个城市得分在 50 分上下，而 7 个城市得分均不到 40 分。造成这种阶梯状分布的原因在于，四项评价指标中仅一项（即城市 PM2.5/PM10 监测点密度）是通过具体数值评价的，其他三项均采取梯度评价方法。随着智能城市建设的推进和信息的日益完善，城市网格化管理覆盖水平、市民智能交通工具使用水平、城市未来建设方案的网上公布水平都可以逐步通过数据量化评价。就排名而言，如英国的伦敦、曼彻斯特过去都属于工业城市，由于城市努力转型并改变高污染的经济增长模式，用于建设环境方面的投入较大，在智能环境与建设方面表现突出；而德国科隆、法国里昂等工业城市，其城市环境质量和建设投入并没有十分显著的比例关系；中国城市在智能环境与建设方面普遍位于中等

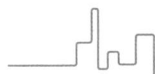

以上水平，尤其是宁波、珠海等沿海城市位于领先状态。

在智能管理与服务方面（见表 8.9 和图 8.9），得分最高的芬兰赫尔辛基（74.98 分）比得分最低的西班牙马拉加（18.25 分）高出 3 倍多。可以看出，排名靠前的城市多为国家首部或经济中心，如美国波士顿、荷兰阿姆斯特丹、英国伦敦、中国上海浦东等，得分均超过 70 分，这与评价的四项指标涉及政策引导颇有联系。而得分不到 40 分的城市多重视智能城市建设的某一方面（如信息技术的推广），而在管理与服务方面（如公共安全、医疗服务）有所忽视，典型城市有中国金华、德国科隆、法国里昂、德国腓特烈港等。中国城市在智能管理与服务方面的排名既有靠前的也有落后的，宁波、上海浦东、武汉的排名均比较靠前，而金华、镇江则排名落后，这与城市等级和政策倾向具有明显联系。

在智能经济与产业方面（见表 8.10 和图 8.10），得分最高的美国华盛顿特区（75.58 分）比得分最低的意大利维罗纳（12.27 分）高出 5 倍多。大部分国家首都得分靠前，如荷兰阿姆斯特丹、丹麦哥本哈根、英国伦敦的得分均超过 50 分。可以看出，国际智能城市在经济与产业方面并无十分明显的区别。而中国表现较好的城市如泰州、无锡、镇江等，在智能产业及科研经费方面都位于所选城市的前列。

在智能硬件设施方面（见表 8.11 和图 8.11），得分最高的法国巴黎伊西莱穆利诺（71.27 分）比得分最低的西班牙桑坦德（31.02 分）高出近 1.3 倍。英国伦敦、丹麦哥本哈根、葡萄牙里斯本的得分均在 60 分以上，这说明，大部分国家首都仍是各方面资源的聚集地，在硬件设施方面投入大、收效显著。而中国的一部分城市因建设特色不同，资金投入和建设成效差别明显，宁波排在第三位，上海浦东、珠海、镇江、武汉排在中段。

在居民智能素养方面（见表 8.12 和图 8.12），得分最高的美国迪比克（72.04 分）比得分最低的中国武汉（10.58 分）高出约 6 倍。首都城市并没有体现出明显的优势，而由于英国城市网民比重、大专及以上文化程度人口比重、市民人均网购支出金额均排名靠前，曼彻斯特、伦敦、伯明翰、利物浦均以 60 分左右的得分排名前列。而中国城市的排名普遍靠后，8 个城市中有 7 个不到 15 分。在居民智能素养方面，国际智能城市的建设情况呈现明显的地域性差别，中国城市在这方面与国外还有着较大差距。

三、全球智能城市生长发育阶段分析

城市不断的发展建设过程，可以表现为扩张、集聚、萎缩、突变、死亡等各种现象。城市的发展不仅有量的增长和规模的扩张，还有产业升级、功能跃迁等质的变化，逐渐形成完整的功能和自组织结构。城市的发展过程是一个从无序到有序的过程，表现出非线性、自组织和螺旋形向上发展的特征。城市的发展受其自身条件和自组织规律的制约，并在与外界环境的能量交换中不断调整完善，保持向前、向上的发展方向。

智能城市的生长和发育包含两个维度：一是城市作为有机体自身的生长发育，二是先进技术引导城市向着智能的方向生长发育。这两个维度是相辅相成、相互影响的。城市自身的生长发育水平是其智能生长发育的基础，而技术带来的智能化又为城市自身带来更多更好的机遇和条件。

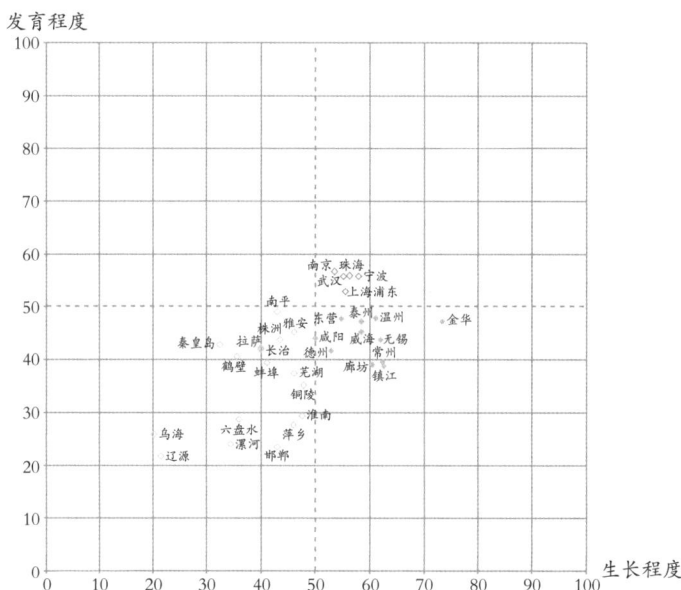

图 8.13　国内 33 个城市的生长发育程度分析

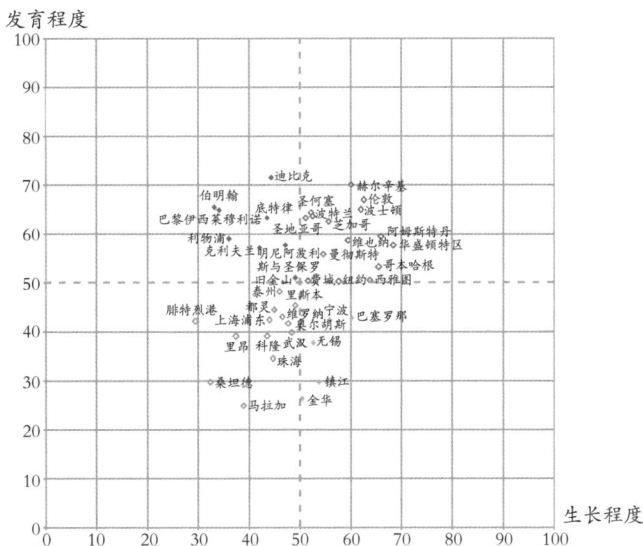

图 8.14　国内外 41 个智能城市的生长发育程度分析

将前述智能城市评价中与城市生长相关的智能环境与建设、智能经济与产业、智能硬件设施三方面的得分平均值作为该城市的生长程度，将智能管理与服务、居民智能素养两方面的得分平均值作为该城市的发育程度，得到图 8.13 和图 8.14。

在图 8.14 中，以 50 作为生长发育程度的高低分界，将国内外 41 个城市分在了四个象限中，以下将依此分析各象限的智能城市生长发育情况。

（一）低生长、低发育

处在这一阶段的城市包括大多数中国智能城市以及部分欧洲智能城市，包括中国的上海浦东（见图 8.15）、珠海、武汉、泰州，丹麦奥尔胡斯，德国的科隆、腓特烈港，法国里昂，西班牙的桑坦德、马拉加，葡萄牙里斯本以及意大利的维罗纳、都灵。

中国大多数智能城市处于低生长、低发育的阶段，这与中国城市基础与欧美城市相比存在差距是密切相关的。而欧洲智能城市中处于该阶段的城市多为选择某一方面进行建设的城市。处于该阶段的城市多将"智能城市"作为一种口号提出，实际的智能城市建设水平仅处于初级阶段，城市政府更关注的是以智能城市为噱头带动其他产业发展，而不是真正地建设智能城市。

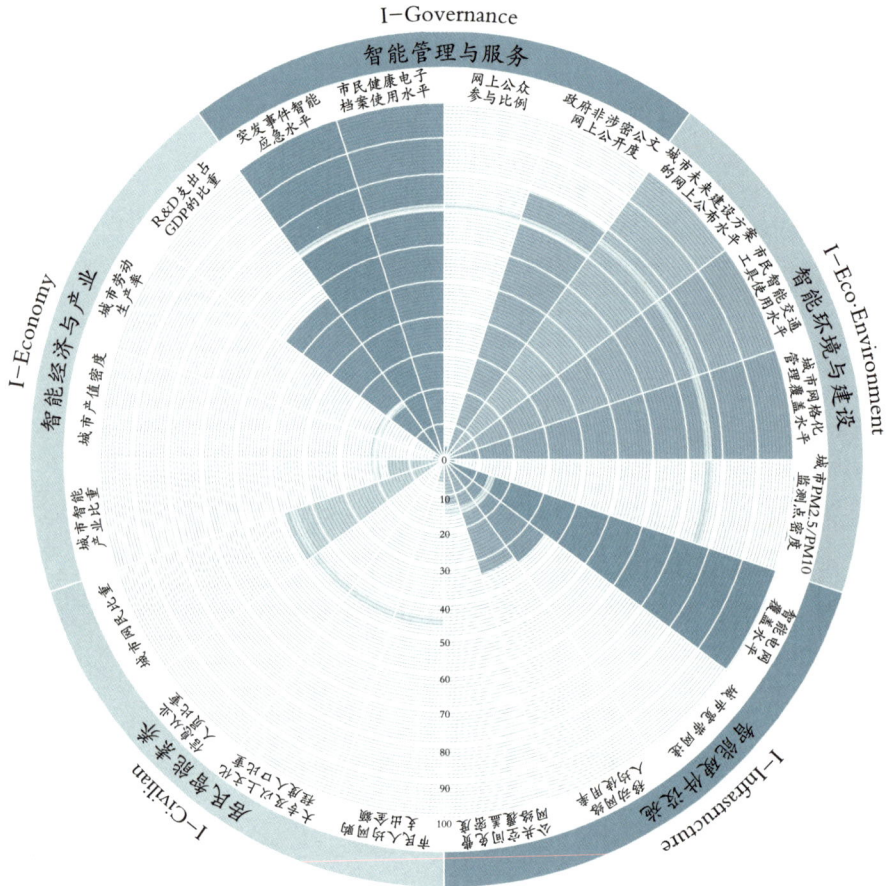

图 8.15　上海浦东智能城市评价图

（二）高生长、低发育

处在这一阶段的城市包括西班牙巴塞罗那，以及中国的宁波、金华、无锡、镇江。

作为南欧重要国家西班牙的重要城市，巴塞罗那在智能城市建设方面做了许多尝试，提出了较高的要求。它从一开始就将智能城市的理念贯穿于城市建设中，代表了一种未来的趋势，但新城建设周期长，目前还未达到较好的效果。

　　宁波作为中国智能城市建设中的领先城市,其政策制定和投资力度的偏向,使其在智能环境与建设、智能经济与产业、智能硬件设施方面位于领先水平,从而具有较高的智能生长程度(见图 8.16)。然而,与智能发育程度有关的智能管理与服务和居民智能素养并不是在短期内即可提升显著的。这也反映出宁波下一阶段智能城市建设的重点。

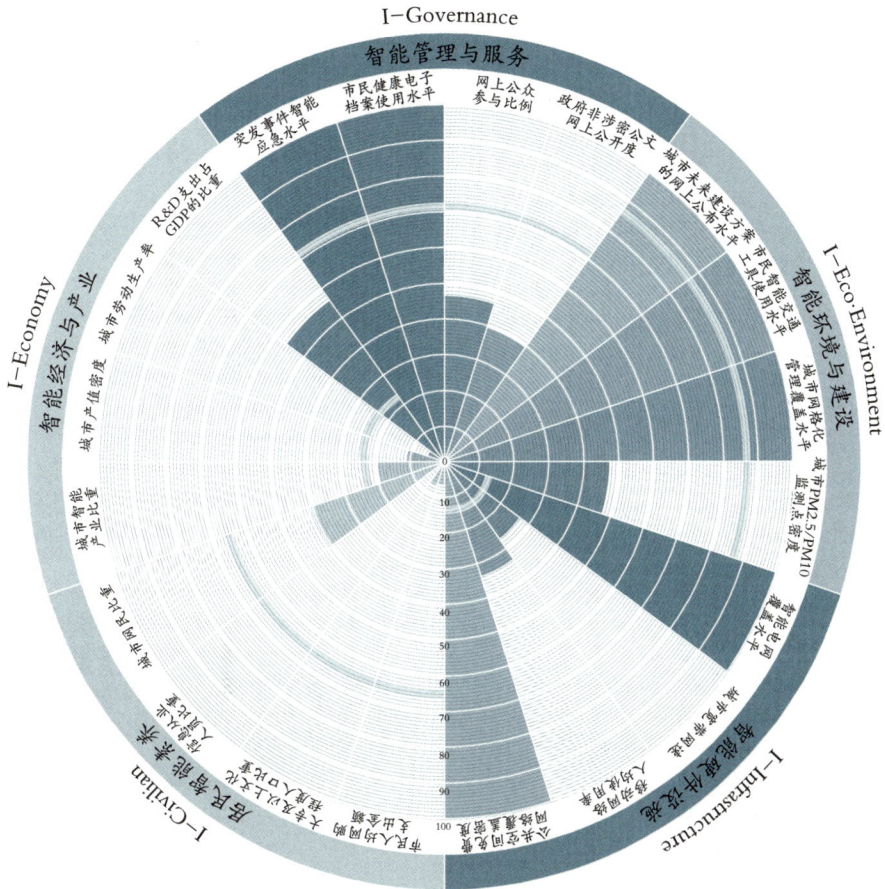

图 8.16　宁波智能城市评价图

（三）低生长、高发育

处在这一阶段的城市包括法国巴黎伊西莱穆利诺，美国的迪比克、底特律、克利夫兰、明尼阿波利斯与圣保罗、旧金山，以及英国的伯明翰、利物浦等。

以法国巴黎伊西莱穆利诺为例，地方政府以公共服务优化作为推进智能城市的切入点，实践行动较为务实，在智能能源、智能商业、智能教育方面均有所涉及，所以智能发育程度较高（见图 8.17）。

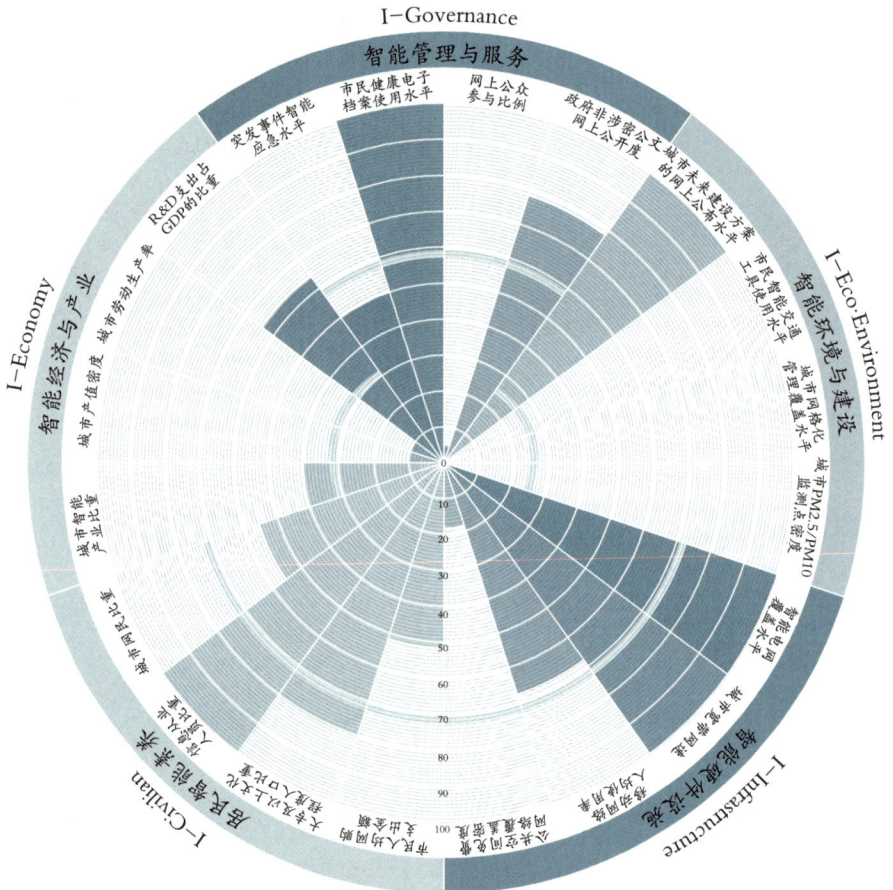

图 8.17　法国巴黎伊西莱穆利诺智能城市评价图

（四）高生长、高发育

处在这一阶段的城市包括英国的伦敦、曼彻斯特，荷兰阿姆斯特丹，芬兰赫尔辛基，奥地利维也纳，丹麦哥本哈根，以及美国的波士顿、华盛顿特区、芝加哥、波特兰、圣何塞、圣地亚哥、西雅图、纽约、费城。

以阿姆斯特丹为例，"阿姆斯特丹智慧城市"是一个商界、政府和社区伙伴计划，其目标是通过可持续的工作、生活、交通和公共空间实现节能减碳。阿姆斯特丹原计划在 2025 年以前将碳排放量减少到 1990 年的 40%，期望通过智慧城市项目的设施将这一目标的实现提前到 2015 年。该项目提出了四大目标领域：永续生活、永续工作、永续交通、永续场所。

虽然阿姆斯特丹建设智慧城市的目标较为单一，也就是只关注与节能减排相关的技术应用，但是这种做法确实具有很强的可操作性，有利于近期实施和快速建立城市的智慧品牌。在节能减排这一大目标下，又分了多个系统，注重各个系统的融合，这实现了高发育程度。同时各个系统都有大量的科研投入和政府企业协作，也成就了很高的生长程度。总体而言，阿姆斯特丹的智慧城市建设处于世界的领先地位（见图 8.18）。

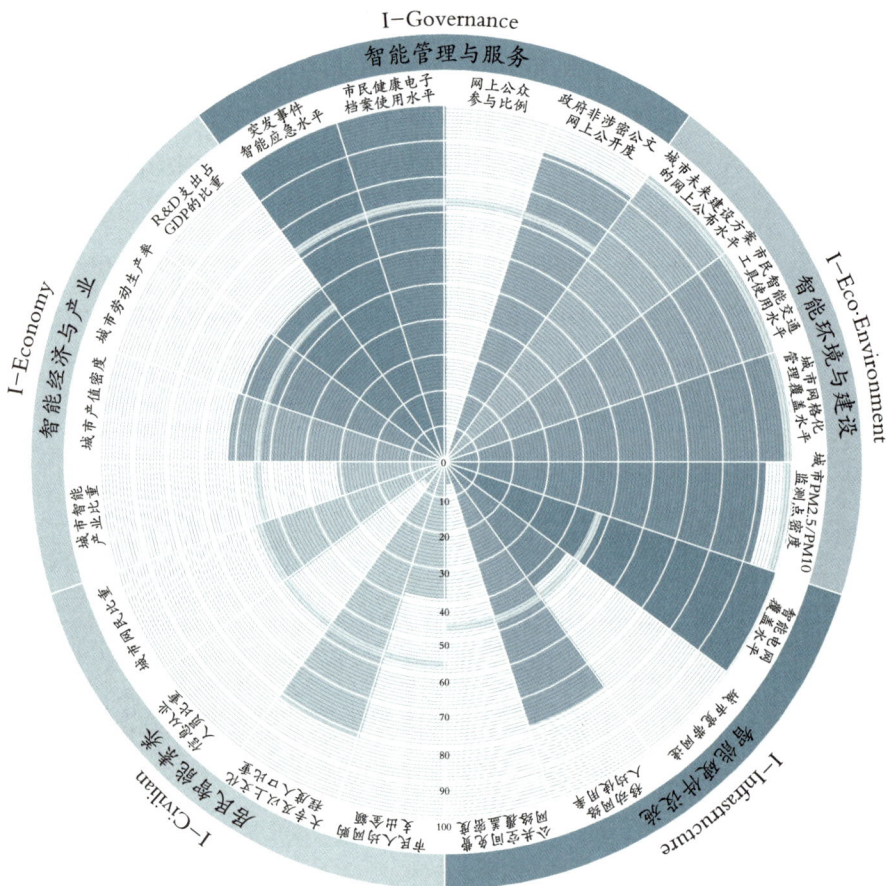

图 8.18　荷兰阿姆斯特丹智能城市评价图

四、全球智能城市建设趋势

（一）全球深入合作

智能／智慧城市从 2008 年成为城市建设热门关键词至今，国内外已有诸多城市进行了实践，国内外已举办多届智能／智慧城市论坛。

国内如中国（宁波）智慧城市技术与应用产品博览会（见图 8.19），是中国首个以智慧城市为主题的国家级大型博览会，由工信部、国家新闻出版广电总局、中国科学院、中国工程院、中国电信、中国移动、中国联通、宁波市人民政府八大机构联合主办，是展示国内外智慧城市建设新技术、新成果、新产品的专业性展会。国外如巴塞罗那智慧城市博览会（见图 8.20），作为全球性最大规模的智慧城市会展活动与研究平台，汇聚了全球范围内智慧城市建设的代表城市、顶级厂商、解决方案、专家学者和知名媒体，为世界智慧城市建设与发展提供了完整的行业全景。

图 8.19　中国（宁波）智慧城市技术
与应用产品博览会[①]

图 8.20　巴塞罗那智慧城市博览会[②]

自 2013 年 11 月中欧创新合作对话论坛在北京召开以来，中欧城市层面的交流逐步开展，并遴选出一批试点城市，正式启动了中欧智能城市的合作（见图 8.21）。此外，中德智能城市论坛，由"慕尼黑智能城市研究圈"组织，旨在让中德两国城市在基础设施领域、商业模式、政府角色、评价体系等方面进行合作。

图 8.21　中欧创新合作对话[③]

① 图片来源：http://www.expo-nb.com/content.aspx?id=1373。
② 图片来源：http://www.hotelactual.com/content/en/agenda/smart-city-barcelona-2014。
③ 图片来源：http://www.most.gov.cn/kjbgz/201311/t20131125_110569.htm。

从目前国内外智能城市论坛的举办情况和影响规模可以看出，本国的论坛在指导本国智能城市建设中起到了极为重要的作用。但是，国内外的交流仅停留在城市项目层面，比如名称和概念的交流，而缺少研究机构、学术界、民间的交流。

下一步要加强世界各国在智能城市建设领域的深入合作，各相关研究机构应建立长期交流互访与定期会晤机制，构建覆盖全球的智能城市发展网络，培养专业技术人才支撑城市建设、提升与完善，促进智能城市自身的发展与进步。

（二）从硬件技术到社会素质

在智慧城市概念提出之初，大部分城市都特别重视信息化基础设施的建设和新技术在各个城市系统中的应用，更关注投入而非产出。实际上，智能城市的目标是城市整体的和谐可持续，信息化和新技术作为工具和途径应该以服务目标为宗旨。在能够达到相应目标的情况下，更应该优先选择简单化的低技术解决方案。片面强调技术发展的智能城市建设有可能会造成技术堆砌等诸多问题。

（三）从单个城市到城市群区域

智能城市的建设发展将导致智能城镇群的形成，这将是智能城市发展的最终意义。如今国家之间的竞争，已经从单一城市的竞争，转变成以重点城市为核心、联合周边多层次城市的城镇群竞争。无论在环境、交通、经济、社会、文化任何方面，城镇群较城市而言，对发展建设提出了更高的要求，如更加统筹协同区域资源、区域间的生态安全保障、区域间的快速通道与城内交通的精确联系、区域间的产业布局、区域间的文化认同等。从智能城市实践走向智能城镇群的实践，为提高国家竞争力提供了更为理性和高效的方式，而目前国内外智能城市建设还未涉及。

第9章

iCity　智能城市评价指标体系
　　　　的推进策略

1. 协同欧洲，接轨国际，形成具有权威性的第三方评价指标体系

本课题组已经与中国工程院、德国工程科学院、瑞典皇家工程院、荷兰工程院等国际知名权威研究机构达成合作共识，加强智能城市评价指标体系的合作。在中欧城镇化协同发展的平台上，实现智能城市评价体系的相互借鉴与学习，建设在中国和欧洲都具有权威性、获得广泛认同的第三方评价指标体系。同时，通过智能城市评价指标体系在中国和欧洲各地多背景下的评价实践，促进本评价指标体系的不断发展与进化。

2. 联合亚洲与美洲，开展与专业院校机构的学术合作

同步推进中国与其他亚洲国家、美洲国家之间的合作，特别加强与韩国、新加坡、美国等主要发达国家在学术上的交流，建立长期交流互访与定期会晤机制，构建覆盖全球的智能城市发展网络，吸纳专业人才以支撑智能城市评价体系的进一步提升与完善，促进智能城市自身的发展与进步。

3. 尽快发布新版智能城市评价指标体系，建立年度更新与报告机制，先行先试，在实践中不断完善

本课题组的智能城市评价指标体系成果作为试验版本，在已有试验试行城市的基础上继续深化与完善，形成包括"评价体系""评价更新机制""评价推进策略"在内的后续成果，尽快发布新版《智能城市评价指标体系研究》，并形成针对参评城市和备选参评城市的具有可操作性的推进和指导建议。

越来越多的城市提出申报智能城市并进行评价，可以不断促进评价指标体系的更新和完善。将城市的实际发展状况和目标城市群的整体发展水平作为指标修正和更新的依据，先行先试，在实践中不断完善智能城市评价指标体系。

4. 实时吸纳，动态评价，对全部已宣布智能化的城市进行跟踪与诊断

建立全国智能城市数据总库，对所有公布建设目标为智能城市的城市地区进行全面覆盖，实时网罗新增的城市地区，建立非智能城市的预警机制，对总库内的所有城市进行动态跟踪评价，包括独立单体评价与群落总体评价，定期公布评价结果，发布动态实时的智能城市排行榜，提出对城市智能建设的诊断建议，增强评价指标体系的工具性和普适性，为评价指标体系的不断改进积累基础信息与实践经验。

5. 加强与地方政府的密切合作，推进智能城市评价指标体系的落实推广与反馈提升

在参与本评价指标体系测评的城市的基础上，强化与地方政府的互动，达成落实推广协议，共同构建地方政府与专业评价机构的常态交流机制，建立更加频繁、稳定的评价体系机制。

根据评价指标体系的各项测评，发现和指导各地智能城市建设的弱项和不足，及时对城市实施政策进行修正和调整。同时，通过地方政府推广使用评价指标体系，使智能城市的评价获得更为可靠的数据来源，获得评价指标体系的实施反馈和整体提升。

6. 搭建市民评价网络平台，获得百姓真实反响，实现监督效应，形成自下而上的全民参与

智能城市评价指标体系需要来之于民，也需要真正服务于民，强调来自市民的真实感受，形成针对评价过程、评价结果的反馈机制，网络公示评价指标体系计算方式以及排行结果，搭建专业分析机构与市民的网络信息交互平台和网络监督渠道。充分吸纳民意，形成对智能城市评价指标体系的自下而上的反馈机制。

与此同时，通过评价指标体系的推广，加强智能城市理念的宣传，提升公众对智能城市的认知与判断，提升居民的智能化素质。专业测评机构还可以参考公众参与、民意反馈等信息形成分析报告，作为年度智能城市评价指标体系的成果之一。

附　录
iCity

A lighthouse
guides ships to a harbor

一、全球智能城市评价指标体系总览

表 A1　国家智慧城市（区、镇）试点指标体系

一级指标	二级指标	三级指标	指标说明
保障体系 与基础设施	保障体系	智慧城市发展规划纲要及实施方案	指智慧城市发展规划纲要及实施方案的完整性和可行性
		组织机构	指成立专门的领导组织体系和执行机构，负责智慧城市创建工作
		政策法规	指保障智慧城市建设和运行的政策法规
		经费规划和持续保障	指智慧城市建设的经费规划和保障措施
		运行管理	指明确智慧城市的运营主体并建立运行监督体系
	网络基础设施	无线网络	指无线网络的覆盖面、速度等方面的基础条件
		宽带网络	指包括光纤在内的固定宽带接入覆盖面、接入速度等方面的基础条件
		下一代广播电视网	指下一代广播电视网络建设和使用情况
	公共平台与数据库	城市公共基础数据库	指建设城市基础空间数据库、人口基础数据库、法人基础数据库、宏观经济数据库、建筑物基础数据库等公共基础数据库
		城市公共信息平台	指建设能对城市的各类公共信息进行统一管理、交换的信息平台，满足城市各类业务和行业发展对公共信息交换和服务的需求
		信息安全	指智慧城市信息安全的保障措施和有效性
智慧建设 与宜居	城市建设管理	城乡规划	指编制完整合理的城乡规划，并根据城市发展的需要，制定道路交通规划、历史文化保护规划、城市景观风貌规划等具体的专项规划，以综合指导城市建设
		数字化城市管理	指具有城市地理空间框架，并建成基于国家相关标准的数字化城市管理系统，建立完善的考核和激励机制，实现区域网格化管理
		建筑市场管理	指通过制定建筑市场管理的法律法规，并利用信息化手段促进政府在建筑勘察、设计、施工、监理等环节的监督和管理能力提升
		房产管理	指通过制定和落实房产管理的有效政策，并利用信息技术手段进行房产管理，促进政府提升在住房规划、房产销售、中介服务、房产测绘等多个领域的综合管理服务能力

续　表

一级指标	二级指标	三级指标	指标说明
智慧建设与宜居	城市建设管理	园林绿化	指通过遥感等先进技术手段的应用，提升园林绿化的监测和管理水平，提升城市园林绿化水平
		历史文化保护	指通过信息技术手段的应用，提升城市历史文化的保护水平
		建筑节能	指通过信息技术手段的应用，提升城市在建筑节能监督、评价、控制和管理等方面的工作水平
		绿色建筑	指通过制定有效的政策，并结合信息技术手段的应用，提升城市在绿色建筑的建设、管理和评价等方面的水平
	城市功能提升	供水系统	指利用信息技术手段对从水源地监测到龙头水管理的整个供水过程实现实时监测管理，制定合理的信息公示制度，保障居民用水安全
		排水系统	指生活、工业污水排放，城市雨水收集、疏导等方面的排水系统设施建设情况，以及利用现代信息技术手段提升其整体功能的发展状况
		节水应用	指城市节水器具的使用和水资源的循环利用情况，以及利用现代信息技术手段提升其整体水平的发展状况
		燃气系统	指城市清洁燃气使用的普及状况，以及利用现代信息技术手段提升其安全运行水平的发展状况
		垃圾分类与处理	指社区垃圾分类的普及情况及垃圾无害化处理能力，以及利用现代信息技术手段提升其整体水平的发展状况
		供热系统	指北方城市冬季供暖设施的建设情况，以及利用现代信息技术手段提升其整体水平的发展状况
		照明系统	指城市各类照明设施的覆盖面和节能自动化应用程度
		地下管线与空间综合管理	指实现城市地下管网数字化综合管理、监控，并利用三维可视化等技术手段提升管理水平
智慧管理与服务	政务服务	决策支持	指建立支撑政府决策的信息化手段和制度
		信息公开	指通过政府网站等途径，主动、及时、准确公开财政预算决算、重大建设项目批准和实施、社会公益事业建设等领域的政府信息
		网上办事	指完善政务门户网站的功能，扩大网上办事的范围，提升网上办事的效率

一级指标	二级指标	三级指标	指标说明
智慧管理与服务	政务服务	政务服务体系	指各级各类政务服务平台的联结与融合，建立上下联动、层级清晰、覆盖城乡的政务服务体系
	基本公共服务	基本公共教育	指通过制定合理的教育发展规划，利用信息技术手段提升目标人群获得基本公共教育服务的便捷度，并促进教育资源的覆盖和共享
		劳动就业服务	指通过法规和制度的不断完善，结合现代信息技术手段的应用，提升城市就业服务的管理水平，通过建立就业信息服务平台等措施提升就业信息的发布能力，加大免费就业培训的保障力度，保护劳动者合法权益
		社会保险	指通过信息技术手段的应用，在提升覆盖率的基础上，通过信息服务终端建设，提高目标人群享受基本养老保险，基本医疗保险，失业、工伤和生育保险服务的便捷程度，提升社会保险服务的质量监督水平，提高居民生活保障水平
		社会服务	指通过信息技术手段的应用，在提升覆盖率的基础上，通过信息服务终端建设，提高目标人群享受社会救助、社会福利、基本养老服务和优抚安置等服务的便捷程度，提升服务的质量监督水平，提高服务的透明度，保障社会公平
		医疗卫生	指通过信息技术手段的应用，提升基本公共卫生服务的水平。通过信息化管理系统建设和终端服务，保障儿童、妇女、老人等各类人群获得满意的服务；通过建立食品药品的溯源系统等措施，保障食品药品安全供应，并促进社会舆论监督，提高服务质量监督的透明度
		公共文化体育	指通过信息技术手段的应用，扩大公益性文化服务的服务面，提高广播影视接入的普及率，通过信息应用终端的普及，提升各类人群获得文化内容的便捷度；提升体育设施服务的覆盖度和使用率
		残疾人服务	指在提高服务覆盖率的基础上，通过信息化、个性化应用开发，提升残疾人社会保障、基本服务的水平，提供健全的文、体、卫服务设施和丰富的服务内容

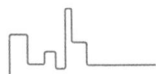

续 表

一级指标	二级指标	三级指标	指标说明
智慧管理 与服务	专项应用	基本住房保障	指通过信息技术手段的应用,提升廉租房、公租房、棚户区改造等方面的服务水平,增强服务的便利性,提升服务的透明度
		智能交通	指城市整体交通智慧化的建设及运行情况,包含公共交通建设、交通事故处理、电子地图应用、城市道路传感器建设和交通诱导信息应用等方面情况
		智慧能源	指城市能源智慧化管理及利用的建设情况,包含智能表具安装、能源管理与利用、路灯智能化管理等方面的建设
		智慧环保	指城市环境、生态智慧化管理与服务的建设情况,包含空气质量监测与服务、地表水环境质量监测与服务、环境噪声监测与服务、污染源监控、城市饮用水环境等方面的建设
		智慧国土	指城市国土资源管理和服务的智慧化建设情况,包含土地利用规划实施、土地资源监测、土地利用变化监测、地籍管理等方面的建设
		智慧应急	指城市智慧应急的建设情况,包含应急救援物资建设、应急反应机制、应急响应体系、灾害预警能力、防灾减灾能力、应急指挥系统等方面的建设
		智慧安全	指城市公共安全体系智慧化建设,包含城市食品安全、药品安全、平安城市等建设情况
		智慧物流	指物流智慧化管理和服务的建设水平,包含物流公共服务平台、智能仓储服务、物流呼叫中心、物流溯源体系等方面的建设
		智慧社区	指社区管理和服务的数字化、便捷化、智慧化水平,包含社区服务信息推送、信息服务系统覆盖、社区传感器安装、社区运行保障等方面的建设
		智能家居	指家居安全性、便利性、舒适性、艺术性和环保节能的建设状况,包含家居智能控制,如智能家电控制、灯光控制、防盗控制和门禁控制等,家居数字化服务内容,家居设施安装等方面的建设
		智慧支付	指一卡通、手机支付、市民卡等智慧化支付新方式,以及顾客支付服务便捷性、安全性和商家支付便捷性、安全性等方面的建设
		智能金融	指城市金融体系智慧化建设与服务,包含诚信监管体系、投融资体系、金融安全体系等方面的建设

一级指标	二级指标	三级指标	指标说明
智慧产业与经济	产业规划	产业规划	指城市产业规划制定及完成情况,围绕城市产业发展、产业转型与升级、新兴产业发展的战略性产业规划编制、规划公示及实施的情况
		创新投入	指城市创新产业投入情况,包括产业转型与升级的创新费用投入,新兴产业发展的创新投入等方面
	产业升级	产业要素聚集	指城市为产业发展、产业转型与升级而实现的产业要素聚集情况,增长情况
		传统产业改造	指在实现城市产业升级过程中,实现对传统产业的改造情况
	新兴产业发展	高新技术产业	指城市高新技术产业的服务与发展,包含支撑高新技术产业的人才环境、科研环境、金融环境及管理服务状况,高新技术产业的发展状况及在城市整体产业中的水平状况
		现代服务业	指城市现代服务业发展状况,包含现代服务业发展的政策环境、发展环境、发展水平及投入等方面
		其他新兴产业	反映城市其他新兴产业的发展及提升状况

表 A2 工信部智慧城市评估指标体系

总指标	一级指标	二级指标	考察点		说明
城市智慧度	智慧准备	网络环境	固定宽带	互联网平均速率	综合反映固定宽带的建设应用水平
				使用4M及以上宽带产品的用户比例	
				光纤入户率	
				互联网普及率	
			移动互联网	3G网络覆盖率	综合反映移动互联网的建设发展水平
				WLAN覆盖率	
				智能手机拥有率	
				移动宽带用户比例	
		技术准备	物联网应用示范	经济运行重点行业的物联网应用示范成效,包括工业、农业、流通业等领域	综合反映城市关键领域的物联网建设应用情况
				面向基础设施和安全保障领域的物联网应用示范成效,包括交通、电力、环保等领域	
				面向社会管理和民生服务领域的物联网应用示范成效,包括公共安全、医疗卫生、智能家居等领域	

续　表

总指标	一级指标	二级指标	考察点		说明
城市智慧度	智慧准备	技术准备	云计算技术应用	云计算应用相关的示范工程建设成效	反映城市云计算技术的应用情况
				是否制定引导云计算应用的政策文件	
				对云计算应用的资金支持力度	
		保障条件	政策规划	是否制定智慧城市相关的发展纲要、专项规划、行动计划等文件	反映政府对智慧城市建设的重视程度
				是否制定鼓励城市信息化发展和应用的相关政策文件	
			资金人才	智慧城市建设相关的政府投资、社会投资和融资支持力度	反映智慧城市相关资金人才的保障能力
				城市信息技术专业人员数量，以及高校、培训机构相关人才的培养培训数量	
	智慧管理			单位面积信息采集、监控设备的数量	反映城市的综合信息采集能力
				协同办公、资源共享、行政审批、行政执法监管等业务支撑系统建设与应用成效	反映政府综合业务的系统支撑能力
				经济监测、诚信监管、投资融资、节能减排等业务支撑系统建设与应用成效	反映城市经济运行业务的系统支撑能力
				交通、社保、医疗、教育、环保等业务支撑系统建设与应用成效	反映城市社会事业管理业务的系统支撑能力
		城市运行管理能力		供水、供电、供气、国土资源等业务支撑系统建设与应用成效	反映城市市政资源管理业务的系统支撑能力
				治安、应急、人防、危险品管理等业务支撑系统建设与应用成效	反映城市公共安全管理业务的系统支撑能力
				汇集城市综合运行管理数据，进行分析处理，支持城市管理决策的能力	综合反映系统的领导决策支持能力
				在行政执法、行政审批、公共服务提供等过程中使用电子化手段进行监督检查的能力	反映城市运行管理过程中的电子监察能力
				使用智能终端设备提升日常办公效率、进行城市管理的应用成效	反映城市运行管理部门的移动办公能力
		建设过程控制		是否制定指导智慧城市工程项目建设管理的文件、规范	反映智慧城市工程项目建设过程管理的标准化、规范性

总指标	一级指标	二级指标	考察点	说明
城市智慧度	智慧管理	建设过程控制	进度偏差率=（实际完工时间-计划完工时间）/计划完工时间	反映重大工程、重大项目的进度偏差程度
			预算偏差率=（实际投资-预算金额）/预算金额	反映重大工程、重大项目的预算偏差程度
		运营管理模式	运营管理主体是否明确	在一定程度上反映智慧城市运营管理模式的完善度和成熟度
			运营管理资金的保障情况	
			是否制定运行管理相关的制度标准	
	智慧服务	智慧服务覆盖度	行政服务事项中能实现在线实时办理的比例	反映在线行政服务的覆盖水平
			城市公共服务事项中能实现在线实时提供的比例	反映在线公共服务的覆盖水平
			能否通过政府网站向公众实时公开财政资金使用、人事任免、统计数据等重要信息	反映政府网站重要信息的覆盖水平
			医疗、社保、教育、就业、交通等领域是否根据用户需求提供实时的在线咨询投诉	反映重点领域在线咨询投诉的覆盖水平
		获取便捷性	政府网站和相关公共服务网站建设水平	反映城市服务获取的便捷程度
			政务移动应用和公共服务移动应用的建设水平	
			能否分析用户需求，主动推送相关信息和服务	
			能否围绕用户服务需求，将相关服务事项和信息资源进行关联，向用户展示提供	
		处理效率	审批大厅服务事项的平均办理时间	综合反映城市的办事效率
			业务咨询的平均答复时间	
			投诉问题的平均处理答复时间	
			在线服务系统的响应速度	

表 A3　第一届国脉公司智慧城市发展水平评估

一级指标	二级指标	三级指标
智慧基础设施	信息网络设施	宽带网络
		三网融合
	信息共享基础设施	公用云计算中心
		信息安全服务
		政务云
智慧基础设施	城市基础设施	重点领域智能化转型

续 表

一级指标	二级指标	三级指标
智慧治理	智慧政务	决策能力
		政务服务及透明度
		业务协同水平
	智慧公共管理	智慧交通
		智慧城管
		智慧管网
		智慧安防
		智慧食品药品管理
		公众与社会参与度
智慧民生	智慧社会保障	社保体系建设水平
		社保信息化服务水平
	智慧健康保障	健康保障信息化服务水平
	智慧教育文化	教育文化信息化服务水平
	智慧社区服务	社区信息化服务水平
智慧产业	人均产值	人均产值
	投入产出比	投入产出比
	万元GDP资源消耗率	万元GDP资源消耗率
	两化融合	两化融合环境
		两化融合水平
		两化融合效益
智慧人群	信息利用能力	信息产品的应用
		信息资源的利用
	创新能力	创新环境
		知识创新能力
	人才质量	高等教育状况
智慧人群	人才质量	高级人才状况
		人才引进情况

一级指标	二级指标	三级指标
智慧环境	生态保护	环境建设水平
		环保信息化水平
	资源利用	资源节约水平
		资源智能化应用
	软环境建设	组织体系
		规划政策
		法规标准
		评估考核
		城市品牌

表 A4　第二届国脉公司智慧城市发展水平评估

一级指标	二级指标	评价要点	评价说明
智慧基础设施	光纤与宽带覆盖率	光纤入户率	家庭光纤入户的比例
		无线宽带覆盖率	各种无线传输网络在城市区域的覆盖率
	电脑终端普及率	网民数量	网民人数占城市人口的比例
	云平台	云计算中心建设或利用情况	是否计划或已行动建立（租用）云计算中心
智慧应用	典型应用项目	市民卡	市民卡的发卡比例
		居民健康档案建档率	居民健康档案建档率
		智能电表安装率	居民家庭中安装智能型电表的比例
		其他典型应用	其他典型在建或已经示范应用项目（如成果、旅游、安全、社区、环境等）
智慧产业	产业发展水平	人均产值	人均国民生产总值
		人均用电量	城市居民人均耗电量
		人均专利数量（万人）	城市万人专利授权量
		高新技术产业产值占GDP比例	高新技术产业产值在国民生产总值中所占比例

续　表

一级指标	二级指标	评价要点	评价说明
智慧治理	政府服务能力	公共服务平台	是否具有市民网页、便民服务、办事大厅或面向企业的专业平台
		政府信息公开完整度	政府信息在官方门户网站上公开的及时性、有效性
		在线服务能力	政府在线服务的广泛性及便捷性
		信息资源利用	政府门户网站日均人均访问量
智慧保障能力	规划方案	总体规划或行动纲要	已制定智慧城市详细规划或行动纲要
			正在制定即将出台智慧城市规划或纲要
			已形成智慧城市总体发展思路及设想，如无线城市、光网城市
	组织体系	专门领导机构或执行机构	城市市长/书记兼任领导机构领导职务
			城市副职以上兼任领导机构或执行机构领导
			城市副职以下兼任领导机构或执行机构领导及其他情况
	资金投入	专项资金预算	已出台明确的智慧城市专项资金预算
			由运营商或集成商投资建设智慧城市专项资金
	宣传推广	多种宣传活动	举办过智慧城市相关培训、讲座、会议或论坛等，开设专题、网站和微博等

表 A5　第四届国脉公司智慧城市发展水平评估

一级指标（6个）	权重	二级指标（15个）	权重
智慧基础设施	25	宽带网络	10
		基础数据库完备性	5
		城市云平台应用情况	10
智慧管理	20	政府协同办公水平	5
		行业一揽子解决方案实施情况	10
		公共管理社会参与度	5

智慧服务	20	一体化民生服务能力	10
		政府数据开放服务	10
智慧经济	15	人均专利数量	5
		万元GDP能耗	5
		信息产业增加值占GDP比重	5
智慧人群	10	3G/4G用户人数比例	5
		人均电子商务消费额	5
保障体系	10	发展规划制定情况	5
		组织机构与绩效考核情况	5
加分项（1个）	5	智慧城市试点建设与应用创新，相关荣誉与重大活动等	5
合计	105		105

表 A6　工程研究会智慧城市（镇）发展指数

一级指标	二级指标
智慧城市幸福指数	就业收入
	文化教育
	医疗卫生和健康
	社会保障
	安居和消费
	城市凝聚力
	公共服务
	机构及基础设施
	社会服务
智慧城市管理指数	经济基础
	科技创新水平
	人力资源
	人居环境
	环保行动
	生态环境

续　表

一级指标	二级指标
智慧城市社会责任指数	执政水平
	区域影响力
	形象传播力
	管理和决策
	公共事业责任
	权益责任
	诚信责任

表 A7　浦东智慧城市指标体系 1.0

一级指标	二级指标	三级指标	参考值
基础设施	宽带网络覆盖水平	家庭光纤可接入率	≥99%
		无线网络覆盖率	≥95%
		主要公共场所WLAN覆盖率	≥99%
		下一代广播电视网（NGB）覆盖率	≥99%
	宽带网络接入水平	户均网络接入水平	≥30M
		平均无线网络接入带宽	≥5M
	基础设施投资建设水平	基础网络设施投资占社会固定资产总投资比重	≥5%
		传感网络建设水平（占社会固定资产总投资）	≥1%
公共管理和服务	智慧化的政府服务	行政审批项目网上办理比例	≥90%
		政府公务行为全程电子监察率	100%
		政府非涉密公文网上流转率	100%
		企业和政府网络互动率	≥80%
		市民与政府网络互动率	≥60%

一级指标	二级指标	三级指标	参考值
公共管理和服务	智慧化的交通管理	市民对交通信息的关注率	≥50%
		公交站牌电子化率	≥80%
		市民交通诱导信息服从率	≥50%
		停车诱导系统覆盖率	≥80%
		城市道路传感终端安装率	100%
	智慧化的医疗体系	市民电子健康档案建档率	100%
		电子病历使用率	100%
		医院间资源和信息共享率	≥90%
	智慧化的环保网络	环境质量自动化监测比例	≥95%
		重点污染源监控比例	100%
		碳排放指标（比2005年下降）	≥40%
	智慧化的能源管理	家庭智能表具安装率	≥50%
		企业智能化能源管理比例	≥70%
		道路路灯智能化管理比例	≥90%
		新能源汽车比例	≥10%
		建筑物数字节能比例	≥30%
	智慧化的城市安全	食品药品追溯系统覆盖率	≥90%
		自然灾害预警发布率	≥90%
		重大突发事件应急系统建设率	100%
		城市网格化管理的覆盖率	≥99%
		户籍人口及常住人口信息跟踪	≥99%
	智慧化的教育体系	城市人均教育支出水平（占GDP）	≥4.5%
		家校信息化互动率	≥90%
		网络教学比例	≥50%
	智慧化的社区管理	社区信息服务系统覆盖率	≥99%
		社区服务信息推送率	≥95%
		社区老人信息化监护服务覆盖率	≥90%
		居民小区安全监控传感器安装率	≥95%

续　表

一级指标	二级指标	三级指标	参考值
信息服务经济发展	产业发展水平	信息服务业增加值占地区生产总值比重	≥10%
		电子商务交易额占商品销售总额的比重	≥30%
		信息服务业从业人员占社会从业人员总数的比例	≥10%
	企业信息化运营水平	工业化和信息化融合指数	≥85
		企业网站建站率	≥90%
		企业电子商务行为率	≥95%
		企业信息化系统使用率	≥90%
人文科学素养	市民收入水平	人均可支配收入（人民币）	≥5万元
	市民文化科学素养	大专及以上学历人口占总人口比重	≥30%
		城市公众科学素养达标率	≥20%
	市民信息化宣传培训水平	每年相关宣传培训人员占总人口比例	≥8%
	市民生活网络化水平	市民上网率	≥60%
		移动互联网使用比例	≥70%
		家庭网购比例	≥60%
市民主观感知	生活的便捷感	网络资费满意度	≥8分
		交通信息获取便捷度	≥8分
		城市就医方便程度	≥8分
		政府服务的便捷程度	≥8分
		获取教育资源的便捷程度	≥8分
	生活的安全感	食品药品安全满意度	≥8分
		环境安全满意度	≥8分
		交通安全满意度	≥8分
		防控犯罪满意度	≥8分

表A8 浦东智慧城市评价指标体系2.0

一级指标	二级指标	三级指标
基础设施	宽带网络建设水平	家庭光纤可接入率
		主要公共场所WLAN覆盖率
		户均网络接入水平
公共管理和服务	智慧化的政府服务	行政审批事项网上办理水平
		政府非涉密公文网上流转率
	智慧化的交通管理	公交站牌电子化率
		市民交通诱导信息服从率
	智慧化的医疗体系	市民电子健康档案建档率
		电子病历使用率
	智慧化的环境保护	环境质量自动化监测比例
		重点污染源监控水平
	智慧化的能源管理	家庭智能表具安装率
		新能源汽车比例
		建筑物数字化节能比例
	智慧化的城市安全	重大突发事件应急系统建设率
		危化品运输监控水平
	智慧化的教育体系	城市教育支出水平
		网络教学比例
	智慧化的社区管理	社区综合信息服务能力
信息服务经济发展	产业发展水平	信息服务业增加值占地区生产总值比重
		信息服务业从业人员占社会从业人员总数的比例
	企业信息化运营水平	企业网站建站率
		企业电子商务行为率
		企业信息化系统使用率
人文科学素养	市民收入水平	人均可支配收入
	市民文化科学素养	大专及以上学历人口占总人口比重

续 表

一级指标	二级指标	三级指标
人文科学素养	市民生活网络化水平	市民上网率
		家庭网购比例
市民主观感知	生活的便捷感	交通信息获取便捷度
		城市就医方便程度
		政府服务的便捷程度
	生活的安全感	食品药品安全电子监控满意度
		环境安全信息监控满意度
		交通安全信息系统满意度
智慧城市软环境建设	智慧城市规划设计	智慧城市发展规划
		智慧城市组织领导机制
	智慧城市氛围营造	智慧城市论坛会议及培训水平

表 A9　智慧南京评价指标体系

一级指标	二级指标
基础领域	无线网络覆盖率
	光纤接入覆盖率
	户均网络带宽
	国家级重点实验室数量
	智能电网技术和装备应用
智慧产业	智慧产业固定资产投资额
	智慧产业R&D经费支出
	智慧产业占GDP比
	智慧产业从业人员数
	智慧产业年发明专利申请总数
	电子商务交易额
	万元GDP能耗

一级指标	二级指标
智慧服务	政府行政效能指数
	协同应用系统
	智慧公共服务应用普及
	智慧服务建设资金投入
智慧人文	城市劳动生产率
	大专及以上文化程度人口比重
	信息服务业从业人员占全社会从业人员比重
	信息化水平总指数
	城市公共服务满意度调查
	文化创意产业占GDP比重
	国际性文化体育交流活动评价

表 A10　宁波智慧城市发展评价指标体系

一级指标	二级指标	三级指标
智慧人群	人力资源	每万人受过高等教育人数
		每万人拥有科技人员人数
		信息产业从业人数占全社会从业人数比重
	终身学习	人均公共图书馆书刊文献外借次数
	信息消费	人均信息消费系数
		人均电子商务交易额
智慧基础设施	通信设施	每百人移动电话持有数
		有线电视双向数字化改造率
		每百户家庭计算机拥有量
		有线宽带接入率
	信息共享基础设施	无线宽带网络覆盖率
		政府数据中心、四大基础数据库、信息安全灾备建设情况

续　表

一级指标	二级指标	三级指标
智慧基础设施	信息共享基础设施	通信网络共享共建
		基础设施数字化管理水平
智慧治理	电子政务	政务微博数
		一站式网上行政审批服务及电子监察系统建设情况
		市政府门户网站点击量
	政府决策的公共参与	人代会议案立案数
		政协委员提案立案数
		听证会数量
	公共服务投入	一般公共服务支出（地方财政）
智慧民生	社保	社保医保一卡通建设情况
		市民卡工程建设情况
	医疗	网上预约挂号医院比例
		居民电子健康档案建档率
	交通	人均交通卡拥有数量
		城市交通诱导系统
		公交站牌电子化率
智慧经济	经济实力	人均地区生产总值
	智慧产业	信息产业增加值占GDP比重
		软件服务外包产值占GDP比重
	研发能力	R&B占GDP比重
		万人专利授权量
	产出消耗	平均每万元地区生产总值能源消耗量
	产业结构与贡献度	平均每一从业人员创造农、林、牧、渔业增加值
		规模以上高技术创造业增加值占工业增加值比重
		第三产业增加值占GDP比重

一级指标	二级指标	三级指标
智慧环境	废物处理能力	城镇生活污水处理率
		工业固体废物综合利用率
	环境吸引力	三废综合利用产品产值
		建城区绿化覆盖率
		人均绿地面积
智慧规划建设	城乡统筹一体化	城乡居民收入比
		城乡居民受教育年限比
		城乡公共财政投入比
		城镇化率
	空间布局	通勤时间（或换乘次数）
	智慧楼宇	建筑智能化水平

表 A11　TU Wien 指标体系

维度	因子（31项）	权重	指标
智慧经济 Smart Economy	创新精神 Innovative Spirit	17%	R&D支出占GDP比重
			知识密集行业就业率
			人均专利申请数量
	企业家精神 Entrepreneurship	17%	自由职业者比重
			新增企业注册数量
	经济前景　Economic Image & Trademarks	17%	作为决策中心的重要性
	生产力水平　Productivity	17%	就业人口的城市劳动生产率
	人力市场灵活度 Flexibility of Labour Market	17%	失业率
			兼职就业率
	国际化程度 International Embeddedness	17%	上市公司总数量
			航空客流量
			航空货流量

续　表

维度	因子（31项）	权重	指标
智慧市民 Smart People	资格水平 Level of Qualification	14%	知识中心重要度（顶级研究中心和大学）
			ISCED 5～6级（本专科以上）人口
			外语水平
	终生学习参与度 Affinity to Life Long Learning	14%	人均借书量
			终生学习参与率
			语言课程参与率
	社会种族多元度 Social and Ethnic Plurality	14%	外国人比重
		14%	海外出生公民比重
	灵活性　Flexibility	14%	对跳槽的态度
	创造性　Creativity	14%	创意人群比重
	开放性 Cosmopolitanism/Open-mindedness	14%	参与欧洲选举情况
			移民环境友好度
			对欧盟的了解程度
	公共生活参与度 Participation in Public Life	14%	参与城市选举情况
			参与志愿工作情况
智慧治理 Smart Governance	决策参与度 Participation in Decision-making	33%	人均市民代表数量
			居民政治活动
			政治对居民的重要性
			女性代表比例
	公共与社会服务 Public and Social Services	33%	人均市政开支
			日托幼儿比重
			学校质量满意度
	透明政府 Transparent Governance	33%	政府透明状况满意度
			反腐败满意度

维度	因子（31项）	权重	指标
智慧交通 Smart Mobility	地方可达性 Local Accessibility	25%	人均公共交通网络
			公共交通可达性满意度
			公共交通质量满意度
	国际国内可达性 (Inter–)national Accessibility	25%	国际国内可达性
	ICT设备可用性 Availability of ICT–infrastructure	25%	户均电脑数
			户均宽带数
	交通的永续创新和安全 Sustainable, Innovative and Safe Transport Systems	25%	绿色交通比重
			交通安全
			经济型汽车使用
智慧环境 Smart Environment	自然环境吸引力 Attractivity of Natural Conditions	25%	日照时长
			绿色空间比重
	污染 Pollution	25%	热雾（臭氧）
			颗粒物
			致命慢性下呼吸道疾病发病率
	环境保护 Environmental Protection	25%	个体环境保护努力
			环境保护态度
	可持续资源管理 Sustainable Resource Management	25%	单位GDP耗水
			单位GDP耗能
智慧生活 Smart Living	文化设施 Cultural Facilities	14%	人均到电影院次数
			人均访问博物馆次数
			人均到剧场次数
	医疗条件 Health Conditions	14%	期望寿命
			人均医院床位数
			人均医生数
			医疗系统满意度

续　表

维度	因子（31项）	权重	指标
智慧生活 Smart Living	个人安全 Individual Safety	14%	犯罪率
			暴力犯罪死亡率
			安全满意度
	住房质量 Housing Quality	14%	满足最低标准住房比重
			人均居住面积
			个人住房条件满意度
	教育设施 Education Facilities	14%	人均学生数
			教育设施获取性满意度
			教育设施质量满意度
	旅游吸引力 Touristic Attractivity	14%	作为观光地的重要性
			年人均过夜游客数
	社会凝聚力 Social Cohesion	14%	致贫风险感知度
			贫困率

表 A12　IDC 指标体系

维度	单元	评价标准
智慧维度 Smartness Dimension	智慧政府 Smart Government	政务开发　Open Government
		政务/电子服务　e-Government/ e-Services
		电子服务供给　Verfügbarkeit von e-Services
		可持续行为　Nachhaltiges Verhalten
		环保政策　Umweltschutzpolitik
	智慧建筑 Smart Buildings	建筑运营效率　Effizienz im Gebäudebetrib
		建设质量　Qualität der Gebäude
	智慧交通 Smart Mobility	电动交通　Elektromobilität
		交通信息与管理 Verkehrsinformationen und-management
		市内公共交通　Öffentlicher Nahverkehr

维度	单元	评价标准	
智慧维度 Smartness Dimension	智慧能源与环境 Smart Energy & Environment	智能电网　Intelligente Verteilungsnetze	
		可再生能源　Erneuerbare Energien	
		环境管理　Umweltmanagement	
	智慧服务 Smart Services	公共安全/应急服务 Öffentliche Sicherheit / Notfalldienste	
		旅游/教育/现代服务 Tourisms / Bildung / Fortschrittliche Services	
支撑能力 Enabling Force	信息通信技术 Information & Communication Technologies	传播性　Verbreitung	
		移动性　Mobilität	
	市民 People	年龄　Alter	
		教育　Bildung	
		人口发展　Bevölkerungsentwicklung	
	经济 Economy	经济富裕　Ökonomischer Wohlstand	
		经济发展　Wirtschaftliche Entwicklung	

表 A13　IBM 指标体系

系统	要素	物联	互联	智能
城市服务	公共服务管理 当地政府管理	地方当局管理信息系统的创建	互联的服务交付	即时且联合的服务提供
市民	健康与教育 公共安全 政府服务	患者诊断与筛查设备	连接医生、医院和其他健康服务提供商记录	以患者为驱动的早期治疗
商业	商业环境 管理负担	关于在线商业服务的数据收集	连接城市商业系统的各利益相关方	为商业提供定制的服务
交通	汽车、公路 公共交通 机场、海港	测量交通流量和通行费的使用	集成的交通、天气和旅行信息服务	公路收费

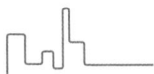

续 表

系统	要素	物联	互联	智能
通信	宽带、无线电话、计算机	通过手机收集数据	连接手机、固定有线电话和宽带	为消费者提供个性化的城市服务信息
供水	卫生净水供应海水	收集水质监控数据	连接供水企业、港口、能源用户	质量、洪旱灾响应
能源	油、气可再生能源核能	利用传感器收集能源系统中的使用量数据	连接能源消费者和提供商之间的装置和设备	优化系统的利用，并平衡不同时间的使用量

表 A14 Ericsson 指标体系

类别	领域	一级指标	二级指标
ICT发展成熟度	基础设施	宽度质量	平均下载速度
			小区边缘网络质量
			网络带宽
		可达性	家庭网络普及率
			光纤接入率
			高速无线网络
			Wi-Fi热点数量
	可承受性	费率	宽带资费占城市劳动生产率的比例
			移动资费占城市劳动生产率的比例
		IP转换费用	每兆数据IP转换费用
	应用	科技应用	移动电话保有量
			人均智能电话数
			家庭电脑普及率
			人均平板电脑数
		个人应用	人均互联网普及率
			社交网络渗透
		公共和市场应用	开放数据
			电子和手机支付

类别	领域	一级指标	二级指标
三底线效应	社会	健康	孩子一岁以下死亡
			平均寿命
		教育	高中或大专教育程度
			受教育率
		包容	每10万居民中的谋杀案
			失业率
			教育的性别平等
			在市议会性别平等
	经济	效率	城市劳动生产率
		竞争力	高等教育普及率
			每百万居民PCT专利
			知识密集型就业率
			每10万居民的新企业
	环境	资源	人均垃圾量
			人均不可回收垃圾量
			人均化石燃料消费
			人均非化石燃料消费
		污染	PM10浓度
			PM2.5浓度
			二氧化氮溶度
			二氧化硫溶度
			污水处理率
		气候变化	人均二氧化碳排放量

二、智能城市评价指标模糊德尔菲法专家咨询问卷

2013 年 3 月至 8 月期间，课题组向中国工程院"中国智能城市建设与推进战略研究"项目研究组内部的院士专家发放了 56 份问卷，对指标进行修正，并通过专家打分确定指标项的选择。具体专家咨询问卷内容如下。

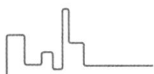

_____惠鉴：

非常荣幸能邀请您拨冗对本问卷赐教指正。

"智能城市评价指标体系研究"是隶属于中国工程院重大咨询项目"中国智能城市建设与推进战略研究"的研究课题，本研究以城市的智能建设和可持续发展为评价对象，从智能环境与建设、智能管理与服务、智能经济与产业、智能硬件设施、居民智能素养这五个维度（一级指标）出发，并分别按照一定原则，通过设置相应的二级指标和三级指标进行反映。其中，二级指标的设置主要针对部门机构的工作领域，以体现管理服务的领域衔接；三级指标的设置考虑到数据可得、发展状态和发展趋势并重，以反映关注重点。

本问卷是应用模糊德尔菲法，针对智能城市评价指标体系五大维度下的二级指标和三级指标关注点的重要程度而进行的专家咨询问卷。

您可以选择问卷中所熟悉的领域部分填写，填完问卷中您所选择的1~5个部分后，还烦请将结果于2013年7月25日前反馈给我们。

再次感谢您能拨冗惠指导！如有任何疑问或建议，还请随时赐教。

"智能城市评价指标体系研究"课题组

■ 基本资料

您的专业领域：_____

您的职称：□院士　□教授　□副教授　□其他_____

您的年龄：□<30岁　□30~39岁　□40~49岁　□50~59岁　□≥60岁

■ 评估框架填写说明

本问卷为开放式问卷，其目的在于咨询对智能城市的评价的关注点，从而进一步评定各维度中的二级指标和三级指标，形成可评价的指标体系。每个关注热点的评估要项包含下列两部分。

（一）指标关注点填写：除已经填写的二级和三级指标点，请您就各维度在两个纵栏分别填写您所认为智能城市评价所应关注的指标点。

（二）重要性评估：针对已有的或您觉得需要新增的指标点，请在后方纵栏评估该项指标点的重要性程度，并请在该重要性程度的方格内打钩

（√）。上述重要性程度采用 1～5 分共五个等级（分数越高表示越重要），请您评定每个关注热点的重要性，并请填入该项指标的重要等级。

分值	1	2	3	4	5
重要性程度	非常不重要	不重要	一般	重要	非常重要

范例：生态环境品质二级指标和三级指标评估。

二级指标	三级指标	指标增减/修改意见	重要性评估				
			1	2	3	4	5
生态环境品质						√	
	能源利用效率	人均绿地面积（新增，重要度4）					√
	空气污染物浓度	水体污染指数（新增，重要度4）		√			
	环境污染指数					√	

■　问卷填写及指标解释

咨询和评估对象：智能城市评价指标点。

咨询和评估目的：从智能环境与建设、智能管理与服务、智能经济与产业、智能硬件设施、居民智能素养这五个一级指标（维度）的角度，筛选和排序智能城市的评价指标关注点，以建立可行、凝练、可持续的智能城市评价指标体系。

■　问卷填写

请打钩（√），选择 1～5 个熟悉的领域填写和评估指标维度。

1. 智能环境与建设维度的指标点及其重要性评估

二级指标	三级指标	指标增减/修改意见	重要性评估				
			1	2	3	4	5
资源使用情况							
	单位GDP能耗						
	人均能源消耗						

二级指标	三级指标	指标增减/修改意见	重要性评估				
			1	2	3	4	5
生态环境品质	人均耗水量						
	可再生能源比例						
	城市劳动生产率						
	污染监测覆盖率						
	空气污染物浓度						
城市污染物处理	单位GDP工业污染物排放						
	污水处理回用率						
	工业垃圾处理回用率						
	生活垃圾处理回用率						
	绿色交通出行比重						
建成环境	人均公共绿地面积						
	城市人口密度						

2. 智能管理与服务维度的指标点及其重要性评估

二级指标	三级指标	指标增减/修改意见	重要性评估				
			1	2	3	4	5
居民需求保障	供水覆盖率						
	人均居住面积						
医疗健康服务	电子病历使用率						
	期望寿命						
城市安全度							

二级指标	三级指标	指标增减/修改意见	重要性评估				
			1	2	3	4	5
公众参与比重	犯罪率						
	投票率						
	公众参与比重						
公共服务满意度							
	市民对政府满意度						

3. 智能经济与产业维度的指标点及其重要性评估

二级指标	三级指标	指标增减/修改意见	重要性评估				
			1	2	3	4	5
投入产出效率							
	投资GDP产出率						
	城市产值密度						
产业发展趋势							
	GDP三产比重						
	城市劳动生产率						
资本投资比率							
	外部投资比率						
	R&D支出占GDP比重						
信息服务业							
	信息服务业从业人员比重						
	信息服务业GDP比重						
人均产业贡献							
	城市劳动生产率						

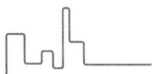

4. 智能硬件设施维度的指标点及其重要性评估

二级指标	三级指标	指标增减/修改意见	重要性评估				
			1	2	3	4	5
信息化基础设施建设							
	信息化基础设施投资占比						
	家庭高速网络可接入率						
	公共空间WLAN覆盖率						
信息化人力资源							
	信息服务业从业人员比重						
信息化技术应用							
	移动宽带用户比重						
	互联网用户比例						
	人均网络信息搜索量						

5. 居民智能素养维度的指标点及其重要性评估

二级指标	三级指标	指标增减/修改意见	重要性评估				
			1	2	3	4	5
社会支出							
	教育支出占预算比重						
居民教育程度							
	高中入学率						
	大专及以上文化程度人口比重						
	终生学习参与度						
社会公平发展							
	基尼系数						
社会多样化							

二级指标	三级指标	指标增减/修改意见	重要性评估				
			1	2	3	4	5
城市创新	外来移民比重						
	创意产业占GDP比重						
	大学和科研院所数						

其他指标设置建议：

_____

_____

_____

_____

_____

_____

_____

衷心感谢您的宝贵建议和意见！

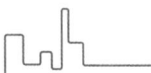

三、智能城市评价指标的具体说明

（一）智能环境与建设

■ 指标 F11：城市 PM2.5/PM10 监测点密度

该指标是指 PM2.5 或 PM10 监测点在城市中的分布密度，反映城市对环境质量的感知水平。

关于城市空气质量的问题，在许多发达国家快速城镇化进程中都有显现，如世界上最早工业化的伦敦，在 20 世纪 50 年代遭遇严重的空气污染，"雾日"（即指视域不超过 1 000 米的天数）年均多达 50 天左右。1952 年 12 月 5—10 日，发生了"伦敦烟雾事件"——当时，歌剧院正在上演的《茶花女》因观众看不见舞台而中止，歌剧院里的人也被迫散场，白天里伸手不见五指，水陆交通几近瘫痪[1]。美国也在 1940—1970 年间遇到类似的问题，洛杉矶光化学烟雾事件导致 400 多位 65 岁以上老人死亡，许多市民出现眼睛痛、头痛、呼吸困难等症状[2]。

虽然有着许多发达国家的前车之鉴，但我国仍在 2012 年年末爆发了城市空气质量危机，"雾霾"成为年度关键词。2013 年 1 月，4 次大规模雾霾过程笼罩了全国 30 个省（区、市），北京仅有 5 天不是雾霾天。2014 年 1 月 4 日，国家减灾办、民政部首次将危害健康的雾霾天气纳入 2013 年自然灾情进行通报[3]。

城市空气质量问题关系到市民日常的生存环境和身心健康，是城市智能化建设的重要方面。而城市 PM2.5/PM10 监测点密度，反映了城市对环境质量的感知水平。虽然在目前阶段，PM2.5/PM10 监测点密度与城市空气质量之间并不具有完全的相关性，但 PM2.5/PM10 监测点密度高的城市一定能更便捷、准确地感知其环境质量，并以此为基础进行调控反应。这

---

[1]　详见 http://en.wikipedia.org/wiki/Great_Smog。

[2]　详见 http://amuseum.cdstm.cn/AMuseum/atmosphere/main/k491.html。

[3]　详见 http://www.gov.cn/zhengce/2014-02/13/content_2603649.htm。

符合智能城市可感知、可判断、可反应的特性。

"全国空气质量指数"空气质量查询工具，实时播报全国 400 多个主要城市的空气质量指数，数据来自中国环保部与美国大使馆[①]；实时空气质量指数地图，提供了世界范围的空气质量指数[②]。本书通过上述方式分别获得国内和国际城市空气监测点的数量。为消除城市规模不同和国内外城市规模口径不同带来的影响，智能城市评价指标体系中选择了城市建成区面积作为密度衡量的标准。城市建成区面积的数据从中国城市统计年鉴中获得，而对于国外城市则使用各城市官方网站上标明的城市面积。

城市 PM2.5/PM10 监测点密度，由城市建成区范围内 PM2.5/PM10 监测点个数除以城市建成区面积得到，单位为个 $/km^2$。

■　指标 F12：城市网格化管理覆盖水平

该指标是指将城市管理辖区按照一定的标准划分成为单元网格进行管理的区域占城市总管理面积的比重，反映城市数字化管理的水平。

国内城市网格化在 2004 年由北京东城区率先创建试点，2005 年在全国 51 个城市进行试点推广。截至 2012 年 6 月，全国 667 个地级以上（含地级）城市中，已有 285 个正在进行城市网格化管理。城市网格化作为一种数字化城市管理模式，其特点是在控制论基础上，综合利用移动通信和网络地图等高科技手段，实行全方位、高效率的城市管理活动。

城市网格化管理的主要方法是对应城市实体空间建立网格化电子地图，并在上面把城区划分成细密的网格，然后按照一定的管理幅度划定若干控制区。区内的公共部件和事件，均按其地理位置编码标定在电子地图上（阎耀军，2006）。

国外城市的智能化管理，多将城市网格化电子地图与城市开放数据结合，在数字技术基础上，对城市进行精细化、动态化管理。

由于网格化管理覆盖率较难统计，本书在计算时采取梯度评价方法，

① 详见 http://air.fresh−ideas.cc。
② 详见 http://aqicn.org/map。

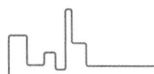

用100（优良水平）表示有实施，用50（一般水平）表示有宣传但没有具体实施、有部分地区或部分领域实施，用0（较差水平）表示没有实施，通过互联网抓取得到的城市网格化管理平台、城市地理信息管理平台、城市开放数据平台的信息，评价该城市智能建设管理水平。

■ 指标F13：市民智能交通工具使用水平

该指标是指市民出行使用公交查询系统、实时路况系统等智慧交通工具及其辅助系统的程度。

随着城市交通量的不断增加，由此引发的环境、社会问题日益显著。智能交通解决方案旨在通过多种技术的综合运用，引导合理的交通秩序，缓解城市交通压力，减少机动车造成的环境污染。同时，它也是市民生活中极其重要的组成部分。良好的智能交通系统能使市民出行更加快捷，进而提高工作和生活效率，直接让其感受到智能城市带来的便利。

本书所评价的智能交通系统，应包含出行前、出行中、抵达后各层面，涉及电子车流控制系统（Electronic Traffic Controlling System）、智能电子停车引导系统（Parking Guidance and Information System）、智能交通云信息服务平台（Intelligent Transportation Cloud Information Service Platform）、智能乘车分享系统（Smart Car Share Service System）、智能道路监控维护系统（Smart Road Surveillance and Maintenance System，SRSMS）、智能交通工具（Smart Bicycle/Vehicle）等。

本书在计算时采取梯度评价方法，用100（优良水平）表示有实施，用50（一般水平）表示有宣传但没有具体实施、有部分地区或部分领域实施，用0（较差水平）表示没有实施。

■ 指标F14：城市未来建设方案的网上公布水平

该指标是指政府网站上有关智能城市建设方案的公开程度，反映智能城市建设对市民的公开度。

随着互联网和移动通信技术的发展和普及，越来越多的市民通过政府公开网站和政府公众号获取新闻信息资讯。政府网站成为智能城市政府对外宣传新政策、新措施的重要窗口，需要不断建设、维护和及时更新。如 2013 年 12 月底，伦敦市议会发布了约 50 页的"智慧伦敦计划"，并在政府 网页开设智慧伦敦愿景专栏，从数据获得、技术展示、市民影响等各个方 面充分宣传智慧建设理念。相比于国外城市未来建设方案的网上公开程度， 我国少有城市在网上公布详细的智能城市建设方案。

本书在计算时采取梯度评价方法，用 100（优良水平）表示有详细公布， 用 50（一般水平）表示有公布但无具体内容，用 0（较差水平）表示没有 公布。

（二）智能管理与服务

■ 指标 F21：政府非涉密公文网上公开度

该指标是指公布在网站上的政府非涉密公文数占总公文数的比例，反 映政府信息的透明度。

作为建设智能城市的基础，城市信息的获取和分享是公共决策的重要 支撑。对于政府管理而言，应打通各部门、各企业的信息获取和分享渠道。 通信、交通、医疗、教育、地产等公共信息都是智能城市建设的重要资源， 政府应提供公开、免费、透明的信息共享。信息和传播技术的深刻变革改 变了包括公众与政府关系在内的所有社会关系，重塑了公共治理方式。

2013 年，清华大学发布《2013 年中国市级政府财政透明度研究报告》， 对全国 289 个城市（含 4 个直辖市和所有 285 个地级市）进行综合评价， 并对这些城市政府财政透明度评价建立了全口径指标体系[1]。本书中关于国 内城市的政府非涉密公文网上公开度将选用该报告的评价内容。

国际透明政府组织（Transparency International）每年公布《全球国家 腐败程度报告》（*Corruption Perceptions Index*）[2]。政府的透明程度，与其 是否实行问责制、是否确保公共服务清廉有着密切联系。对政府运作和计

---

① 详见 http://www.sppm.tsinghua.edu.cn/eWebEditor/UploadFile/20130812031437755.pdf。
② 详见 http://issuu.com/silch/docs/2013_cpibrochure_en。

表A15　《2013年中国市级政府财政透明度研究报告》排名前30名市级政府各部分得分

排名	城市	总分	排名	城市	总分
1	上海	45	16	玉林（广西）	35
2	北京	43	17	安庆（安徽）	34
3	广州（广东）	43	18	晋城（山西）	34
4	长治（山西）	43	19	海口（海南）	33
5	鄂尔多斯（内蒙古）	42	20	揭阳（广东）	33
6	珠海（广东）	41	21	岳阳（湖南）	32
7	深圳（广东）	41	22	佛山（广东）	32
8	四川（成都）	40	23	南宁（广西）	32
9	杭州（浙江）	38	24	淮南（安徽）	32
10	芜湖（安徽）	38	25	贵阳（贵州）	32
11	云浮（广东）	37	26	六安（安徽）	31
12	河源（广东）	37	27	清远（广东）	31
13	淮北（安徽）	37	28	天津	31
14	青岛（山东）	36	29	汕头（广东）	30
15	遵义（贵州）	35	30	中山（广东）	30

划进行持续监管和审查，有意识地打破各部门之间各自为政的局面，是公开透明、信息共享的基础。本书采用该报告中的数据对国外城市进行评价，以城市所在国家的评价得分代替对城市的评价。

■ 指标F22：网上公众参与比例

该指标是指城市建设相关事件决策中公众参与所占到的比重，反映市民对城市建设的参与度以及决策的公开、公平和包容性。

公众参与是一种市民参与城市建设决策的活动，是一种双向交换意见的过程，可以广泛征求市民的意见，增进市民对政府机构运行的了解，有效沟通市民与政府管理机构的关系。

随着信息时代的到来和互联网移动技术的普及，越来越多的城市管理部门通过互联网公共账号发布相关信息，越来越多的市民通过互联网平台发表意见并参与决策。网上公众参与相关问卷调查、方案设计征集等，正成为智能城市建设不可缺少的环节。

本书选择新浪微博和 Twitter 网站分别作为国内和国外智能城市评价的网上平台。2006 年，Twitter 网站推出了全世界第一项微博客服务，经美国总统竞选使用之后，迅速走红。2007 年，国内涌现出大批 Twitter 的追随者，不过这些早期的本土服务商缺乏经验，简单模仿国外产品，用户使用量和关注量较少。2009 年 8 月，新浪网络公司推出了新浪微博，并邀请众多名人进驻。凭借名人效应，在短短半年时间内，新浪就将"围脖"这一昵称变成了家喻户晓的网络时髦用语，顺利抢占了国内微博市场的领先地位。2010 年，微博出现了井喷式的增长，各大门户网站、政府网站、媒体单位和生活服务类网站纷纷上马，中国微博元年开启。在紧随其后的 2011 年和 2012 年两年时间内，国内微博队伍持续壮大。政府、学校、商家等机构单位都推出了官方微博，人们已经习惯了通过微博关注、询问、报名、参加并反馈各种活动。

本书选择智能城市官方账号（国内城市采用新浪微博的数据，国外城市采用 Twitter 的数据）的关注人数与城市总人数比例，作为网上公众参与比例的评价。

■ 指标 F23：市民健康电子档案使用水平

该指标是指拥有个人健康电子档案的居民占城市总居民数量的比例，反映城市市民信息的数字化程度。

智能医疗是智能城市的重要组成部分。通过建设健康档案医疗信息平台，利用物联网等信息技术，实现患者与医务人员、医疗机构、医疗设备之间的互动，逐步达到数字化、信息化。智能医疗在智能城市中的应用不仅仅包括满足医院内部看病就诊的需求，更应包括在城市范围中公共健康卫生系统的应用和推广，这也是未来智能医疗的发展方向之一。

在智能的公共健康卫生系统中，电子健康档案（Electronic Health

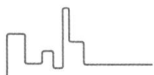

Records，EHR）是人们在相关健康活动中直接形成的具有保存、备查价值的电子化历史记录，存储于计算机系统之中，面向个人提供服务，具有安全保密性能的终身个人健康档案。电子健康档案是以居民个人健康为核心，贯穿整个生命过程，涵盖各种健康相关因素，实现多渠道信息动态收集，满足居民自我保健、健康管理和健康决策需要的信息资源（董建成，2010）。

本书在计算时采取精度评价方法，用 100（优良水平）表示有详细的电子健康档案应用（例如城市网站上有与市民自我健康指导、寻医就医指导、医疗保险指导、城市市民病例联网、远程医疗系统等相关的应用），用 50（一般水平）表示有应用但无具体内容或者部分地区有应用，用 0（较差水平）表示没有应用。

■ 指标 F24：突发事件智能应急水平

该指标是指面对城市重大突发事件（例如灾难、事故等情况）时智能应急系统的水平。

城市安全是典型的公共安全，它以公众的健康、生命和财产免遭损害为目的，以法制化和社会化的防控方式，把各种威胁始终控制在某种最低限度，并尽可能保持公共生活的正常秩序（蔡达峰，2012）。在智能城市建设中，如何利用信息化手段，形成一套集预防与应急准备、监测与预警、应急处置与救援等于一体的智能化应急体系和工作机制，非常能够体现智能城市的实时反应和学习能力。

本书在计算时采取梯度评价方法，用 100（优良水平）表示有详细的突发事件智能应急应用（例如城市政府网站上有与市民网上报案系统、不同类型应急事件预案、应急事件即时指导、后续总结公开等相关的应用），用 50（一般水平）表示有应用但无具体内容或者部分地区有应用，用 0（较差水平）表示没有应用。

（三）智能经济与产业

■ 指标 F31：R&D 支出占 GDP 的比重

该指标是指城市研发支出占 GDP 的比重，反映该城市的科技实力、创新能力和核心竞争力。

R&D（Research and Development）支出指全社会研究与试验发展的支出，包括实际用于基础研究、应用研究和试验发展的经费支出。城市 R&D 投入与城市中科研人员数量、从事科研企业数量存在显著的相关性，由此反映城市的科技实力、创新能力和核心竞争力。在智能城市建设中，R&D 支出成为评判城市自主创新能力的重要指标。

本书在国内智能城市的评价中采用了《中国城市统计年鉴 2011》中 2-24 科技支出这项数据，在国际智能城市的评价中采用了世界银行 R&D 支出占 GDP 比重这项数据[①]。

■ 指标 F32：城市劳动生产率

该指标是指人均国内生产总值（GDP），反映城市的智力经济发展水平。

■ 指标 F33：城市产值密度

该指标是指城市每平方千米土地创造的 GNP 均值，充分反映土地使用的智力水平效率。

城市劳动生产率、城市产值密度均是城市经济发展状况的有效反映。城市劳动生产率更客观地衡量各国人民生活水平，城市产值密度更客观地反映土地效率。

本书在评价以上两个指标时分别选用了 GNP/人口数量和 GNP/城市面积的数据。

---

① 世界银行的 R&D 支出占 GDP 比重是国家数据。在智能城市建设评价中，城市的数据只能用其所在国家的数据代替。

■ 指标 F34：城市智能产业比重

该指标是指知识、技术密集型产业占城市产业的比重。

智能产业是产业发展的高级阶段，是城市传统产业转型升级的重要方向。智能城市的建设，以物联网、云计算、移动互联网、大数据等智慧产业为技术基础，首先带动信息管理服务、信息技术相关制造、信息系统设计维护、信息分析咨询等领域的产业发展，并在此基础上，对城市公共管理、创新服务等更广泛的领域产生影响。智能城市的建设，将信息化数字化技术导入现代制造业与服务业，产生有别于传统的"智能产业"。

本书以电子商务交易额与城市 GDP 比重作为智能产业比重的评判，没有城市数据的以其所在国家或省的数据代替。

（四）智能硬件设施

■ 指标 F41：公共空间免费网络覆盖密度

该指标是指提供免费无线网络的城市空间占城市总面积的比例，从硬件上反映城市信息的可获取水平。

城市网络覆盖水平是衡量城市智能建设的重要指标之一。美国费城于 2004 年提出"无线城市"概念，建设基于 WLAN 标准的无线宽带城市区域网络。之后全世界多个城市都开始投入无线城市的建设，以高速宽带无线网络为基础，实现无线网络范围内的随时随地上网，获取信息化服务。我国于 2013 年印发《"宽带中国"战略及实施方案》，到 2013 年年底，无线局域网基本实现城市重要公共区域热点覆盖[1]。

本书选择中国电信 Wi-Fi 热点查询平台[2]评价国内智能城市公共空间免费网络的提供水平，选择免费 Wi-Fi 热点查询平台[3]评价国外智能城市公共空间免费网络的提供水平。这两个平台均提供 Wi-Fi 热点数量，将该数量与城市面积的商作为评价免费网络覆盖密度的指标。上海和伦敦的 Wi-Fi

---

[1] 详见 http://www.gov.cn/zwgk/2013-08/17/content_2468348.htm。

[2] 详见 http://wlan.vnet.cn。

[3] 详见 http://www.wificafespots.com/wifi。

免费覆盖区域分别如图 A1 和图 A2 所示。

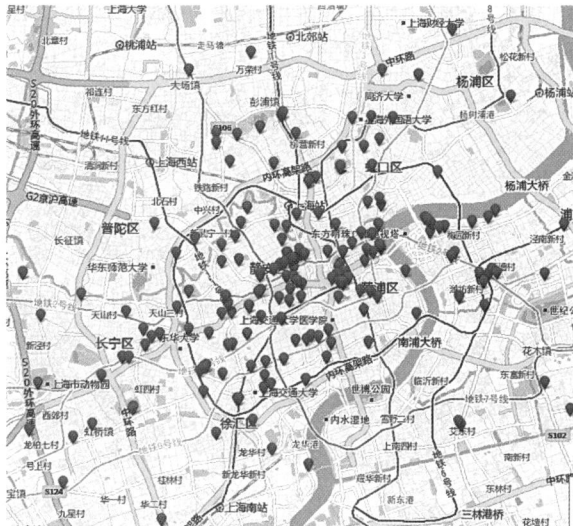

图 A1　上海城市局部 Wi-Fi 免费覆盖区域[1]

图 A2　伦敦城市局部 Wi-Fi 免费覆盖区域[2]

■ 指标 F42：移动网络人均使用率

该指标是指人均移动网络（手机 3G/4G 等）的使用率，反映城市移动

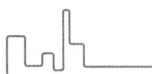

网络的建设水平。

与公共空间免费网络覆盖密度类似，移动网络人均使用率也是评价城市互联网络的建设水平。前者更多的是从政府角度提供基础设施，而后者则是从手机等移动网络设施的普及率角度评价城市移动网络的使用水平。

本书通过城市移动网络的使用人数比例来评价城市移动网络的人均使用率。

■ 指标 F43：城市宽带网速

该指标是智能城市建设的基础环节之一。若一个城市提出建设智能城市，其城市网速却十分缓慢，那么自然就会对其建设智能城市产生怀疑。NetIndex 公司提供世界城市宽带网速的实时测评信息[1]。

■ 指标 F44：智能电网覆盖水平

该指标是指电网智能化在城市中的覆盖率，反映城市能源的智能化水平。

智能电网是电网的智能化。相对于传统电网，智能电网的先进性主要体现在配用点环节。城市智能电网是将先进的传感测量技术、信息通信技术、分析决策技术、自动控制技术和能源电力技术相结合，并与城市电网基础设施高度集成，形成新型现代化的城市电网。

本书在计算时采取梯度评价方法，用 100（优良水平）表示有详细智能电网应用，用 50（一般水平）表示有应用但无具体内容或者部分地区有应用，用 0（较差水平）表示没有应用。

（五）居民智能素养

■ 指标 F51：城市网民比重

该指标是指网民占城市人口的比例，反映居民信息获取和学习的水平。

随着计算机和网络的发展和普及，世界范围内网民的数量越来越多，网络成为反映民意、传达民声的重要平台。互联网络正逐步转移并替代传

---

① 资料来源：http://www.netindex.com。

统媒体，在市民生产生活中起到越来越重要的作用。智能的城市，应该具有通过网络平台实时获得并传递信息、即时反馈信息的条件。城市网民比重可以从市民的角度反映城市的智能程度。

本书在国内智能城市的评价中采用了《中国城市统计年鉴 2011》中 2-36 国际互联网用户数这项数据，在国外智能城市的评价中采用了世界银行互联网使用人数比例这项数据[1]。

■ 指标 F52：信息从业人员比重

该指标是指信息从业人员占城市从业人员的比重。

信息从业人员比重可以反映出城市的信息服务与软件行业比例，市民对信息技术服务的需求，以及城市的创新能力。这是评价智能城市的重要方面。

本书在国内智能城市的评价中采用了《中国城市统计年鉴 2011》中 2-7 信息传输、计算机服务和软件业从业人员这项数据，在欧洲智能城市的评价中采用了欧盟《欧洲信息产业集群》（*The European ICT Clusters*）报告中的数据[2]，在美国智能城市的评价中采用了美国劳工部从业人员统计数据[3]。

■ 指标 F53：大专及以上文化程度人口比重

该指标是指拥有大专及以上学历的人口占城市总人口的比重，通过居民受教育程度反映城市智能化水平。

人口受教育水平是衡量人口文化素质的重要指标，城市市民受高等教育的比例可以反映出城市的发达程度。

本书在国内智能城市的评价中采用了《中国城市统计年鉴 2011》中 2-29 普通高等学校在校学生数这项数据，在国外智能城市的评价中采用经济合作与发展组织公布的教育排名[4]。

---

[1] 世界银行的互联网使用人数比例是国家数据。在智能城市建设评价中，城市的数据只能用其所在国家的数据代替。

[2] 详见 http://rucforsk.ruc.dk/site/files/32956338/the_european_ict_clusters_web_0.pdf。

[3] 详见 http://www.bls.gov/oes。

[4] 经济合作与发展组织公布的教育排名是国家数据。在智能城市建设评价中，城市的数据只能用其所在国家的数据代替。

■ 指标 F54：市民人均网购支出金额

该指标是指市民人均网络消费的金额占总消费金额的比重，间接反映互联网的普及程度和物联网发展水平。

赵皎云（2009）的研究表明，欧洲国家电子商务所产生的营业额已占商务总额的 1/4，而在美国已高达 1/3 以上。美国在线、雅虎、电子港湾等著名的电子商务公司从 1995 年前后开始兴起，IBM、亚马逊、沃尔玛超市等电子商务公司在各自的领域更是取得了巨额利润。在国内，网络购物市场的繁荣发展，极大地刺激了城市经济增长，网购在社会消费零售额中增长速度最快，已成为经济增长的新动力。

本书在国内智能城市的评价中采用了淘宝网 2012 年公布的《中国城市网购发展环境报告》中的城市网购数据（该报告对城市的评价分为五级，本书用 0、25、50、75 和 100 分别评价），在国际智能城市的评价中采用高纬环球（Cushman & Wakefield）2003 年公布的《全球视角的网上消费报告》（*Global Perspective on Retail: Online Retailing*）中的数据[①]。

四、智能城市评价指标的数据处理

原始数据的量纲各不相同，既有实物量、价值量，也有人均值、百分比，故不能直接纳入评价指标体系进行计算比较。为了解决各指标不同量纲难以进行综合汇总的问题，在完成数据收集工作后，还需对原始数据做标准化处理，使其转化为无量纲数值，消除不同计算单位的影响，使数据趋于稳定。

通过选用简单而实用的相对化处理方法可消除量纲的影响。其主要原理是先为待评价指标确定一个比较标准，作为比较的标准值，然后用各指标的实际值（X）和相对值（X_0）进行比较，即可将不同性质、不同量的各种指标换算为同度量的指标。

[①] 高纬环球公布的数据是国家数据。在智能城市建设评价中，城市的数据只能用其所在国家的数据代替。

指标标准化的方法很多，如直线型、折线型和曲线型等。

直线型方法假定指标实际值和标准化后的值之间呈线性关系。常用的处理方法有两种：

（1）中心化法：

$$A_i' = A_i - \bar{A}$$

（2）标准化法：

$$A_i' = (A_i - \bar{A}) / \sigma_i, \quad \sigma_i^2 = \sum (A_i - \bar{A})^2 / n$$

或

$$A_i' = (A_i - A_{min}) / A_{max} - A_{min}$$

或

$$A_i' = A_i / A_{max}$$

折线型方法主要用在被评价事物的综合水平受不同区间变化影响时，采用极值化方法分段做标准化处理。

但如果实际值对评价值的影响是不等比的，则采用曲线型标准化法。

在此，我们采用 $A_i' = A_i / A_{max}$，这样每一指标的取值通过转换后都在 0 至 100 的范围内，符合百分制的评分习惯。

五、国内外智能城市建设评价排行基本数据总览

表 A16　我国 33 个城市的智能建设综合评价和分项评价

城市	综合		智能环境与建设		智能管理与服务		智能经济与产业		智能硬件设施		居民智能素养	
	排名	得分	排名	得分	排名	得分	排名	得分	排名	得分	排名	得分
金华	1	62.92	3	86.08	28	36.50	3	56.17	1	77.91	1	57.93
宁波	2	57.09	6	82.65	3	70.50	23	32.29	6	58.79	8	41.20
珠海	3	56.13	14	71.31	7	61.47	27	27.70	2	69.84	4	50.33
温州	4	55.80	8	81.14	26	39.98	20	33.60	3	68.58	2	55.67
武汉	5	55.44	9	79.84	4	69.29	24	31.18	9	54.55	7	42.33

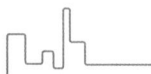

续　表

城市	综合		智能环境与建设		智能管理与服务		智能经济与产业		智能硬件设施		居民智能素养	
	排名	得分	排名	得分	排名	得分	排名	得分	排名	得分	排名	得分
南京	6	54.78	18	66.35	2	74.94	16	35.16	5	59.02	9	38.45
无锡	7	54.67	7	81.60	11	60.22	2	57.65	14	46.50	22	27.41
上海浦东	8	54.48	11	75.45	1	75.65	11	40.45	13	50.61	18	30.24
泰州	9	53.98	19	66.19	13	58.66	1	66.51	18	42.83	11	35.72
常州	10	53.25	16	70.37	21	46.38	4	52.27	4	64.39	15	32.84
威海	11	53.22	2	87.11	14	55.57	9	43.67	16	44.75	13	34.99
镇江	12	53.09	5	84.55	22	46.16	5	51.68	12	51.60	16	31.46
东营	13	51.97	1	87.50	10	60.28	7	48.44	27	28.44	12	35.19
廊坊	14	51.85	4	84.98	32	23.16	13	40.11	8	56.16	3	54.81
德州	15	48.41	13	73.02	9	60.55	8	44.31	19	41.25	24	22.90
咸阳	16	47.65	10	78.78	16	50.41	18	34.43	23	36.95	10	37.66
雅安	17	45.77	23	50.00	24	42.49	15	35.16	10	53.11	6	48.09
南平	18	45.47	33	25.00	18	48.96	6	51.64	11	52.45	5	49.29
株洲	19	43.61	21	63.57	12	59.59	25	29.91	22	37.01	21	27.95
铜陵	20	42.75	24	50.00	25	40.34	14	37.28	7	56.22	19	29.91
芜湖	21	42.69	22	57.49	19	46.55	12	40.26	20	40.73	20	28.42
拉萨	22	40.82	17	67.33	17	49.49	33	7.90	17	44.58	14	34.78
长治	23	40.75	20	63.78	6	63.67	28	25.13	26	30.92	26	20.25
蚌埠	24	40.43	25	50.00	8	61.23	17	34.72	21	38.58	27	17.63
淮南	25	40.36	12	75.00	23	44.05	22	32.41	24	35.65	29	14.67
萍乡	26	38.67	26	50.00	29	34.62	10	43.18	15	44.78	25	20.76
鹤壁	27	37.57	27	50.00	5	67.73	26	28.72	28	27.88	30	13.55
秦皇岛	28	36.60	30	49.33	15	55.02	30	20.53	29	27.47	17	30.67
邯郸	29	35.19	15	70.97	33	20.79	19	34.25	30	23.88	23	26.06

城市	综合		智能环境与建设		智能管理与服务		智能经济与产业		智能硬件设施		居民智能素养	
	排名	得分	排名	得分	排名	得分	排名	得分	排名	得分	排名	得分
六盘水	30	33.03	28	50.00	20	46.48	29	22.92	25	34.81	33	10.92
漯河	31	30.22	29	50.00	31	31.14	21	33.35	31	19.83	28	16.77
乌海	32	22.48	31	37.50	27	38.93	32	16.32	33	6.91	31	12.72
辽源	33	21.55	32	37.50	30	32.50	31	17.56	32	9.23	32	10.95

表 A17　我国 33 个城市的智能环境与建设原始数据与得分

排名	城市	城市PM2.5/PM10监测点密度		城市网格化管理覆盖水平		市民智能交通工具使用水平		城市未来建设方案的网上公布水平		综合值
		原始数据[a]	得分	原始数据[b]	得分	原始数据[b]	得分	原始数据[b]	得分	
1	东营	0.091 8	100.00	100.00	100.00	100.00	100.00	50.00	50.00	87.50
2	威海	0.044 4	48.44	100.00	100.00	100.00	100.00	100.00	100.00	87.11
3	金华	0.040 7	44.34	100.00	100.00	100.00	100.00	100.00	100.00	86.08
4	廊坊	0.082 5	89.92	100.00	100.00	100.00	100.00	50.00	50.00	84.98
5	镇江	0.035 1	38.21	100.00	100.00	100.00	100.00	100.00	100.00	84.55
6	宁波	0.028 1	30.60	100.00	100.00	100.00	100.00	100.00	100.00	82.65
7	无锡	0.024 2	26.39	100.00	100.00	100.00	100.00	100.00	100.00	81.60
8	温州	0.068 4	74.57	50.00	50.00	100.00	100.00	100.00	100.00	81.14
9	武汉	0.017 8	19.37	100.00	100.00	100.00	100.00	100.00	100.00	79.84
10	咸阳	0.059 7	65.11	50.00	50.00	100.00	100.00	100.00	100.00	78.78
11	上海浦东	0.001 7	1.80	100.00	100.00	100.00	100.00	100.00	100.00	75.45
12	淮南	0.000 0	0.00	100.00	100.00	100.00	100.00	100.00	100.00	75.00
13	德州	0.084 5	92.10	50.00	50.00	100.00	100.00	50.00	50.00	73.02
14	珠海	0.032 4	35.26	50.00	50.00	100.00	100.00	100.00	100.00	71.31

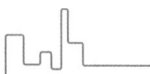

续　表

排名	城市	城市PM2.5/PM10监测点密度		城市网格化管理覆盖水平		市民智能交通工具使用水平		城市未来建设方案的网上公布水平		综合值
		原始数据[a]	得分	原始数据[b]	得分	原始数据[b]	得分	原始数据[b]	得分	
15	邯郸	0.077 0	83.88	50.00	50.00	100.00	100.00	50.00	50.00	70.97
16	常州	0.028 9	31.47	50.00	50.00	100.00	100.00	100.00	100.00	70.37
17	拉萨	0.063 6	69.33	100.00	100.00	50.00	50.00	50.00	50.00	67.33
18	南京	0.014 1	15.38	50.00	50.00	100.00	100.00	100.00	100.00	66.35
19	泰州	0.059 4	64.77	50.00	50.00	50.00	50.00	100.00	100.00	66.19
20	长治	0.050 6	55.13	100.00	100.00	50.00	50.00	50.00	50.00	63.78
21	株洲	0.049 8	54.30	50.00	50.00	100.00	100.00	50.00	50.00	63.57
22	芜湖	0.027 5	29.96	100.00	100.00	50.00	50.00	50.00	50.00	57.49
23	漯河	0.000 0	0.00	50.00	50.00	100.00	100.00	50.00	50.00	50.00
24	蚌埠	0.000 0	0.00	50.00	50.00	100.00	100.00	50.00	50.00	50.00
25	铜陵	0.000 0	0.00	50.00	50.00	50.00	50.00	100.00	100.00	50.00
26	雅安	0.000 0	0.00	50.00	50.00	50.00	50.00	50.00	50.00	50.00
27	萍乡	0.000 0	0.00	100.00	100.00	0.00	0.00	100.00	100.00	50.00
28	鹤壁	0.000 0	0.00	50.00	50.00	50.00	50.00	100.00	100.00	50.00
29	六盘水	0.000 0	0.00	50.00	50.00	100.00	100.00	50.00	50.00	50.00
30	秦皇岛	0.043 4	47.32	50.00	50.00	50.00	50.00	50.00	50.00	49.33
31	乌海	0.000 0	0.00	50.00	50.00	50.00	50.00	50.00	50.00	37.50
32	辽源	0.000 0	0.00	50.00	50.00	0.00	0.00	100.00	100.00	37.50
33	南平	0.000 0	0.00	50.00	50.00	0.00	0.00	50.00	50.00	25.00

[a] 单位：个 /km^2。
[b] 单位：无。

表 A18　我国 33 个城市的智能管理与服务原始数据与得分

排名	城市	政府非涉密公文网上公开度		网上公众参与比例		市民健康电子档案使用水平		突发事件智能应急水平		综合值
		原始数据[a]	得分	原始数据[b]	得分	原始数据[a]	得分	原始数据[a]	得分	
1	上海浦东	45	100.00	2.84	2.59	100.00	100.00	100.00	100.00	75.65
2	南京	21	46.99	0.577 9	52.78	100.00	100.00	100.00	100.00	74.94
3	宁波	23	50.35	0.346 5	31.64	100.00	100.00	100.00	100.00	70.50
4	武汉	23	51.39	0.282 2	25.77	100.00	100.00	100.00	100.00	69.29
5	鹤壁	18	40.96	0.327 8	29.94	100.00	100.00	100.00	100.00	67.73
6	长治	43	95.45	0.101 2	9.24	50.00	50.00	100.00	100.00	63.67
7	珠海	41	91.07	0.052 8	4.83	50.00	50.00	100.00	100.00	61.47
8	蚌埠	19	42.23	0.029 6	2.70	100.00	100.00	100.00	100.00	61.23
9	德州	19	42.20	1.094 9	100.00	50.00	50.00	50.00	50.00	60.55
10	东营	14	30.76	0.113 3	10.35	100.00	100.00	100.00	100.00	60.28
11	无锡	22	48.42	0.464 8	42.45	50.00	50.00	100.00	100.00	60.22
12	株洲	13	29.34	0.098 8	9.02	100.00	100.00	100.00	100.00	59.59
13	泰州	18	39.80	1.038 3	94.83	50.00	50.00	50.00	50.00	58.66
14	威海	16	35.22	0.406 0	37.08	50.00	50.00	100.00	100.00	55.57
15	秦皇岛	18	40.07	0.328 5	30.00	100.00	100.00	50.00	50.00	55.02
16	咸阳	22	50.26	0.014 9	1.36	100.00	100.00	50.00	50.00	50.41
17	拉萨	4	8.39	0.433 5	39.59	100.00	100.00	50.00	50.00	49.49
18	南平	19	41.67	0.045 8	4.18	100.00	100.00	50.00	50.00	48.96
19	芜湖	38	84.62	0.017 2	1.57	100.00	100.00	0.00	0.00	46.55
20	六盘水	16	35.94	0.000 0	0.00	100.00	100.00	50.00	50.00	46.48
21	常州	16	35.40	0.001 4	0.13	100.00	100.00	50.00	50.00	46.38
22	镇江	21	47.54	0.406 0	37.08	100.00	100.00	0.00	0.00	46.16
23	淮南	32	70.80	0.059 2	5.41	100.00	100.00	0.00	0.00	44.05

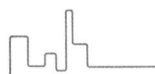

续　表

排名	城市	政府非涉密公文网上公开度		网上公众参与比例		市民健康电子档案使用水平		突发事件智能应急水平		综合值
		原始数据[a]	得分	原始数据[b]	得分	原始数据[a]	得分	原始数据[a]	得分	
24	雅安	4	8.39	0.126 7	11.57	100.00	100.00	50.00	50.00	42.49
25	铜陵	22	48.46	0.141 0	12.88	50.00	50.00	50.00	50.00	40.34
26	温州	20	44.52	0.168 8	15.41	50.00	50.00	50.00	50.00	39.98
27	乌海	3	5.59	0.001 3	0.12	100.00	100.00	50.00	50.00	38.93
28	金华	18	39.29	0.073 2	6.69	100.00	100.00	0.00	0.00	36.50
29	萍乡	23	52.12	0.398 0	36.35	0.00	0.00	50.00	50.00	34.62
30	辽源	10	22.37	0.083 5	7.63	50.00	50.00	50.00	50.00	32.50
31	漯河	10	22.37	0.024 0	2.19	100.00	100.00	0.00	0.00	31.14
32	廊坊	14	31.32	0.124 1	11.33	50.00	50.00	0.00	0.00	23.16
33	邯郸	13	27.97	0.056 7	5.18	50.00	50.00	0.00	0.00	20.79

[a] 单位：无。
[b] 单位：%。

表 A19　我国 33 个城市的智能经济与产业原始数据与得分

排名	城市	R&D支出占GDP的比重		城市劳动生产率		城市产值密度		城市智能产业比重		综合值
		原始数据[a]	得分	原始数据[b]	得分	原始数据[c]	得分	原始数据[a]	得分	
1	泰州	0.10	3.35	323 948	71.79	297 474	100.00	3.75	90.89	66.51
2	无锡	0.20	6.86	297 341	65.89	199 170	66.95	3.75	90.89	57.65
3	金华	0.07	2.42	451 249	100.00	284 066	95.49	1.11	26.77	56.17
4	常州	0.16	5.63	247 176	54.78	171 874	57.78	3.75	90.89	52.27
5	镇江	0.10	3.29	247 877	54.93	171 429	57.63	3.75	90.89	51.68
6	南平	0.05	1.58	375 517	83.22	257 984	86.73	1.45	35.02	51.64
7	东营	0.05	1.61	383 232	84.93	216 548	72.80	1.42	34.41	48.44
8	德州	0.01	0.20	280 297	62.12	239 437	80.49	1.42	34.41	44.31

排名	城市	R&D支出占GDP的比重		城市劳动生产率		城市产值密度		城市智能产业比重		综合值
		原始数据[a]	得分	原始数据[b]	得分	原始数据[c]	得分	原始数据[a]	得分	
9	威海	0.10	3.54	398 504	88.31	144 052	48.43	1.42	34.41	43.67
10	萍乡	0.05	1.70	138 261	30.64	120 092	40.37	4.13	100.00	43.18
11	上海浦东	2.90	100.00	105 971	23.48	45 307	15.23	0.95	23.10	40.45
12	芜湖	0.64	22.20	99 484	22.05	74 227	24.95	3.79	91.84	40.26
13	廊坊	0.05	1.60	288 889	64.02	214 521	72.11	0.94	22.72	40.11
14	铜陵	0.16	5.35	119 867	26.56	75 444	25.36	3.79	91.84	37.28
15	雅安	0.02	0.52	151 731	33.62	152 381	51.22	2.28	55.28	35.16
16	南京	0.30	10.46	76 693	17.00	66 331	22.30	3.75	90.89	35.16
17	蚌埠	0.33	11.42	76 913	17.04	55 300	18.59	3.79	91.84	34.72
18	咸阳	0.03	0.91	133 093	29.49	164 105	55.17	2.16	52.16	34.43
19	邯郸	0.03	1.06	154 674	34.28	196 699	66.12	1.47	35.53	34.25
20	温州	0.11	3.74	235 318	52.15	153 947	51.75	1.11	26.77	33.60
21	漯河	0.04	1.25	123 394	27.35	113 667	38.21	2.75	66.61	33.35
22	淮南	0.12	4.21	57 259	12.69	62 161	20.90	3.79	91.84	32.41
23	宁波	0.25	8.64	192 631	42.69	151 943	51.08	0.011 1	26.77	32.29
24	武汉	0.17	5.95	99 418	22.03	108 902	36.61	0.024 8	60.14	31.18
25	株洲	0.15	5.28	136 739	30.30	105 796	35.56	0.020 0	48.48	29.91
26	鹤壁	0.05	1.68	101 205	22.43	71 856	24.16	0.027 5	66.61	28.72
27	珠海	0.33	11.42	160 717	35.62	97 218	32.68	0.012 8	31.09	27.70
28	长治	0.06	1.97	137 594	30.49	155 182	52.17	0.006 6	15.88	25.13
29	六盘水	0.04	1.52	173 472	38.44	130 036	43.71	0.003 3	8.01	22.92
30	秦皇岛	0.05	1.82	106 651	23.63	100 955	33.94	0.009 4	22.72	20.53
31	辽源	0.05	1.73	82 661	18.32	88 476	29.74	0.008 5	20.45	17.56
32	乌海	0.15	5.26	88 409	19.59	61 825	20.78	0.008 1	19.66	16.32

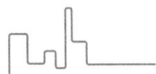

续 表

排名	城市	R&D支出占GDP的比重		城市劳动生产率		城市产值密度		城市智能产业比重		综合值
		原始数据[a]	得分	原始数据[b]	得分	原始数据[c]	得分	原始数据[a]	得分	
33	拉萨	0.00	0.00	83 214	18.44	28 453	9.56	0.001 5	3.60	7.90

[a] 单位：%。
[b] 单位：元／人。
[c] 单位：万元／km²。

表 A20　我国 33 个城市的智能硬件设施原始数据与得分

排名	城市	公共空间免费网络覆盖密度		移动网络人均使用率		城市宽带网速		智能电网覆盖水平		综合值
		原始数据[a]	得分	原始数据[b]	得分	原始数据[c]	得分	原始数据[d]	得分	
1	金华	16.07	100.00	103.40	100.00	29.67	61.66	50.00	50.00	77.91
2	珠海	3.81	23.71	96.27	93.10	30.10	62.55	100.00	100.00	69.84
3	温州	4.38	27.28	77.23	74.69	34.81	72.34	100.00	100.00	68.58
4	常州	8.42	52.40	39.87	38.55	32.05	66.60	100.00	100.00	64.39
5	南京	3.51	21.84	32.64	31.56	39.78	82.67	100.00	100.00	59.02
6	宁波	4.32	26.91	37.18	35.96	35.19	73.13	100.00	100.00	58.79
7	铜陵	6.62	41.19	37.38	36.15	27.83	57.83	100.00	100.00	56.22
8	廊坊	3.13	19.50	30.80	29.79	36.38	75.60	100.00	100.00	56.16
9	武汉	0.76	4.72	53.33	51.58	32.89	68.35	100.00	100.00	54.55
10	雅安	3.23	20.09	45.43	43.93	26.07	54.18	50.00	50.00	53.11
11	南平	1.19	7.41	56.90	55.03	48.12	100.00	50.00	50.00	52.45
12	镇江	5.04	31.36	77.48	74.93	25.76	53.53	100.00	100.00	51.60
13	上海浦东	5.00	31.14	30.41	29.41	22.07	45.86	100.00	100.00	50.61
14	无锡	0.83	5.14	20.87	20.18	37.10	77.10	50.00	50.00	46.50
15	萍乡	4.36	27.16	31.91	30.86	34.22	71.11	50.00	50.00	44.78
16	威海	0.56	3.50	49.18	47.56	37.50	77.93	50.00	50.00	44.75

排名	城市	公共空间免费网络覆盖密度		移动网络人均使用率		城市宽带网速		智能电网覆盖水平		综合值
		原始数据[a]	得分	原始数据[b]	得分	原始数据[c]	得分	原始数据[d]	得分	
17	拉萨	4.76	29.59	27.91	26.99	10.47	21.76	100.00	100.00	44.58
18	泰州	6.40	39.85	19.42	18.78	30.16	62.68	50.00	50.00	42.83
19	德州	0.24	1.49	19.79	19.13	21.36	44.39	100.00	100.00	41.25
20	芜湖	4.32	26.90	33.16	32.07	25.96	53.95	50.00	50.00	40.73
21	蚌埠	2.06	12.79	15.38	14.88	36.89	76.66	50.00	50.00	38.58
22	株洲	1.79	11.16	25.76	24.91	29.82	61.97	50.00	50.00	37.01
23	咸阳	2.54	15.80	29.07	28.12	25.92	53.87	50.00	50.00	36.95
24	淮南	7.74	48.18	11.32	10.95	40.16	83.46	0.00	0.00	35.65
25	六盘水	0.94	5.82	41.58	40.21	20.80	43.23	50.00	50.00	34.81
26	长治	0.42	2.62	35.89	34.70	17.49	36.35	50.00	50.00	30.92
27	东营	0.08	0.51	19.49	18.85	21.36	44.39	50.00	50.00	28.44
28	鹤壁	0.26	1.60	2.41	2.33	27.72	57.61	50.00	50.00	27.88
29	秦皇岛	0.60	3.72	13.76	13.31	20.63	42.87	50.00	50.00	27.47
30	邯郸	0.05	0.32	16.14	15.61	14.24	29.59	50.00	50.00	23.88
31	漯河	0.12	0.73	21.71	21.00	27.72	57.61	0.00	0.00	19.83
32	辽源	0.22	1.34	2.02	1.95	16.19	33.65	0.00	0.00	9.23
33	乌海	0.24	1.48	4.55	4.40	10.47	21.76	0.00	0.00	6.91

[a] 单位：个 /km²。
[b] 单位：%。
[c] 单位：Mbps。
[d] 单位：无。

表 A21　我国 33 个城市的居民智能素养原始数据与得分

排名	城市	城市网民比重		信息从业人员比重		大专及以上文化程度人口比重		市民人均网购支出金额		综合值
		原始数据[a]	得分	原始数据[a]	得分	原始数据[a]	得分	原始数据[b]	得分	
1	金华	163.33	46.18	1.27	66.50	16.25	69.04	50.00	50.00	57.93
2	温州	353.66	100.00	0.43	22.31	5.97	25.38	75.00	75.00	55.67
3	廊坊	89.09	25.19	0.84	44.18	23.50	99.86	50.00	50.00	54.81
4	珠海	39.84	11.27	1.10	57.37	13.58	57.70	75.00	75.00	50.33
5	南平	96.52	27.29	1.91	100.00	10.56	44.87	25.00	25.00	49.29
6	雅安	36.44	10.30	1.09	57.06	23.53	100.00	25.00	25.00	48.09
7	武汉	29.92	8.46	0.40	21.03	15.26	64.82	75.00	75.00	42.33
8	宁波	65.55	18.53	0.40	20.72	6.01	25.54	100.00	100.00	41.20
9	南京	25.76	7.28	0.23	11.95	14.02	59.58	75.00	75.00	38.45
10	咸阳	26.20	7.41	0.41	21.55	10.99	46.70	75.00	75.00	37.66
11	泰州	63.30	17.90	0.86	44.87	7.09	30.13	50.00	50.00	35.72
12	东营	44.92	12.70	0.81	42.48	8.37	35.58	50.00	50.00	35.19
13	威海	65.76	18.59	0.35	18.23	12.51	53.14	50.00	50.00	34.99
14	拉萨	0.000	0.00	1.72	90.05	5.66	24.07	25.00	25.00	34.78
15	常州	68.13	19.27	0.34	17.82	10.42	44.28	50.00	50.00	32.84
16	镇江	46.99	13.29	0.30	15.91	10.98	46.65	50.00	50.00	31.46
17	秦皇岛	45.51	12.87	0.32	16.80	10.12	42.99	50.00	50.00	30.67
18	上海浦东	78.25	22.13	0.28	14.53	2.18	9.28	75.00	75.00	30.24
19	铜陵	24.65	6.97	0.21	10.74	6.33	26.92	75.00	75.00	29.91
20	芜湖	22.64	6.40	0.17	8.68	11.44	48.61	50.00	50.00	28.42
21	株洲	19.88	5.62	0.43	22.46	7.93	33.71	50.00	50.00	27.95
22	无锡	60.43	17.09	0.34	17.83	5.82	24.73	50.00	50.00	27.41
23	邯郸	67.19	19.00	0.35	18.30	3.98	16.93	50.00	50.00	26.06

排名	城市	城市网民比重		信息从业人员比重		大专及以上文化程度人口比重		市民人均网购支出金额		综合值
		原始数据[a]	得分	原始数据[a]	得分	原始数据[a]	得分	原始数据[b]	得分	
24	德州	41.38	11.70	0.51	26.74	6.63	28.17	25.00	25.00	22.90
25	萍乡	39.76	11.24	0.69	36.17	2.50	10.61	25.00	25.00	20.76
26	长治	35.83	10.13	0.51	26.60	4.54	19.29	25.00	25.00	20.25
27	蚌埠	20.46	5.78	0.22	11.40	6.67	28.35	25.00	25.00	17.63
28	漯河	30.41	8.60	0.29	15.15	4.32	18.34	25.00	25.00	16.77
29	淮南	11.79	3.33	0.12	6.42	5.63	23.94	25.00	25.00	14.67
30	鹤壁	31.41	8.88	0.22	11.35	2.11	8.96	25.00	25.00	13.55
31	乌海	15.84	4.48	0.34	17.84	0.84	3.56	25.00	25.00	12.72
32	辽源	12.79	3.62	0.16	8.44	1.59	6.75	25.00	25.00	10.95
33	六盘水	26.34	7.45	0.49	25.38	2.55	10.85	0.00	0.00	10.92

[a] 单位：%。
[b] 单位：无。

表 A22 国内外 41 个城市的智能建设综合评价和分项评价

城市	综合		智能环境与建设		智能管理与服务		智能经济与产业		智能硬件设施		居民智能素养	
	排名	得分	排名	得分	排名	得分	排名	得分	排名	得分	排名	得分
伦敦	1	65.67	13	77.66	4	72.05	6	53.33	4	63.47	5	61.85
阿姆斯特丹	2	65.51	1	97.84	3	72.86	5	54.14	10	56.56	27	46.13
赫尔辛基	3	64.01	10	84.84	1	74.98	8	47.55	23	47.53	3	65.15
波士顿	4	63.87	6	88.42	2	74.36	3	59.63	31	41.29	14	55.65
哥本哈根	5	62.92	8	85.90	27	50.60	4	59.60	5	62.72	13	55.78
维也纳	6	61.22	4	92.03	15	68.98	22	35.83	7	60.97	25	48.30
华盛顿特区	7	60.92	24	67.79	19	61.54	1	75.58	24	45.85	23	53.84
西雅图	8	60.02	2	92.43	33	45.91	9	47.07	9	59.53	18	55.16

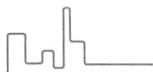

续　表

城市	综合		智能环境与建设		智能管理与服务		智能经济与产业		智能硬件设施		居民智能素养	
	排名	得分	排名	得分	排名	得分	排名	得分	排名	得分	排名	得分
芝加哥	9	59.04	18	75.70	13	70.09	17	42.38	17	51.82	17	55.19
圣何塞	10	58.77	14	76.86	11	70.16	24	34.57	14	53.58	8	58.67
波特兰	11	57.92	23	68.55	10	70.22	20	38.82	12	54.80	10	57.21
圣地亚哥	12	57.09	17	76.00	5	71.60	28	33.11	21	49.69	19	55.06
迪比克	13	56.62	26	62.50	8	70.95	34	27.43	18	50.19	1	72.04
曼彻斯特	14	56.21	12	82.27	28	48.04	7	52.08	36	35.09	4	63.59
纽约	15	55.51	22	72.10	32	45.95	14	44.12	8	60.83	22	54.56
巴塞罗那	16	55.22	20	75.00	26	53.71	10	46.70	2	68.73	28	31.98
底特律	17	52.51	34	44.52	12	70.15	18	41.42	19	49.97	11	56.49
明尼阿波利斯与圣保罗	18	52.16	27	62.50	20	59.85	15	43.67	35	39.16	15	55.61
费城	19	52.12	15	76.21	31	46.31	16	43.12	33	40.34	21	54.63
宁波	20	51.86	7	86.81	6	71.52	37	22.54	3	65.00	37	13.44
巴黎伊西莱穆利诺	21	51.39	38	25.00	23	58.19	30	30.95	1	71.27	2	71.55
旧金山	22	50.96	25	66.71	30	47.12	13	45.27	32	40.89	20	54.83
里斯本	23	49.51	28	62.50	16	67.05	29	31.90	6	62.43	34	23.69
克利夫兰	24	48.46	35	37.50	21	59.08	19	40.52	20	49.84	16	55.37
伯明翰	25	47.48	37	28.14	7	71.20	12	45.73	40	32.51	6	59.79
奥尔胡斯	26	47.40	29	62.50	38	25.07	11	45.79	26	45.25	9	58.40
利物浦	27	46.65	40	20.02	22	58.41	2	61.21	37	34.10	7	59.53
武汉	28	46.23	11	82.48	14	69.19	35	27.06	30	41.86	41	10.58
无锡	29	45.85	9	85.18	17	62.89	23	35.31	38	33.31	38	12.58
都灵	30	45.33	31	50.00	18	61.84	27	33.97	13	53.60	32	27.26
镇江	31	45.21	5	89.75	29	47.34	25	34.51	29	42.51	39	11.95

城市	综合		智能环境与建设		智能管理与服务		智能经济与产业		智能硬件设施		居民智能素养	
	排名	得分	排名	得分	排名	得分	排名	得分	排名	得分	排名	得分
上海浦东	32	45.06	19	75.70	9	70.56	40	19.45	25	45.34	35	14.26
金华	33	44.69	3	92.11	35	33.47	36	26.45	34	39.74	29	31.67
泰州	34	43.26	21	75.00	24	57.82	21	37.18	39	32.72	36	13.61
科隆	35	43.16	32	50.00	40	21.93	26	34.18	15	53.39	12	56.32
珠海	36	42.05	16	76.11	25	57.13	38	22.11	28	42.93	40	11.94
里昂	37	41.70	30	53.09	36	32.01	33	29.22	22	48.01	26	46.19
腓特烈港	38	36.38	39	25.00	34	34.04	32	29.28	27	43.26	24	50.30
马拉加	39	34.89	36	37.50	41	18.25	31	30.74	11	56.35	30	31.62
桑坦德	40	32.41	33	50.00	37	28.87	39	21.71	41	31.02	31	30.47
维罗纳	41	25.81	41	12.50	39	24.40	41	12.27	16	52.63	33	27.26

表 A23　国内外 41 个城市的智能环境与建设原始数据与得分

排名	城市	城市PM2.5/PM10监测点密度		城市网格化管理覆盖水平		市民智能交通工具使用水平		城市未来建设方案的网上公布水平		综合值
		原始数据[a]	得分	原始数据[b]	得分	原始数据[b]	得分	原始数据[b]	得分	
1	阿姆斯特丹	0.054 3	91.35	100.00	100.00	100.00	100.00	100.00	100.00	97.84
2	西雅图	0.041 4	69.72	100.00	100.00	100.00	100.00	100.00	100.00	92.43
3	金华	0.040 7	68.45	100.00	100.00	100.00	100.00	100.00	100.00	92.11
4	维也纳	0.040 5	68.11	100.00	100.00	100.00	100.00	100.00	100.00	92.03
5	镇江	0.035 1	58.98	100.00	100.00	100.00	100.00	100.00	100.00	89.75
6	波士顿	0.031 9	53.67	100.00	100.00	100.00	100.00	100.00	100.00	88.42
7	宁波	0.028 1	47.24	100.00	100.00	100.00	100.00	100.00	100.00	86.81
8	哥本哈根	0.025 9	43.59	100.00	100.00	100.00	100.00	100.00	100.00	85.90

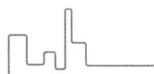

续　表

排名	城市	城市PM2.5/PM10监测点密度		城市网格化管理覆盖水平		市民智能交通工具使用水平		城市未来建设方案的网上公布水平		综合值
		原始数据[a]	得分	原始数据[b]	得分	原始数据[b]	得分	原始数据[b]	得分	
9	无锡	0.024 2	40.74	100.00	100.00	100.00	100.00	100.00	100.00	85.18
10	赫尔辛基	0.023 4	39.36	100.00	100.00	100.00	100.00	100.00	100.00	84.84
11	武汉	0.017 8	29.90	100.00	100.00	100.00	100.00	100.00	100.00	82.48
12	曼彻斯特	0.017 3	29.10	100.00	100.00	100.00	100.00	100.00	100.00	82.27
13	伦敦	0.006 3	10.65	100.00	100.00	100.00	100.00	100.00	100.00	77.66
14	圣何塞	0.004 4	7.43	100.00	100.00	100.00	100.00	100.00	100.00	76.86
15	费城	0.002 9	4.84	100.00	100.00	100.00	100.00	100.00	100.00	76.21
16	珠海	0.032 4	54.43	50.00	50.00	100.00	100.00	100.00	100.00	76.11
17	圣地亚哥	0.002 4	4.01	100.00	100.00	100.00	100.00	100.00	100.00	76.00
18	芝加哥	0.001 7	2.80	100.00	100.00	100.00	100.00	100.00	100.00	75.70
19	上海浦东	0.001 7	2.78	100.00	100.00	100.00	100.00	100.00	100.00	75.70
20	巴塞罗那	0.000 0	0.00	100.00	100.00	100.00	100.00	100.00	100.00	75.00
21	泰州	0.059 4	100.00	50.00	50.00	50.00	50.00	100.00	100.00	75.00
22	纽约	0.022 8	38.38	100.00	100.00	100.00	100.00	50.00	50.00	72.10
23	波特兰	0.014 4	24.18	100.00	100.00	100.00	100.00	50.00	50.00	68.55
24	华盛顿特区	0.012 6	21.16	100.00	100.00	100.00	100.00	50.00	50.00	67.79
25	旧金山	0.010 0	16.83	100.00	100.00	100.00	100.00	50.00	50.00	66.71
26	里斯本	0.000 0	0.00	50.00	50.00	100.00	100.00	100.00	100.00	62.50
27	明尼阿波利斯与圣保罗	0.000 0	0.00	100.00	100.00	100.00	100.00	50.00	50.00	62.50
28	迪比克	0.000 0	0.00	50.00	50.00	100.00	100.00	100.00	100.00	62.50
29	奥尔胡斯	0.000 0	0.00	100.00	100.00	100.00	100.00	50.00	50.00	62.50
30	里昂	0.007 3	12.34	100.00	100.00	0.00	0.00	100.00	100.00	53.09
31	都灵	0.000 0	0.00	0.00	0.00	100.00	100.00	100.00	100.00	50.00

排名	城市	城市PM2.5/PM10监测点密度		城市网格化管理覆盖水平		市民智能交通工具使用水平		城市未来建设方案的网上公布水平		综合值
		原始数据[a]	得分	原始数据[b]	得分	原始数据[b]	得分	原始数据[b]	得分	
32	科隆	0.000 0	0.00	0.00	0.00	100.00	100.00	100.00	100.00	50.00
33	桑坦德	0.000 0	0.00	0.00	0.00	100.00	100.00	100.00	100.00	50.00
34	底特律	0.016 7	28.09	100.00	100.00	0.00	0.00	50.00	50.00	44.52
35	克利夫兰	0.000 0	0.00	0.00	0.00	100.00	100.00	50.00	50.00	37.50
36	马拉加	0.000 0	0.00	0.00	0.00	100.00	100.00	50.00	50.00	37.50
37	伯明翰	0.007 5	12.57	0.00	0.00	0.00	0.00	100.00	100.00	28.14
38	巴黎伊西莱穆利诺	0.000 0	0.00	0.00	0.00	0.00	0.00	100.00	100.00	25.00
39	腓特烈港	0.000 0	0.00	0.00	0.00	0.00	0.00	100.00	100.00	25.00
40	利物浦	0.017 9	30.09	0.00	0.00	0.00	0.00	50.00	50.00	20.02
41	维罗纳	0.000 0	0.00	0.00	0.00	0.00	0.00	50.00	50.00	12.50

[a] 单位：个/km²。
[b] 单位：无。

表 A24　国内外 41 个城市的智能管理与服务原始数据与得分

排名	城市	政府非涉密公文网上公开度		网上公众参与比例		市民健康电子档案使用水平		突发事件智能应急水平		综合值
		原始数据[a]	得分	原始数据[b]	得分	原始数据[a]	得分	原始数据[a]	得分	
1	赫尔辛基	89.00	97.80	1.49	2.13	100.00	100.00	100.00	100.00	74.98
2	波士顿	73.00	80.22	12.07	17.23	100.00	100.00	100.00	100.00	74.36
3	阿姆斯特丹	83.00	91.21	0.17	0.24	100.00	100.00	100.00	100.00	72.86
4	伦敦	76.00	83.52	3.28	4.68	100.00	100.00	100.00	100.00	72.05
5	圣地亚哥	73.00	80.22	4.33	6.18	100.00	100.00	100.00	100.00	71.60
6	宁波	36.01	39.57	32.59	46.51	100.00	100.00	100.00	100.00	71.52
7	伯明翰	76.00	83.52	0.90	1.28	100.00	100.00	100.00	100.00	71.20

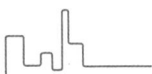

续　表

排名	城市	政府非涉密公文网上公开度		网上公众参与比例		市民健康电子档案使用水平		突发事件智能应急水平		综合值
		原始数据[a]	得分	原始数据[b]	得分	原始数据[a]	得分	原始数据[a]	得分	
8	迪比克	73.00	80.22	2.52	3.59	100.00	100.00	100.00	100.00	70.95
9	上海浦东	71.51	78.58	2.57	3.67	100.00	100.00	100.00	100.00	70.56
10	波特兰	73.00	80.22	0.47	0.67	100.00	100.00	100.00	100.00	70.22
11	圣何塞	73.00	80.22	0.30	0.43	100.00	100.00	100.00	100.00	70.16
12	底特律	73.00	80.22	0.26	0.37	100.00	100.00	100.00	100.00	70.15
13	芝加哥	73.00	80.22	0.11	0.15	100.00	100.00	100.00	100.00	70.09
14	武汉	36.75	40.38	25.48	36.36	100.00	100.00	100.00	100.00	69.19
15	维也纳	69.00	75.82	0.06	0.09	100.00	100.00	100.00	100.00	68.98
16	里斯本	62.00	68.13	0.05	0.06	100.00	100.00	100.00	100.00	67.05
17	无锡	34.62	38.04	44.49	63.50	50.00	50.00	100.00	100.00	62.89
18	都灵	43.00	47.25	0.08	0.11	100.00	100.00	100.00	100.00	61.84
19	华盛顿特区	73.00	80.22	11.17	15.95	100.00	100.00	50.00	50.00	61.54
20	明尼阿波利斯与圣保罗	73.00	80.22	6.44	9.20	100.00	100.00	50.00	50.00	59.85
21	克利夫兰	73.00	80.22	4.27	6.09	100.00	100.00	50.00	50.00	59.08
22	利物浦	76.00	83.52	0.09	0.13	50.00	50.00	100.00	100.00	58.41
23	巴黎伊西莱穆利诺	71.00	78.02	3.31	4.73	100.00	100.00	50.00	50.00	58.19
24	泰州	28.46	31.27	70.06	100.00	50.00	50.00	50.00	50.00	57.82
25	珠海	65.13	71.57	4.88	6.97	50.00	50.00	100.00	100.00	57.13
26	巴塞罗那	59.00	64.84	0.01	0.02	100.00	100.00	50.00	50.00	53.71
27	哥本哈根	91.00	100.00	1.68	2.40	100.00	100.00	0.00	0.00	50.60
28	曼彻斯特	76.00	83.52	6.04	8.62	0.00	0.00	100.00	100.00	48.04
29	镇江	34.00	37.36	36.43	52.00	100.00	100.00	0.00	0.00	47.34
30	旧金山	73.00	80.22	5.79	8.27	0.00	0.00	100.00	100.00	47.12

排名	城市	政府非涉密公文网上公开度		网上公众参与比例		市民健康电子档案使用水平		突发事件智能应急水平		综合值
		原始数据[a]	得分	原始数据[b]	得分	原始数据[a]	得分	原始数据[a]	得分	
31	费城	73.00	80.22	3.53	5.03	100.00	100.00	0.00	0.00	46.31
32	纽约	73.00	80.22	2.51	3.59	50.00	50.00	50.00	50.00	45.95
33	西雅图	73.00	80.22	2.39	3.41	0.00	0.00	100.00	100.00	45.91
34	腓特烈港	78.00	85.71	0.30	0.43	50.00	50.00	0.00	0.00	34.04
35	金华	28.10	30.88	2.12	3.02	100.00	100.00	0.00	0.00	33.47
36	里昂	71.00	78.02	0.03	0.04	50.00	50.00	0.00	0.00	32.01
37	桑坦德	59.00	64.84	0.44	0.63	50.00	50.00	0.00	0.00	28.87
38	奥尔胡斯	91.00	100.00	0.19	0.27	0.00	0.00	0.00	0.00	25.07
39	维罗纳	43.00	47.25	0.24	0.34	50.00	50.00	0.00	0.00	24.40
40	科隆	78.00	85.71	1.41	2.01	0.00	0.00	0.00	0.00	21.93
41	马拉加	59.00	64.84	5.72	8.16	0.00	0.00	0.00	0.00	18.25

[a] 单位：无。
[b] 单位：%。

表 A25　国内外 41 个城市的智能经济与产业原始数据与得分

排名	城市	R&D支出占GDP的比重		城市劳动生产率		城市产值密度		城市智能产业比重		综合值
		原始数据[a]	得分	原始数据[b]	得分	原始数据[c]	得分	原始数据[a]	得分	
1	华盛顿特区	2.79	78.59	642 278	100.00	2 345 762 712	100.00	1.39	23.72	75.58
2	利物浦	1.72	48.45	289 058	45.01	1 205 481 044	51.39	5.86	100.00	61.21
3	波士顿	2.79	78.59	496 466	77.30	1 381 732 012	58.90	1.39	23.72	59.63
4	哥本哈根	3.10	87.32	204 545	31.85	1 351 508 121	57.61	3.61	61.60	59.60
5	阿姆斯特丹	2.16	60.85	396 159	61.68	1 469 542 221	62.65	1.84	31.40	54.14
6	伦敦	1.72	48.45	86 877	13.53	1 204 712 085	51.36	5.86	100.00	53.33
7	曼彻斯特	1.72	48.45	175 582	27.34	763 510 592	32.55	5.86	100.00	52.08

续　表

排名	城市	R&D支出占GDP的比重		城市劳动生产率		城市产值密度		城市智能产业比重		综合值
		原始数据[a]	得分	原始数据[b]	得分	原始数据[c]	得分	原始数据[a]	得分	
8	赫尔辛基	3.55	100.00	122 949	19.14	105 522 090	4.50	3.90	66.55	47.55
9	西雅图	2.79	78.59	380 508	59.24	627 302 275	26.74	1.39	23.72	47.07
10	巴塞罗那	3.00	84.51	105 494	16.42	1 678 115 800	71.54	0.84	14.33	46.70
11	奥尔胡斯	3.10	87.32	123 455	19.22	352 395 604	15.02	3.61	61.60	45.79
12	伯明翰	1.72	48.45	104 639	16.29	426 858 871	18.20	5.86	100.00	45.73
13	旧金山	2.79	78.59	366 115	57.00	510 489 510	21.76	1.39	23.72	45.27
14	纽约	2.79	78.59	145 141	22.60	1 210 000 000	51.58	1.39	23.72	44.12
15	明尼阿波利斯与圣保罗	2.79	78.59	287 578	44.77	646 878 474	27.58	1.39	23.72	43.67
16	费城	2.79	78.59	208 735	32.50	883 378 747	37.66	1.39	23.72	43.12
17	芝加哥	2.79	78.59	194 614	30.30	865 676 568	36.90	1.39	23.72	42.38
18	底特律	2.79	78.59	270 596	42.13	498 067 724	21.23	1.39	23.72	41.42
19	克利夫兰	2.79	78.59	254 527	39.63	472 846 442	20.16	1.39	23.72	40.52
20	波特兰	2.79	78.59	238 619[b]	37.15	370 695 620	15.80	1.39	23.72	38.82
21	泰州	1.98	55.77	52 760	8.21	484 485 337	20.65	3.75	64.08	37.18
22	维也纳	2.39	67.32	101 832	15.85	433 618 715	18.49	2.44	41.64	35.83
23	无锡	1.98	55.77	48 427	7.54	324 380 843	13.83	3.75	64.08	35.31
24	圣何塞	2.79	78.59	145 422	22.64	312 158 744	13.31	1.39	23.72	34.57
25	镇江	1.98	55.77	40 371	6.29	279 199 628	11.90	3.75	64.08	34.51
26	科隆	2.92	82.25	105 689	16.46	267 222 017	11.39	1.56	26.62	34.18
27	都灵	3.00	84.51	84 117	13.10	589 229 469	25.12	0.77	13.14	33.97
28	圣地亚哥	2.79	78.59	139 981	21.79	195 332 345	8.33	1.39	23.72	33.11
29	里斯本	1.50	42.25	173 840	27.07	1 122 641 509	47.86	0.61	10.41	31.90
30	巴黎伊西莱穆利诺	2.26	63.66	64 263	10.01	235 236 220	10.03	2.35	40.10	30.95

排名	城市	R&D支出占GDP的比重		城市劳动生产率		城市产值密度		城市智能产业比重		综合值
		原始数据[a]	得分	原始数据[b]	得分	原始数据[c]	得分	原始数据[a]	得分	
31	马拉加	1.30	36.62	331 736	51.65	477 453 165	20.35	0.84	14.33	30.74
32	腓特烈港	2.92	82.25	42 978	6.69	36 446 860	1.55	1.56	26.62	29.28
33	里昂	2.26	63.66	58 276	9.07	94 740 041	4.04	2.35	40.10	29.22
34	迪比克	2.79	78.59	39 905	6.21	28 444 225	1.21	1.39	23.72	27.43
35	武汉	1.98	55.77	16 192	2.52	177 364 336	7.56	2.48	42.40	27.06
36	金华	1.98	55.77	73 493	11.44	462 647 616	19.72	1.11	18.87	26.45
37	宁波	1.98	55.77	31 373	4.88	247 463 711	10.55	1.11	18.94	22.54
38	珠海	1.98	55.77	26 175	4.08	158 335 063	6.75	1.28	21.84	22.11
39	桑坦德	1.30	36.62	96 204	14.98	490 542 857	20.91	0.84	14.33	21.71
40	上海浦东	1.98	55.77	17 259	2.69	73 789 841	3.15	0.95	16.21	19.45
41	维罗纳	1.27	35.77	754	0.12	967 914	0.04	0.77	13.14	12.27

[a] 单位：%。
[b] 单位：美元／人。
[c] 单位：美元／km²。

表A26 国内外41个城市的智能硬件设施原始数据与得分

排名	城市	公共空间免费网络覆盖密度		移动网络人均使用率		城市宽带网速		智能电网覆盖水平		综合值
		原始数据[a]	得分	原始数据[b]	得分	原始数据[c]	得分	原始数据[d]	得分	
1	巴黎伊西莱穆利诺	1.176 5	17.78	82.77	67.31	104.81	100.00	100.00	100.00	71.27
2	巴塞罗那	2.610 4	39.45	113.98	92.69	44.83	42.77	100.00	100.00	68.73
3	宁波	6.617 5	100.00	41.15	33.46	27.83	26.55	100.00	100.00	65.00
4	伦敦	2.220 9	33.56	114.3	92.95	28.70	27.38	100.00	100.00	63.47
5	哥本哈根	1.136 9	17.18	106.5	86.61	49.37	47.10	100.00	100.00	62.72
6	里斯本	1.143 9	17.29	114.51	93.12	41.20	39.31	100.00	100.00	62.43

续　表

排名	城市	公共空间免费网络覆盖密度		移动网络人均使用率		城市宽带网速		智能电网覆盖水平		综合值
		原始数据[a]	得分	原始数据[b]	得分	原始数据[c]	得分	原始数据[d]	得分	
7	维也纳	0.675 3	10.20	112.97	91.87	43.82	41.81	100.00	100.00	60.97
8	纽约	1.456 0	22.00	83.93	68.25	55.61	53.06	100.00	100.00	60.83
9	西雅图	0.142 6	2.15	108.11	87.92	52.44	50.03	100.00	100.00	60.03
10	阿姆斯特丹	1.441 0	21.77	83.93	68.25	50.40	48.09	100.00	100.00	59.53
11	马拉加	0.405 8	6.13	95.13	77.36	44.80	42.74	100.00	100.00	56.56
12	波特兰	0.012 7	0.19	113.98	92.69	34.09	32.53	100.00	100.00	56.35
13	都灵	1.067 1	16.13	83.93	68.25	36.48	34.81	100.00	100.00	54.80
14	圣何塞	0.146 0	2.21	122.97	100.00	12.78	12.19	100.00	100.00	53.60
15	科隆	0.452 7	6.84	83.93	68.25	41.10	39.21	100.00	100.00	53.58
16	维罗纳	0.150 6	2.28	102.34	83.22	29.40	28.05	100.00	100.00	53.39
17	芝加哥	0.019 4	0.29	122.97	100.00	10.70	10.21	100.00	100.00	52.63
18	迪比克	0.676 6	10.22	83.93	68.25	30.20	28.81	100.00	100.00	51.82
19	底特律	0.086 6	1.31	83.93	68.25	32.70	31.20	100.00	100.00	50.19
20	克利夫兰	0.456 7	6.90	83.93	68.25	25.90	24.71	100.00	100.00	49.97
21	圣地亚哥	0.636 7	9.62	83.93	68.25	22.50	21.47	100.00	100.00	49.84
22	里昂	0.226 0	3.42	83.93	68.25	28.40	27.10	100.00	100.00	49.69
23	赫尔辛基	0.110 0	1.66	82.77	67.31	76.57	73.06	50.00	50.00	48.01
24	华盛顿特区	2.000 0	30.22	83.93	68.25	36.60	34.92	50.00	50.00	45.85
25	上海浦东	1.073 3	16.22	41.15	33.46	35.19	33.58	100.00	100.00	45.81
26	奥尔胡斯	0.826 4	12.49	41.15	33.46	37.10	35.40	100.00	100.00	45.34
27	腓特烈港	0.164 8	2.49	106.5	86.61	43.93	41.91	50.00	50.00	45.25
28	珠海	0.214 6	3.24	102.34	83.22	38.35	36.59	50.00	50.00	43.26
29	镇江	0.631 9	9.55	41.15	33.46	30.10	28.72	100.00	100.00	42.93
30	武汉	1.028 0	15.53	41.15	33.46	22.07	21.06	100.00	100.00	42.51

排名	城市	公共空间免费网络覆盖密度		移动网络人均使用率		城市宽带网速		智能电网覆盖水平		综合值
		原始数据[a]	得分	原始数据[b]	得分	原始数据[c]	得分	原始数据[d]	得分	
31	波士顿	0.601 5	9.09	41.15	33.46	26.07	24.87	100.00	100.00	41.86
32	旧金山	0.913 4	13.80	83.93	68.25	34.70	33.11	50.00	50.00	41.29
33	费城	0.612 7	9.26	83.93	68.25	37.80	36.07	50.00	50.00	40.89
34	金华	0.485 0	7.33	83.93	68.25	37.50	35.78	50.00	50.00	40.34
35	明尼阿波利斯与圣保罗	3.121 4	47.17	41.15	33.46	29.67	28.31	50.00	50.00	39.74
36	曼彻斯特	0.987 2	14.92	83.93	68.25	24.60	23.47	50.00	50.00	39.16
37	利物浦	1.400 8	21.17	114.3	92.95	27.50	26.24	0.00	0.00	35.09
38	无锡	0.885 2	13.38	114.3	92.95	31.50	30.05	0.00	0.00	34.10
39	泰州	1.232 3	18.62	41.15	33.46	30.16	28.78	50.00	50.00	32.72
40	伯明翰	0.369 7	5.59	114.3	92.95	33.00	31.49	0.00	0.00	32.51
41	桑坦德	0.428 6	6.48	113.98	92.69	26.13	24.93	0.00	0.00	31.02

[a] 单位：个 /km²。
[b] 单位：%。
[c] 单位：Mbps。
[d] 单位：无。

表 A27　国内外 41 个城市的居民智能素养原始数据与得分

排名	城市	城市网民比重		信息从业人员比重		大专及以上文化程度人口比重		市民人均网购支出金额		综合值
		原始数据[a]	得分	原始数据[a]	得分	原始数据[a]	得分	原始数据[b]	得分	
1	迪比克	77.50	47.45	41.60	75.23	89.30	100.00	586.12	65.47	72.04
2	巴黎伊西莱穆利诺	90.00	55.10	55.29	100.00	71.60	80.18	455.91	50.92	71.55
3	赫尔辛基	91.50	56.02	6.00	10.85	83.70	93.73	895.29	100.00	65.15
4	曼彻斯特	89.80	54.98	9.94	17.98	76.80	86.00	853.93	95.38	63.59
5	伦敦	89.80	54.98	6.10	11.03	76.80	86.00	853.93	95.38	61.85

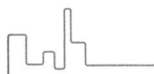

续　表

排名	城市	城市网民比重		信息从业人员比重		大专及以上文化程度人口比重		市民人均网购支出金额		综合值
		原始数据[a]	得分	原始数据[a]	得分	原始数据[a]	得分	原始数据[b]	得分	
6	伯明翰	89.80	54.98	1.56	2.81	76.80	86.00	853.93	95.38	59.79
7	利物浦	89.80	54.98	0.96	1.74	76.80	86.00	853.93	95.38	59.53
8	圣何塞	79.70	48.80	11.30	20.44	89.30	100.00	586.12	65.47	58.67
9	奥尔胡斯	94.60	57.92	7.70	13.92	76.90	86.11	677.33	75.65	58.40
10	波特兰	86.10	52.72	5.90	10.67	89.30	100.00	586.12	65.47	57.21
11	底特律	78.40	48.00	6.90	12.48	89.30	100.00	586.12	65.47	56.49
12	科隆	84.00	51.43	18.20	32.91	86.30	96.64	396.71	44.31	56.32
13	哥本哈根	95.00	58.16	1.76	3.18	76.90	86.11	677.33	75.65	55.78
14	波士顿	86.20	52.78	2.40	4.34	89.30	100.00	586.12	65.47	55.65
15	明尼阿波利斯与圣保罗	82.10	50.27	3.70	6.69	89.30	100.00	586.12	65.47	55.61
16	克利夫兰	76.70	46.96	5.00	9.04	89.30	100.00	586.12	65.47	55.37
17	芝加哥	78.50	48.06	4.00	7.23	89.30	100.00	586.12	65.47	55.19
18	西雅图	85.70	52.47	1.50	2.71	89.30	100.00	586.12	65.47	55.16
19	圣地亚哥	79.70	48.80	3.30	5.97	89.30	100.00	586.12	65.47	55.06
20	旧金山	79.70	48.80	2.80	5.06	89.30	100.00	586.12	65.47	54.83
21	费城	77.80	47.63	3.00	5.43	89.30	100.00	586.12	65.47	54.63
22	纽约	81.50	49.90	1.60	2.89	89.30	100.00	586.12	65.47	54.56
23	华盛顿特区	76.50	46.84	170	3.07	89.30	100.00	586.12	65.47	53.84
24	腓特烈港	98.40	60.25	0.00	0.00	86.30	96.64	396.71	44.31	50.30
25	维也纳	80.60	49.35	3.96	7.17	82.50	92.39	396.71	44.31	48.30
26	里昂	81.90	50.14	1.93	3.50	71.60	80.18	455.91	50.92	46.19
27	阿姆斯特丹	94.00	57.55	4.36	7.89	72.30	80.96	341.23	38.11	46.13
28	巴塞罗那	75.00	45.92	2.19	3.96	54.00	60.47	157.25	17.56	31.98

排名	城市	城市网民比重		信息从业人员比重		大专及以上文化程度人口比重		市民人均网购支出金额		综合值
		原始数据[a]	得分	原始数据[a]	得分	原始数据[a]	得分	原始数据[b]	得分	
29	金华	163.33	100.00	1.27	2.30	16.25	18.20	55.35	6.18	31.67
30	马拉加	71.60	43.84	2.55	4.61	54.00	60.47	157.25	17.56	31.62
31	桑坦德	71.60	43.84	0.00	0.00	54.00	60.47	157.25	17.56	30.47
32	都灵	58.50	35.82	0.00	0.00	56.00	62.71	94.19	10.52	27.26
33	维罗纳	58.50	35.82	0.00	0.00	56.00	62.71	94.19	10.52	27.26
34	里斯本	62.10	38.02	0.00	0.00	35.00	39.19	157.25	17.56	23.69
35	上海浦东	78.25	47.91	0.28	0.51	2.18	2.44	55.35	6.18	14.26
36	泰州	63.30	38.76	0.86	1.56	7.09	7.94	55.35	6.18	13.61
37	宁波	65.55	40.13	0.40	0.72	6.01	6.73	55.35	6.18	13.44
38	无锡	60.43	37.00	0.34	0.61	5.82	6.52	55.35	6.18	12.58
39	镇江	46.99	28.77	0.30	0.54	10.98	12.30	55.35	6.18	11.95
40	珠海	39.84	24.39	1.10	1.99	13.58	15.21	55.35	6.18	11.94
41	武汉	29.92	18.32	0.40	0.72	15.26	17.09	55.35	6.18	10.58

[a] 单位：%。
[b] 单位：美元／人。

六、国内外智能城市建设概览及评价得分

请登录 http://www.cityiq.org 查看本书中智能城市建设概览和评价得分详情（二维码请见图 A3）。本网站将每年发布年度世界智能城市排行榜。

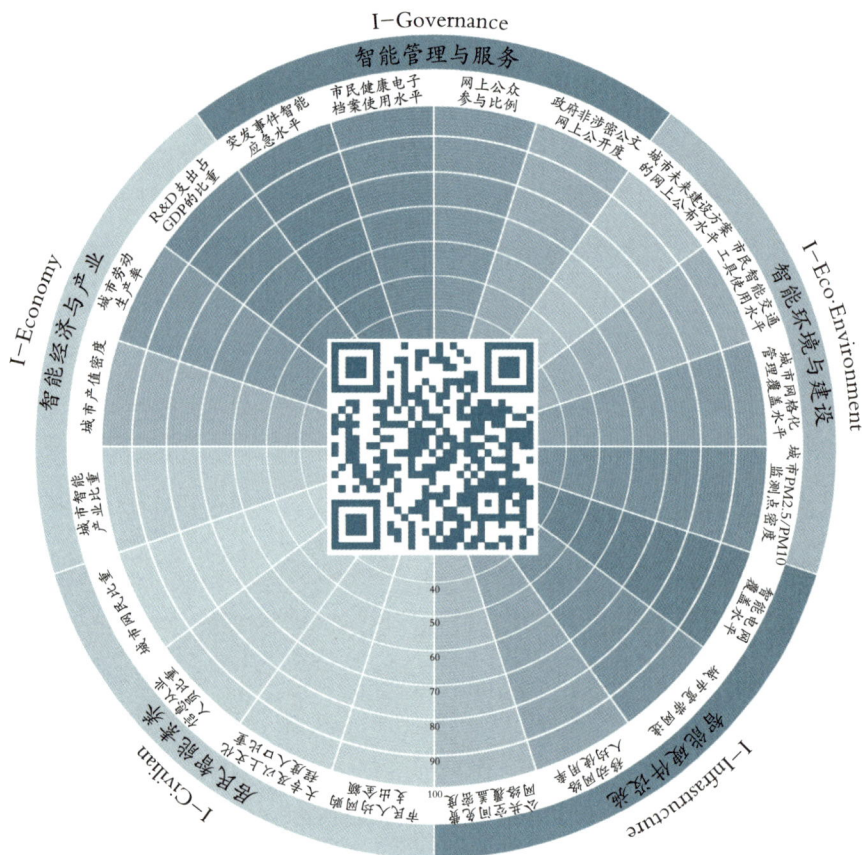

图 A3　智能城市网站二维码

七、智能城市评价指标体系研发实例——上海浦东[①]

　　智慧城市建设作为城市发展的新模式和新路径，近年来受到国内各大城市的关注和追捧，越来越多的城市将智慧城市建设作为当地社会经济转型发展的战略选择。随着信息技术快速发展与应用以及国家政策趋势所向，2009 年，浦东新区提出了建设"智慧城市"的初步构想。2011 年，浦东新区在上海市率先推出《智慧浦东建设纲要》（iPudong 2015）、《推进智慧浦

---

① 本节材料为基于《浦东六大维度"把脉"智慧城市》修改完善所得（执笔人：盛雪锋、杨新民），原载于《中国信息化》2012 年第 14 期。

东建设 2011—2013 年行动计划》，聚焦推进适度超前的智慧城市建设顶层设计。

为更好地梳理智慧城市建设内容、衡量智慧城市发展水平，从 2011 年开始，国内陆续发布了一些智慧城市的指标体系。标准的建立，恰是注重智慧政务实践和效果。探索更适合国情和实际、更科学的智慧政务发展模式，归根结底是为了智慧城市科学发展，在推进智慧城市建设的实践中，为形成相关标准积累了依据，为标准化做铺垫。

2011 年，上海浦东智慧城市发展研究院在国内率先发布了《智慧城市评价指标体系》，2012 年进行了更具可行性的完善。2011 年发布的《智慧城市指标体系 1.0》和 2012 年发布的《智慧城市评价指标体系 2.0》提供了数十项指标数据，为智慧城市建设发展提供参考。

从《智慧城市指标体系 1.0》到《智慧城市评价指标体系 2.0》，经过一年左右的持续研究。在 1.0 版基础上进行了进一步的修改完善和试评估，2.0版提出了智慧城市评价的六大维度：智慧城市基础设施、智慧城市公共管理和服务、智慧城市信息服务经济发展、智慧城市人文科学素养、智慧城市市民主观感知、智慧城市软环境建设。这六大维度及相关细分指标的修改使得 2.0 版更深入、更精准地把脉国内智慧城市建设进程。

（一）政府、社会和市民"三位一体"

智慧城市评价指标体系是综合反映和衡量智慧城市建设发展阶段和水平的标准，对智慧城市建设具有重要的衡量和引导意义。因此，在指标体系框架设计和具体指标遴选上，不仅要考虑对政府部门推进智慧城市建设的指导性，还要与智慧城市建设运营、体验感知的各个方面充分对接，从政府推进、社会参与、市民感知三个方面抽取具有典型代表性的指标；不仅要注重指标的可采集性和可比性，要能可靠、方便、科学地采集历史和当前数据，还要实现不同城市和地区间的科学比较。

因此，在进一步修改完善智慧城市评价指标体系时，围绕政府、社会和市民等三个方面，提出了以六大维度为核心的三级指标体系，在框架体

系上覆盖了智慧城市建设、运营、管理和感知等各层面主体，且严格限制指标总量，力争用最少的指标反映最多的现状；在指标采集上，将统计数据和问卷调查相结合，充分考虑市民对智慧城市建设成效的实际感受；在指标设计上将定量指标和定性指标相对照，并注重具体指标间的相互补充和印证，尽量降低个别指标形成的系统性误差。

（二）紧贴建设现状，引导未来发展

智慧城市评价指标体系的六大维度不仅在范围上全面考虑了智慧城市基础设施、示范应用、产业发展和市民感知，在指标遴选和参考值设定上也尽量体现了考量建设现状和引领未来发展。

1. 智慧城市基础设施

从广义而言，智慧城市基础设施指保障智慧城市各项功能通畅、安全、协同运作的相关基础设施，可以说，一切在智慧城市中发挥作用的基础设施都可以涵盖。但从国内智慧城市建设的情况而言，我们目前所关注的智慧城市基础设施主要包括各类有线、无线形式的宽带网络在城市中的建设和应用水平。

光纤宽带和无线宽带是国内建设智慧城市（或数字城市、智能城市）的核心和基础。包括上海在内的众多城市都将"光网城市"和"无线城市"定位为智慧城市建设的基本功能和基础保障。为科学地反映城市基础网络的建设和应用水平，从宽带网络覆盖水平和接入水平两个角度入手，提出了"家庭光纤可接入率""主要公共场所 WLAN 覆盖率""户均网络接入水平"等指标，摒弃了"平均无线网络接入带宽""基础网络设施投资占社会固定资产总投资比重"等相对重复和较难采集的指标；同时，还参考国内外城市网络建设和应用的情况，提出可供智慧城市建设的参考值，如"家庭光纤可接入率""主要公共场所 WLAN 覆盖率"都应大于等于 99%，即基本实现全覆盖，"户均网络接入水平"应大于等于 30M，这也是国内很多城市未来几年的发展目标。

2. 智慧城市公共管理和服务

智慧城市公共管理和服务是智慧城市建设的最核心领域，涉及智慧化的政府行政、道路交通、医疗卫生、教育、环境监测、安全防控、能源管理、社会保障等多方面，是城市居民幸福感和城市管理运行效率的直接影响因素。目前，国内智慧城市建设规划通行的模式是将智慧城市公共管理和服务细分为若干专业领域，如"智慧浦东"规划提出要推进建设"政府服务协同工程"等九大示范应用工程，宁波在智慧城市决定中提出"构建智慧物流体系"等十大应用体系建设。在这种建设框架体系下，我们也充分体现出和国内智慧城市建设模式的对接，按照城市智慧化应用体系的基础框架，分别从智慧化的政府服务、交通管理、医疗体系、环境保护、能源管理、城市安全、教育体系、社区管理八个方面考量，并在每个领域选择若干具有代表性、可相对全面地反映建设应用情况的具体指标。

在指标的设计上，一方面着重体现出和当前国内智慧城市建设理念与规划的对接，尽量瞄准当前国内智慧城市正在建设或业内认为未来将重点推动的建设内容。例如，在智慧化的政府服务中，选取"行政审批事项网上办理比例"和"政府非涉密公文网上流转率"，设定参考值分别为大于等于90%和100%；在智慧化的交通管理中，选取"公交站牌电子化率"和"市民交通诱导信息服从率"，设定参考值分别为大于等于80%和50%，以此为智慧城市建设和应用水平提供参考。另一方面，还针对智慧城市建设和发展的趋势，设计了部分具有前瞻性和引导性的指标。例如，在智慧化的能源管理中，将"新能源汽车比例"和"建筑物数字节能比例"纳入指标体系中，并分别设定了大于等于10%和30%的参考值；在智慧化的教育体系中，提出了"网络教学比例"，并设定其参考值大于等于50%。通过这些具有一定前瞻性和引导性的指标，引导国内智慧城市建设更多地关注这些方面。

3. 智慧城市信息服务经济发展

智慧城市建设和产业经济发展在一定程度上呈现出互相促进和互相依托的关系，一方面智慧城市建设依托于新技术新产品的研发应用，另一方

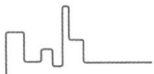

面智慧城市的建设运营将极大地促进这些产业，尤其是信息产业的发展。因此，我们认为，智慧城市中相关产业经济发展是衡量智慧城市建设水平的重要因素。鉴于智慧城市所关联的产业经济范围广泛，涉及电子信息制造、软件信息服务等各方面，而城市间产业结构差异较大，如果将这些产业全部纳入，将使得城市间缺乏可比性。因此，在设计指标体系时，重点考虑由于智慧城市建设和发展而催生衍化或支撑智慧城市建设运行的信息服务业的发展情况，主要包括以下两个方面。

（1）产业发展整体水平，是指城市信息服务业发展的总体实力。具体考量指标有"信息服务业增加值占地区生产总值比重"和"信息服务业从业人员占社会从业人员总数的比例"，并设定参考值都大于等于10%，通过这两个指标，反映出信息服务业发展的整体水平。

（2）企业信息化运营水平，是指通过信息化系统支撑企业生产经营的发展水平。主要包括"企业网站建站率""企业电子商务行为率""企业信息化系统使用率"等三个具体指标，并设定参考值分别大于等于90%、95%、90%。在当前国内智慧城市的建设阶段中，以上三个指标可以较好地反映出企业信息化运营的水平。

4. 智慧城市人文科学素养

智慧城市人文科学素养主要用于衡量市民对智慧城市发展理念的认知、对基本科学技术（包括信息技术）的掌握以及智慧化的生活理念等。市民作为智慧城市运营和服务的主体，其自身情况对智慧城市是否能够成功建设具有决定意义，同时，其行为是否智慧化也是直接反映智慧城市建设成效的最重要因素。为此，着重从以下三个方面来考虑智慧城市人文科学素养水平。

（1）市民收入水平。市民收入水平虽然是城市经济发展的指标，但我们认为，市民收入对城市管理和生活有着巨大的作用力，很难想象在一个市民收入水平很低的城市能形成智慧化的城市管理模式和智慧化的市民生活方式。参考上海以及其他地区的市民可支配收入水平，提出近阶段智慧城市市民收入的参考值大于等于5万元。

（2）市民文化科学素养。市民文化科学素养涵盖自然科学、社会科学等各个方面的知识，是综合反映市民文化科学素质的指标，是智慧城市建设需要着重关注的方面。选取"大专及以上学历占总人口比重"作为反映市民文化科学素养的指标。结合上海及其他主要城市的情况，将此指标参考值设定为大于等于30%。

（3）市民生活网络化水平。网络化生活是智慧城市的重要特征之一。因此，在考察智慧城市市民文化科学素养时，市民生活网络化水平是重要的参考系，尤其是"市民上网率"和"家庭网购比例"应成为市民生活网络化水平的特征性指标。因此，将智慧城市中的市民上网率和家庭网购比例都设定为大于等于60%。

5. 智慧城市市民主观感知

智慧城市市民主观感知主要以市民主观感知性的指标为主，对智慧城市建设的相关重要方面进行评价和衡量，是市民幸福感的重要体现。智慧城市市民主观感知类指标是对其他非主观感知类指标的重要补充，能更精准、更直观地反映智慧城市建设运营的成效，也是体现出"智慧城市，以人为本"精神的重要途径。采取"抽样调查＋主观打分"的形式，从生活的便捷感和生活的安全感两个方面设计指标，得出智慧城市建设在市民心目中的成效情况。

（1）生活的便捷感，主要指市民在出行、就医、办事等各方面的便捷程度。目前根据城市发展中的主要关注点——交通、医疗和政府服务三个方面设计指标，让市民为自身感知的交通信息获取便捷度、城市就医方便程度、政府服务的便捷程度进行打分，并设定参考值为大于等于8分（总分10分）。

（2）生活的安全感，主要指市民在城市生活中，对食品药品安全、环境安全、交通安全等方面智慧化程度的满意度。食品药品安全、环境安全和交通安全是近年来城市管理运营和市民生活中关注的三大领域。智慧城市的重要目标之一就是通过智慧化的应用系统，尽量保障这三个方面的安全。因此，修改的指标中提出了"食品药品安全电子监控满意度""环境安全信息监控满意度""交通安全信息系统满意度",从市民主观感知的角度反映出城市智慧化管理应用系统建设和运营水平。

6. 智慧城市软环境建设

智慧城市软环境建设主要包括在智慧城市发展方面的规划设计、环境营造等。中国处于智慧城市建设的初期建设阶段,总体规划设计和环境营造等软环境建设情况将对智慧城市建设产生重要的影响。因此,修改后的指标体系从智慧城市规划设计和智慧城市氛围营造两个方面设计了三项具体指标,分别是"智慧城市发展规划""智慧城市组织领导机制""智慧城市论坛会议及培训水平",通过这三个具体指标,反映出城市软环境实力。

(三)指标体系需要通过实证研究不断完善修正

智慧城市建设不是一蹴而就的,需要长时间的投入和建设,也需要聚焦式的推进。因此,在进行智慧城市评价时,在考虑可采集性、可比性等特性的基础之上,将指标进行了一定的分类,将部分更具重要意义的指标定性为"核心指标",将其他指标定性为"一般指标",并在评价时赋予不同的权重。在评价结果上,更注重当前的发展阶段,将评价结果分为孕育期、孵化期和雏形期三类。

通过对上海市浦东新区、杭州市等地区的指标采集和试评估,该指标体系较为真实地反映了智慧城市建设的阶段和水平,并且在一定程度上挖掘了当前智慧城市建设中的短板问题。例如,目前智慧城市建设中市民主观感知仍较为薄弱,这显示智慧城市建设在很大程度上依然停留在政府推进层面,不管是宣传推广还是成效显现都还未深入人心;智慧化能源管理方面普遍得分不高,这显示节能减排的效率或智能电网建设还需加快推进。实证性的试评估是对指标体系的检验,对智慧城市建设具有一定的衡量和指导意义,同时,实证研究也对指标体系的进一步完善修正具有重要意义。

智慧城市建设是漫长而复杂的过程,智慧城市评价指标体系作为衡量和引导智慧城市建设的重要工具,也必须进行相应的不断更新和变化,不仅体系框架要更加完善科学,指标遴选也应更典型高效。只有在发展中不断演进、在实践中不断完善，智慧城市评价指标体系才能真正与时俱进，真正衡量出智慧城市建设阶段和水平，为国内智慧城市创新发展发挥引领带动作用。

八、智能城市评价指标体系研发实例——TU Wien[1]

智慧城市评价指标体系（Smart City Indicators）是由奥地利维也纳技术大学（TU Wien）的区域研究中心主导，先后与多个科研部门及地方城市合作研究开发的。自 2007 年第一版指标体系和评价报告发布以来，两个后续更新版本分别于 2013 年和 2014 年发布。该评价指标体系是大学科研团队的研究成果，在研究过程中受到了公共和私有资金的资助，其研究成果及部分过程大部分是公开发表的，同时研究成果也在其他智慧城市的研究和实践中进行了推广和应用。

自 2007 年开始，由维也纳技术大学区域研究中心主任 Rudolf Giffinger 教授带领的团队开展相关研究，基于对智慧城市的理解，建立了欧洲城市发展背景下的智慧城市模型。考虑到中等规模城市在欧洲城市人口中的庞大比例，以及研究可行性和数据可得性，研究专注于对中等规模的欧洲城市进行持续性评价和排名，主要评价和排名结果都在团队设立的欧洲智慧城市官方网站上发布和更新[2]。Giffinger 教授作为具有地理学和城市规划背景的学者，从城市规划视角理解和构建了智慧城市模型。该评价体系于 2007 年发布首版时基于模型设计分为三个层级。而在保持基本架构的前提下，2013 年公布的第二版有较大改进，对三个层级的理解有所更新，这些变化在 2014 年的第三版本中沿用下来。Giffinger 教授认为，这一模型和评价体系可以很好地衡量研究对象城市在各个方面的创新性表现，从而为城市规划和城市发展战略的制定提供参考和依据。

---

[1] 本节材料为基于对维也纳技术大学 Rudolf Giffinger 教授的访谈整理所得（执笔人：吕荟）。特此致谢。

[2] 详见 http://www.smart-cities.eu。

（一）研究过程

对智慧城市进行评价和排名，首先建立在对智慧城市这一概念的理解上。全球化背景下的经济和技术发展深刻地影响着欧洲城市，使欧洲城市面临着城市竞争力提升和可持续发展的双重挑战。而这些挑战与城市各方面——特别是关系到市民生活品质的住房、经济、文化、社会和环境等方面的问题都息息相关。智慧城市概念起源于信息通信技术的发展，希望依靠技术解决城市当前面临的多重挑战。而 Giffinger 教授则认为，技术只是智慧城市的一个维度而已，以自我组织和学习过程为主导的社会创新是智慧城市中不可或缺的一部分，需要以更加全面的角度来理解智慧城市。选择进行城市排名这样一个看似非学术的手段，则是因为在城市研究和规划实践的结合中，排名具有成为催化剂的可能性。同时，Giffinger 教授希望通过城市评价和排名，使之成为一个有效的工具，促使各个城市结合发展状况，在智慧城市模型中与其他城市在整体和各领域进行横向比较，从而找准发展定位，将评价排名转换为城市具体发展战略的参考系。

1. 第一版评价指标体系

维也纳技术大学与研究合作伙伴一起于 2007 年 10 月发布了《智慧城市：欧洲中型城市的评价排名》（Smart Cities: Ranking of European Medium-sized Cities）研究报告，研究参与方包括斯洛文尼亚的卢布尔雅那大学和荷兰的代尔夫特大学。

研究中采用的智慧城市评价方面和指标是与目标城市密切相关的。由于在研究开始时尚没有类似针对智慧城市的评价或排名，研究首先考虑了较有影响的 7 个城市的评价和排名体系，选择与研究时间年份相近的评价排名结果进行考察，如表 A28 所示。

表 A28　研究中参照的评价排名结果

序号	标题	作者	发布年份	范围
1	Quality of Living Survey	Mercer Human Resource Consulting	2007	全球200个城市
2	Canada's Most Sustainable Cities	Corporate Knights: The Canadian Magazine for Responsible Business	2007	加拿大大型城市中心
3	How the World Views Its Cities	Anholt City Brands	2006	全球60个城市
4	Worldwide Cost of Living	Economist Intelligence Unit	2006	全球130个城市
5	Dritter Großstadtvergleich	IW Consult GmbH / Institute of the German Industry	2006	50个德国城市
6	Europas Attaktivstes Metropolen für Manger	University of Mannheim / Manager Magazin	2005	58个欧洲城市
7	Les Villes Européennes: Analyse Comparative	UMR Espace (Rozenbiat, Cicille)	2003	180个西欧城市

在表 A28 中，一部分（如 1、3、4、6）主要关注城市中个体居民的生活品质；其他一些（如 5 和 7）则包括更加广泛的因素，如地理要素和旅游吸引力等；第 2 项评价排名则关注城市的一个特定方面——城市环境的可持续性。

这些评价排名都将评价范围限于一定的空间范围，比如全球范围或某个国家范围等。由于很难采用同一方法对所有城市进行评价和比较，一般根据城市人口规模对城市进行分类（如 2、5、7），或者根据重要性选择评价目标城市（如 1、3、4）。第 6 项排名的选择方法比较综合，首先对欧洲的 643 个城市进行初评，根据初评结果选择 58 个城市进行实际评价和排名。数据可得性是影响评价方法的另一个要素，有一些评价（如 1 和 3）采用了实地调研和访谈来获取数据，大多数（如 2、4、5、6、7）则采用数据分析研究。对评价来说，各个要素的权重的确定是很重要的一个方面，多数评价中的权重是由研究团队确定的，而有些评价（如 1）是根据对目标城市访谈的结果来确定权重的。

Giffinger 教授团队在前期理论和实证研究的基础上，首先构建智慧城市评价指标体系框架模型。第一版智慧城市评价指标体系模型采用了层级指标，包括 6 项属性（Characteristic）、31 个要素（Factor）和 74 个可量化的指标（Indicator），通过这一模型对欧洲地区中等规模城市进行排序研究（见图 A4）。

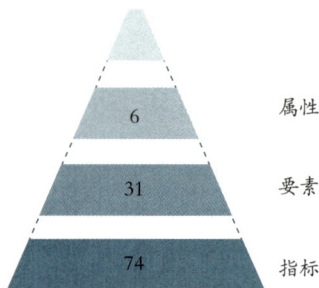

图 A4 TU Wien 第一版智慧城市评价指标体系模型

6 项智慧城市属性分别为智慧经济、智慧市民、智慧治理、智慧交通、智慧环境和智慧生活。每项属性分别下辖数个要素。从属性和要素中可以看出，有一部分是偏向技术性的硬件建设，如设备和设施等，还有一部分是生产力水平等经济要素，而更多的是对软件的评价，即对社会资本发展水平的衡量。社会资本不仅是学术界的讨论热点，也是城市发展重要的软实力。如何评价这部分要素，就需要将智慧城市要素进一步分解为可量化的指标。

在研究对象的选取上，在欧盟相关研究确定的 1595 个城市的基础上，根据三个约束条件进行筛选。首先，仅研究中等规模城市，将人口规模限定为 10 万至 50 万；其次，要求城市中至少有一所大学，作为知识生产的基础；最后一个条件是排除大城市的卫星城（附近没有超过 150 万人的大城市）。此外，还要求城市在欧盟 Urban Audit 城市数据库的范围内。在数据的可得性的进一步约束下，最终逐步筛选至 70 个城市作为研究对象。

研究针对 70 个城市、74 个指标建立了研究数据库，主要采用来源于欧盟层面研究项目的第二手数据，并对数据进行标准化处理，以便进行指标合成和横向比较。研究获得对 70 个城市 6 个属性和整体表现的评分，得到相应排名（见图 A5），并在地图上分布观察。同时，结合城市实际情况对评价结果进行分析，建立各个城市的智慧城市概况，在自身条件和比较基础上提出各个城市的智慧城市发展战略方向。

总体的排名只是一个定位。一个城市排名靠前，并不能说明其已经在各方面都做得很好；一个城市排名不高，但其某些指标的表现可能很突出，虽然均衡性较差，但具有鲜明的发展特色。所以，在这个评价体系中，要从细节上分析城市各个要素的强项和弱项。比如在对第一版排名第一的卢森堡的各方面要素进行总结时，可以看到，卢森堡在智慧市民属性下的灵活性和创造性、在智慧生活下的教育设施等指标还存在很大不足，这是其城市发展的短板（见图 A6）。

这个评价体系不仅可以在整体上对城市进行排名和评价，可以对特定城市进行具体分析，还可以细化到各个要素层面进行城市评价和比较，以辅助识别城市的特定问题。比如仅对智慧生活属性的医疗条件要素，根据二级指标进行城市分布的分析，以判断各城市的发展状况及区域空间的发展特征。

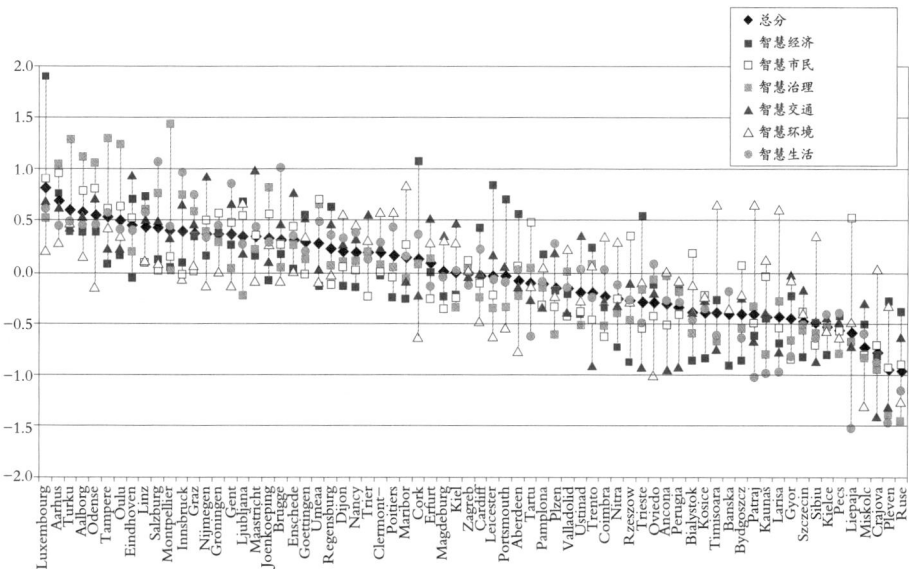

图 A5　智慧城市总体及各属性的评分和排名

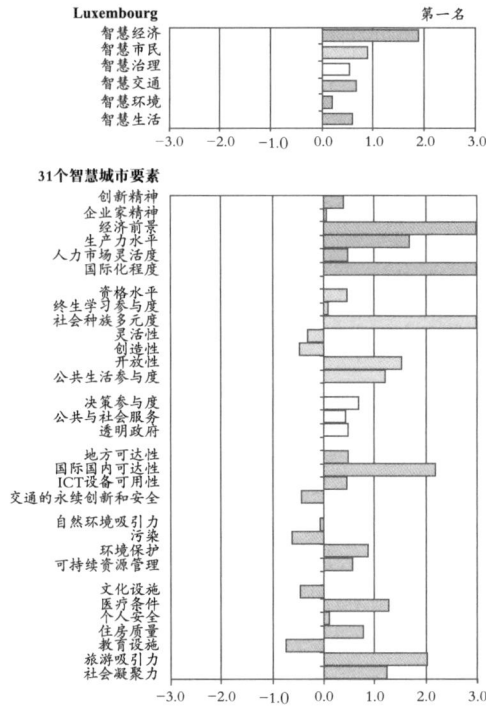

图 A6　TU Wien 第一版排名第一的卢森堡市的城市评价概况

2. 第二版评价指标体系：方法和可视化的改进

Giffinger 教授团队在 2012 年末至 2013 年初进行了第二版智慧城市评价指标体系的研究，并于 2013 年发布。第二版在原有智慧城市模型的基础上，更新了数据库和排名。在城市发展和数据可得性的基础上，将评价城市数量扩大到 71 个。

在原有评价模型方法的架构下，第二版根据城市发展的变化和评价需求，在保持主体框架稳定的情况下，将原有的要素（Factor）改为领域（Domain），并将领域数量调整为 28 个；将指标（Indicator）调整为成分（Component），并增加至 82 个（见图 A7）。

2013 年，模型中还引入了新的智慧城市评价概况功能，在对城市具体属性和要素评价进行讨论的基础上，可以直接从数据库中选取数个城市进行各个方面的横向比较。2013 年排名第 1 位（卢森堡）、第 2 位（奥胡斯）和第 13 位（格拉茨）的三个城市间六个属性所获评分的直观对比如图 A8 所示。

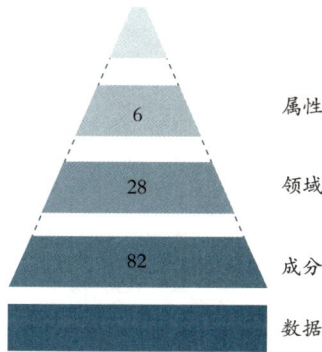

图 A7　TU Wien 第二版智慧城市评价指标体系模型

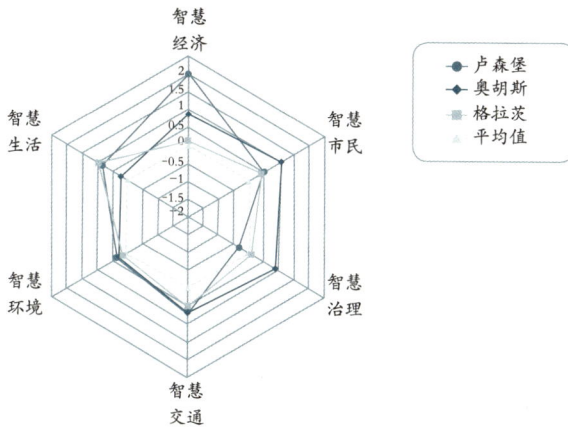

图 A8　TU wien 第二版评价指标体系的城市横向比较工具

　　同时，针对每个城市的指标数据也通过城市概况进行描述，包括 6 项属性的具体评价值以及下一层级各个领域的评价值。新增的可视化功能和开放、自助的数据平台让评价方法和研究过程更加公开和透明。第二版中排名第 2 位的丹麦奥胡斯的评价概况如图 A9 所示。

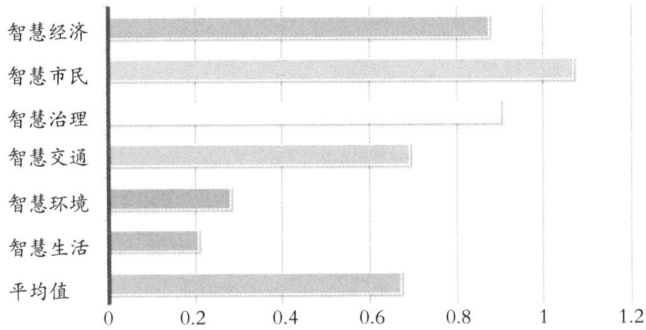

图 A9　TU Wien 第二版评价指标体系中的城市评价（丹麦奥胡斯）

3. 第三版评价指标体系：更广阔的应用

2014 年发布的第三版智慧城市评价指标体系，基本沿用第二版的方法，对第三级成分进行了微调，减少到 81 个，属性（Characteristic）更名为关键属性（Key Field）（见图 A10）。这一新版研究同时受第 7 个欧盟科研框架计划（EU Seventh Framework Programme）"欧洲节能城市规划"（Planning for Energy Efficient Cities，PLEEC）的支撑（Giffinger et al.，2014a；2014b）。由于 PLEEC 项目研究的需要，在原有的基础上，将项目合作的所有 6 个案例城市纳入评价对象，评价对象城市因此增加到 77 个。增加的城市中有 2 个城市未被 Urban Audit 数据库覆盖，故采集第一手数据以加入研究。

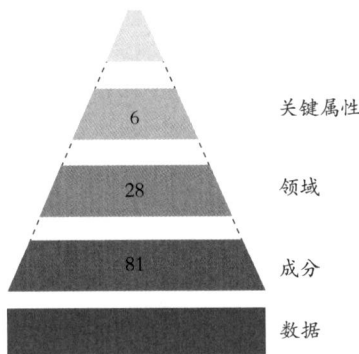

图 A10　TU Wien 第三版智慧城市评价指标体系模型

第三版沿用第二版的可视化和展示技术，并在数据上进行了更新；同时，在 PLEEC 项目的研究需求上，对 6 个案例城市进行能源使用效率方面的能源智慧城市研究，在两次调研和约 100 次访谈数据的基础上，以类似的层级指标方法进行评价，形成和发布了《能源智慧城市概况案例报告》（*Energy Smart City Profiles*）。第三版选取智慧城市的一个子系统断面，通过第一手调研数据划定领域（Domains）和成分（Components），并确定权重。随后通过二次调研进行了更加细致的描绘和比较研究，并结合研究指标，就各个城市提升可持续能源使用的智慧城市建设路径提出了针对性的发展方向和建议。

第三版智慧城市评价指标体系，通过与 PLEEC 项目要求的整合，更加注重对特定对象分别进行智慧城市概况的具体描述和理解。智慧城市是一个通用概念，实践中对城市进行评价时需要与特定环境相结合。

（二）研究回顾和展望

Giffinger 教授认为，如何理解智慧城市和城市发展，是决定指标运行和评价方向的根本。所以，在回答"如何评价、衡量和排名智慧城市"这个问题之前，首先需要回答"应该如何认识智慧城市"。

智慧城市是基于经济重构、社会变迁和环境气候变化等可持续发展需求所提出的，以应对城市面临的挑战。Giffinger 教授在智慧城市模型构建的规范研究中，确立了层级指标体系的结构以确保可行性，提出了 6 个智慧城市的属性，每个属性下辖数个要素，而这些要素进一步是由数个指标综合构成的。这就形成了第一版智慧城市评价指标体系模型的架构。

在这个模型中，属性和要素是对智慧城市的理解。而在此基础上，须进一步寻找可以合理描述这些要素的指标或指标组合。对于评价智慧城市各个要素的基本指标，Giffinger 教授认为，由于城市网络之间的密切联系，在指标选择上不应仅仅局限于城市自身的指标，在有些指标的选取上还需要考虑更大空间层面的指标，如区域甚至是国家级的一些指标都可以用来很好地衡量城市表现。

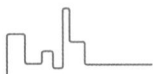

三个版本的评价排名基于同样的智慧城市模型和相同的智慧城市的理解。后续的两个版本以领域来代替要素，从而更准确地描述其覆盖的信息内容。并且，在与 PLEEC 项目合作的研究中，发现在 6 个案例城市的实证研究中，仅根据统计数据难以准确描述各个案例城市的状态并对这些城市进行横向比较。第一版的指标是根据欧盟 Urban Audit 城市数据库进行设定的，指标的数据要求精确且具体，因此，没有被数据库覆盖的案例城市无法提供全部相应数据。

2014 年，Giffinger 教授提出，在原有模型框架下，三级具体指标不应仅仅依靠可量化的统计指标，而也需要关注城市各个利益相关方（如政府、企业、市民等）的观点，部分采纳定性研究方法。所以，在与 PLEEC 项目合作的研究中，针对 6 个案例城市设计了一套调研问卷，以确定不同关键属性下的各个领域的重要程度，并进一步访谈哪些领域具有较高认可度，以及各相关方希望哪些方面得到提升。Giffinger 教授特别指出，虽然花费了很多时间和精力来进行 6 个案例城市的访谈和调研，但评价体系中的领域乃至成分及其权重具有一定的敏感性，可能会因为某个案例城市中参与讨论的相关方、时间点或人数规模的变化而有所不同，而在总体上又有相对的稳定性。城市一直处于动态过程中，智慧城市应具有各城市当地的经济、文化、环境和时间特性。Giffinger 教授认为，这样的评价体系方法和信息数据采集方法更加符合城市这一目标特性的需求。

虽然智慧城市排名只是一个通俗化的研究结果，但是其背后的指标和方法是基于对城市及其智慧性的理解。Giffinger 教授认为，智慧城市需要社会创新途径来引导和支持技术的发展，这是城市自我学习的一个过程，而不应仅以技术为导向。这三个版本的智慧城市评价模型对评价指标特别是确定权重的研究方法，也出现了从依赖一致化的统计数据到表达城市参与各方意见的转变，可以说，其自身的智慧性也通过自我学习和改进得到了提升。而城市评价和排名就应该作为城市经验学习、问题诊断和政策调整的工具包，在城市发展战略的制定中发挥实践性作用。

（三）应用与推广

自 2007 年第一版智慧城市评价报告公布以来，该项研究就一直在维也纳技术大学的区域研究中心进行。除了在学术领域的讨论和研究改进（如 PLEEC 研究项目）外，研究相关内容还在欧洲乃至世界范围内的智慧城市实践中得到了一定的推广应用。在奥地利国内，有诸如维也纳、格拉茨（Graz）、林茨（Linz）等城市采用评价方法的结果制定智慧城市发展策略。在欧洲范围内，也有斯洛文尼亚的卢布尔雅那、西班牙的毕尔巴鄂（Bilbao）、波兰的克拉科夫（Krakow）等城市采用该研究方法指导智慧城市发展。同时，Giffinger 教授也作为顾问，为德国、以色列、日本等国的城市提供了基于智慧城市评价和发展的咨询建议。

毕尔巴鄂市在其智慧城市研究中沿用了上述智慧城市模型，并在此基础上根据自身发展特点，结合案例研究，提出了相应的指标，作为建设智慧城市的发展指引。

克拉科夫智慧城市项目（SMART_KOM）始于 2013 年，Giffinger 教授带领的团队作为项目的国际参与方，负责智慧城市战略的制定。克拉科夫科技园是项目的组织方，但在战略层面，则在更高一级空间层面与克拉科夫市以及克拉科夫大都市区（Krakow Metropolitan Area）进行合作。

项目分两个阶段进行（见图 A11）。项目内容分为三大块：问题诊断、案例学习整合、战略制定和推广。其中前两者作为基础在第一阶段同时开展。首先，在上述的智慧城市框架模型下，对智慧市民、智慧生活、智慧环境、智慧经济、智慧交通和智慧治理 6 个基本属性分别进行讨论，在 2013 年 11 月至 2014 年 3 月间就每个主题分别组织多方参与的工作研讨会（Smart City Workshop），共吸引了多达 161 位参与人。在每次工作研讨会前，准备基础报告，由每个工作组准备初步报告，搜集该研讨主题下的各空间层面的状况和数据，并进行基本分析，以此作为初步诊断。研讨会上，在初步报告提供的支持下，对特定的智慧城市领域进行 SWOT（优势、劣势、机遇和挑战）分析，提出最需要智慧解决方案的城市问题。随后，各

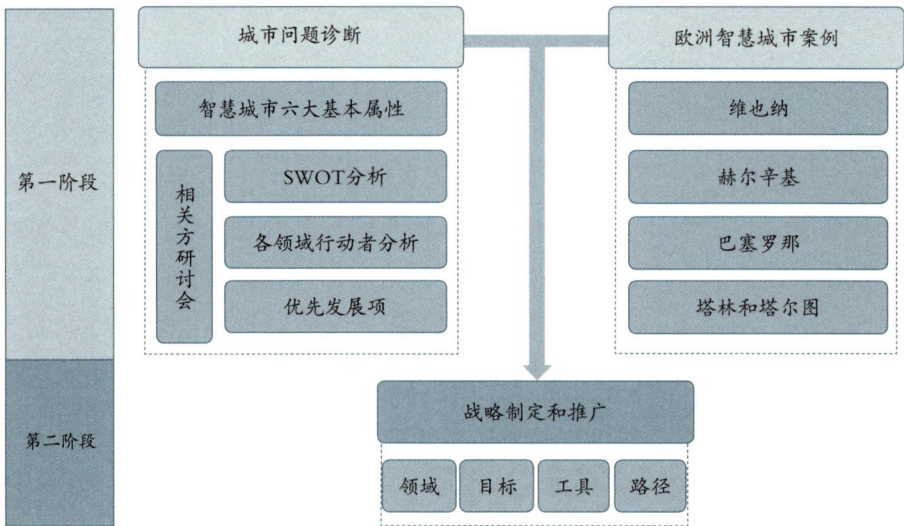

图 A11　克拉科夫智慧城市项目（SMART_KOM）推进框架

方提出特定的智慧城市子系统的相关行动者。最后，通过讨论确定各领域中的行动优先项，并考虑发展要点，作为行为和实施目标。

在 6 个主题研讨会的基础上，在 2014 年 4 月又举行了对 6 次讨论结果进行整合的智慧城市综合研讨会，以及区域层面政府各职能部门的联合研讨会。这 6 次研讨会搜集了众多对克拉科夫市及区域智慧城市发展潜力的看法和对其未来的设想，并设定了各部分的优先发展项。

当然，这些优先发展项是特定群体组织讨论得出的，还需要根据总体发展需求进行协调。下一阶段，将进一步调研数据，根据模型设定，提出区域、城市和园区的发展战略。维也纳技术大学团队作为城市规划背景的科研团队也将继续在其中发挥作用。Giffinger 教授认为，在克拉科夫的智慧城市项目中，由于需要考虑三级空间层面的发展需求，定量指标在此失去了大部分意义。在城市层面可以在欧洲整体背景下进行比较，但在区域层面与城市发展的协调上，本项目选用了定性分析和调研方式，即组织多个利益相关方的研讨会，通过讨论，在属性下的领域中决定优先发展项（而非指标），具体到项目，明确项目的相关行动方，并对某些项目设置相应的发展目标。下一阶段，希望在这些前期工作的基础上进一步制定智慧城市发展战略，实现从理论到实践的平稳演化。

参考文献
REFERENCE

蔡达峰, 2012. 谈城市公共安全 [J]. 民主 (2): 8-9.

陈迪, 2014. 智慧城市相关政策文件汇编 [EB/OL]. (2014-11-03)[2015-12-11]. http://www.ccud.org.cn/2014-11-03/114354172.html.

陈铭, 王乾晨, 张晓海, 等, 2011. "智慧城市"评价指标体系研究——以"智慧南京"建设为例 [J]. 城市发展研究 (5): 84-89.

程大章, 2011. 智慧城市的探索——中国 2010 年上海世博会感悟 [C]// 城市发展研究——第 7 届国际绿色建筑与建筑节能大会论文集.

邓贤峰, 2010. "智慧城市"评价指标体系研究 [J]. 发展研究 (12): 111-116.

董建成, 2010. 医学信息学概论 [M]. 北京: 人民卫生出版社.

付兵荣, 2003. 城市信息化测度指标体系设计及应用 [J]. 情报科学, 21(3): 230-231.

顾德道, 乔雯, 2012. 我国智慧城市评价指标体系的构建研究 [J]. 未来与发展, 35(10): 79-83.

关琰珠, 郑建华, 庄世坚, 等, 2007. 生态文明指标体系研究 [J]. 中国发展, 7(2): 21-27.

李芳, 2009. 1 条主线 6 个转变 7 个重点 4 项措施——解读《中国射频识别 (RFID) 技术发展报告蓝皮书》[J]. 中国自动识别技术 (6): 41-42.

马言春, 2012. 面向云市场的资源管理的研究与实现 [D]. 镇江: 江苏科技大学.

米文, 2001. 数字城市的概念及历史背景 [J]. 城市规划通讯 (17): 10.

潘成胜, 2014. 空间信息网络的若干关键技术 [J]. 中国计算机学会通讯, 9(4): 46-51.

彭国甫, 李树丞, 盛明科, 等, 2004. 应用层次分析法确定政府绩效评估指标权重研究 [J]. 中国软科学 (6): 136-139.

彭继东, 2012. 国内外智慧城市建设模式研究 [D]. 吉林: 吉林大学.

仇保兴，2013. 中国智慧城市发展研究报告（2012—2013 年度）[M]. 北京：中国建筑工业出版社.

全继业，陈博，2011. 宁波举行智慧城市发展评价指标体系专家咨询论证会 [EB/OL]. (2011-09-08)[2014-09-29]. http://www.zjkjt.gov.cn/news/node01/detail0104/2011/0104_24563.htm.

盛雪锋，杨新民，2012. 浦东六大维度"把脉"智慧城市 [J]. 中国信息化 (14): 20-23.

史文勇，李琦，2006. 数字城市：智能城市的初级阶段 [J]. 地学前缘，13(3): 99-103.

苏伟忠，杨英宝，顾朝林，等，2003. 城市旅游竞争力评价初探 [J]. 旅游学刊，18(3): 39-42.

苏小坡，2014. 居民幸福指数指标体系研究 [J]. 科技信息 (9): 85-86.

孙静，刘叶婷，2013. 智慧城市评价指标体系的现状分析 [J]. 信息化建设 (2): 30-31.

孙立宪，2014. 智慧城市建设的总体趋势与核心理念思考 [J]. 中国信息界 (2): 84-87.

谭永忠，吴次芳，叶智宣，等，2003. 城市土地可持续利用评价的指标体系与方法 [J]. 中国软科学 (3): 139-143.

王世伟，2012. 说"智慧城市"[J]. 图书情报工作，56(2): 5-9.

温宗国，李蕾，2007. 环境友好城市指标体系及其标杆管理 [J]. 环境保护 (22): 26-28.

翁蓉，2011. 法治城市指标体系研究——以江苏为例 [D]. 南京：东南大学.

吴贻永，葛震明，2001. 联合国城市指标体系概述与评价 [J]. 城市问题 (3): 13-15.

吴志强，2009. 上海世博会可持续规划与设计 [M]. 北京：中国建筑工业出版社.

吴志强，仇勇懿，干靓，等，2011. 中国城镇化的科学理性支撑关键——科技部"十一五"科技支撑项目《城镇化与村镇建设动态监测关键技术》综述 [J]. 城市规划学刊 (4): 1-9.

徐桂芬，张勇，2011. 可持续发展理念下城市能源评价指标体系构建——以北京市为例 [J]. 资源与产业，13(5): 5-9.

许晶华，2012. 我国智慧城市建设的现状和类型比较研究 [J]. 城市观察 (4): 5-18.

闫彬彬, 2013. 智慧城市建设经验与启示——以台湾桃园为例 [J]. 当代经济 (11): 41-43.

阎耀军, 2006. 城市网格化管理的特点及启示 [J]. 城市问题 (2): 76-79.

杨冰之, 2012. 中国智慧城市的六大建设特征与四种运营模式 [EB/OL]. (2012-12-19)[2015-11-29]. http://www.im2m.com.cn/107/10125065454. shtml.

杨学文, 2003. 中国现代化进程中城市信息化研究 [D]. 武汉: 华中师范大学.

郑立明, 2011. 关于建设智慧城市的战略思考 [J]. 现代管理科学 (8): 66-68.

中国互联网络信息中心, 2014. 第 34 次中国互联网络发展状况统计报告 [R/OL]. (2014-07-21)[2014-10-20]. http://www.cnnic.net.cn/hlwfzyj/ hlwxzbg/hlwtjbg/201407/t20140721_47437.htm.

中国软件评测中心, 2012. 智慧城市评估指标体系即将出炉—— 22 家业内知名 ICT 企业共议智慧城市评估指标体系 [EB/OL]. (2012-11-13)[2014-10-30]. http://www.cstc.org.cn/templet/default/ show_xwzx.jsp?article_id=122104&id=1380.

赵皎云, 2009. 电子商务行业凸显物流需求 [J]. 物流技术与应用, 14(10): 43-46.

周鹏, 2013. 智慧城市: 城市发展的前沿趋势 [J]. 信息化建设 (8): 38-40.

周文鹏, 2014. 智慧城市国内外发展现状 [EB/OL]. (2014-01-14) [2015-12-01]. http://www.istis.sh.cn/list/list.asp?id=8033.

ATLANTIC COUNCIL, 2013. Envisioning 2030: US Strategy for the Coming Technology Revolution[R]. Washington, D.C.: Brent Scowcroft Center on International Security.

BELSON D, 2014. State of the Internet: Q3 2014[R/OL]. (2014-12-20)[2015-07-10]. https://www.akamai.com/us/en/multimedia/documents/content/ akamai-state-of-the-internet-report-q3-2014.pdf.

GIFFINGER R, FERTNER C, KRAMAR H, et al., 2007. Smart Cities‐Ranking of European Medium-sized Cities[R/OL]. (2007-10)[2015-06-10]. http:// www.smart-cities.eu/download/smart_cities_final_report.pdf.

GIFFINGER R, HAINDLMAIER G, KRAMAR H, et al., 2014a. PLEEC Report: Energy Smart City Profiles[R/OL]. (2014-09-01)[2016-06-11].

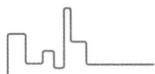

http://www.pleecproject.eu/downloads/Reports/Work%20Package%202/wp
2_d23_energy_smart_city_profiles.pdf.

GIFFINGER R, HAINDLMAIER G, HEMIS H, et al., 2014b. PLEEC Report:
Methodology for Monitoring[R/OL]. (2014−08−01)[2015−06−10]. http://
www.pleecproject.eu/downloads/Reports/Work%20Package%202/wp2_d24_
methodolgy_for_monitoring.pdf.

MILGRAM L, SPECTOR A, TREGER M, 1999. Managing Smart[M]. Boston:
Gulf Professional Publishing: 308.

索引
INDEX

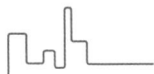